中国战略性新兴产业研究与发展

R&D of China's Strategic New Industries

物流仓储装备

Logistics Warehousing Equipment

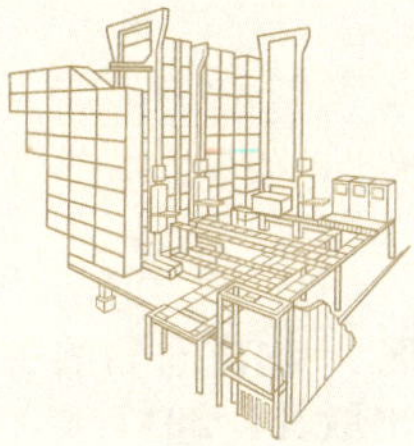

中国机械工程学会物流工程分会 组编

陆大明 主编

机械工业出版社
China Machine Press

本书系统论述了物流仓储装备产业发展的相关知识，共分为7章。第1章介绍了物流仓储装备产业的特点及其在国民经济发展中的作用、地位和影响；第2章系统地介绍了我国物流仓储装备产业发展的现状；第3章详细阐述了先进国家物流仓储装备产业现状及我国在产业发展中可借鉴的经验；第4章对国内外物流仓储装备产业进行了比较分析；第5章分析了我国物流仓储装备产业发展环境、趋势与目标；第6章指出了发展我国物流仓储装备产业的核心技术；第7章提出了我国物流仓储装备产业发展的政策与措施建议。

在编写过程中，编者对多家物流仓储装备重点企业进行了实地考察和调研，还参考了国内外有关物流仓储装备发展的论著，将普及性、科学性有机地统一起来，既具有一定的思想、理论深度，又具有浅显易懂、实用的特点。本书既适合各级政府和行业决策机构制定政策法规、学术研究机构规划研究方向时作为参考，也适合企业决策者，技术、管理及市场人员，以及投资、证券行业及咨询机构的人员在规划、投资、研究、项目实施中使用。

图书在版编目（CIP）数据

中国战略性新兴产业研究与发展. 物流仓储装备 / 陆大明等编著. —北京：机械工业出版社，2017.8
ISBN 978-7-111-57692-1

Ⅰ. ①中… Ⅱ. ①陆… Ⅲ. ①新兴产业-产业发展-研究-中国②物流—装备制造业—产业发展-研究-中国③仓库-装备制造业-产业发展-研究-中国 Ⅳ. ①F269.24②F426.4

中国版本图书馆CIP数据核字（2017）第195808号

机械工业出版社（北京市百万庄大街22号 邮政编码 100037）
责任编辑：赵 敏 责任校对：李 伟
北京宝昌彩色印刷有限公司印制
2017年8月第1版第1次印刷
170mm×242mm · 18.75印张 · 325.5千字
标准书号：ISBN 978-7-111-57692-1
定价：150.00元

凡购本书，如有缺页、倒页、脱页，由本社发行部调换

电话服务	网络服务
社服务中心：(010)88361066	年鉴网：http://www.cmiy.com
销售一部：(010)68326294	机工官网：http://www.cmpbook.com
销售二部：(010)88379649	机工官博：http://weibo.com/cmp1952
读者购书热线：(010)68326643	**封面无机械工业出版社专用防伪标均为盗版**

《中国战略性新兴产业研究与发展》

编委会

序言

全球金融危机和经济衰退发生以来，美欧日俄等各国为应对危机、复苏经济、抢占未来发展的先机和制高点，都在重新审视发展战略，不断加快推进“再工业化”，培育发展以新能源、节能环保低碳、生物医药、新材料与高端制造、新一代信息网络、智能电网、海洋空天等技术为支撑的战略性新兴产业，在全球范围内构建以战略性新兴产业为主导的新产业体系。力图通过新一轮的技术革命引领，重新回归实体经济，创造新的经济增长点。这已成为很多国家摆脱危机、实现增长、提升综合国力的根本出路。可以预计，未来的二三十年将是世界大创新、大变革、大调整的历史时期，人类将进入一个以绿色、智能、可持续发展为特征的知识文明时代。那些更多掌握绿色、智能技术，主导战略性新兴产业发展方向的国家和民族将在未来全球竞争合作中占据主导地位，赢得全球竞争合作，共享持续繁荣进程中的主动权和优势地位。

为应对金融危机和全球性经济衰退以及日趋强化的能源、资源和生态环境约束，以实现中国经济社会的科学发展、和谐发展、持续发展，党中央、国务院提出加快调整产业结构、转变经济发展方式，加快培育和促进战略性新兴产业发展的方针，出台了《国务院关于加快培育和发展战略性新兴产业的决定》以及相关政策举措。可以肯定，未来 5 ～ 10 年将是我国结构调整与改革创新发展的一个新的战略机遇期，将通过继续深化改革，扩大开放，提升自主创新能力，建设创新型国家，实现我国科技、产业、经济由大变强的历史性跨越，我国经济社会发展将走出一条依靠创新驱动，绿色智能，科学发展、和谐发展、持续发展之路，实现中华民族的伟大复兴。

展望未来，高端装备制造、新能源汽车、节能环保、新一代信息技术、生物医药、新能源、新材料、绿色运载工具、海洋空天、公共安全等全球战略性新兴产业将形成十数万亿美元规模的宏大产业，成为发展速度最快，采用高新技术最为密集，最具持续增长潜力的产业群落。战略性新兴产业的发展需求也将拉动技术的创新突破和产业的结构调整，为包括我国在内的全球经济发展注入新的强大动力。

在世界各国高度重视培育和发展战略性新兴产业的新形势下，编著一套《中国战略性新兴产业研究与发展》图书，借鉴国外相关产业发展的成功经验，对行业发展思路、发展目标、发展战略、发展重点、投资方向、政策建议等方面进行全面、系统研究，凝聚对战略性新兴产业内涵和发展重点的认识，为国家战略性新兴产业发展规划的顺利实施，以及政府和有关部门制定促进战略性新兴产业发展的相关政策和法规提供参考，具有十分重要的现实意义。

《中国战略性新兴产业研究与发展》系列图书对相应产业的阐述、分析均注重强调战略性新兴产业的六个主要特点：

一是**绿色**。战略性新兴产业属于能耗低、排放少、零部件可再生循环的“环保型”“绿色型”产业，无论从产品的设计、制造、使用，还是回收、再利用等整个生命周期的各个环节，对资源的利用效率与对环境的承载压力均要求达到最理想水平。

二是**智能**。新型工业化要求坚持以信息化带动工业化、以工业化促进信息化，即要实现“两化融合”。而“两化融合”决定了智能是未来产业尤其是战略性新兴产业的发展方向。所谓智能，是指制造过程的智能化、产品本身的智能化、服务方式的智能化。这些均是智能的最基本层次，它还具有其他更为丰富的内涵。如：智能电网，通过先进的传感和测量技术、先进的设备技术、先进的控制方法以及先进的决策支持系统技术的应用，可实现电网的可靠、安全、经济、高效、环境友好和系统安全等方面的智能；智能汽车不只是安全智能，还包括节能、减排、故障预警等方面的智能。

三是**全球制造**。随着全球化趋势不断深化，战略性新兴产业的发展成果也必将是由全人类共创共享。新产品的研制开发，不再由一个企业独自完成，需要集成各方面优势资源共同解决。例如 iPhone 在中国完成装配，但它的设计、研发以及许多零部件的供应都是在美国、日本、欧洲等国实现的，其本身就是一个全球化的产品。因而，未来的制造必然是全球化制造、网络化制造。

四是**满足个性化需求与为更多人分享相结合**。目前中国有13亿人口，印度有12亿人口，还有巴西、印度尼西亚等新兴国家、发展中国家也都要实现现代化。在全球如此规模庞大的人群中，既存在富裕阶层、高消费阶层，他们的消费需求是个性化、多样化的；又有占比较大的中产阶层、贫困人口，他们的消费需求是基本层次的，但也不能被忽视。两种类型的消费需求必须同时被满足，这不仅是构建和谐社会的需要，而且是构建和谐世界的需要。因此，我国发展战略性新兴产业，应该既要满足中高端个性化的需求，同时又要满足我国与其他发展中国家广大普通消费者的需求。要把个性化的设计、个性化的产品生产，与规模化、工业化的传统生产结合起来，不能完全抛弃传统的规模化生产方式。

五是**可持续**。要使有限的自然资源得以有效、可持续利用，发展利用可再生资源、能源，强调发展再制造、循环经济。无论是原材料使用，还是零部件制造，从研发、设计之初就考虑到了生产中的废料、使用后的遗骸的回收处置，使其能够重新得到循环利用。

六是**增值服务**。培育发展战略性新兴产业需要注意在设计制造过程中与产品售后、使用过程中提供相关增值服务。不应再局限于传统的观念，只注重制造本身，而不注重服务的价值。例如，发展电动汽车产业，必须首先解决好商业模式问题，包括充电桩建设、电池更换、废旧电池回收等服务方面，否则将无法广泛推广。

《中国战略性新兴产业研究与发展》系列图书内容丰富，资料翔实，观点鲜明，立意高远，并力求充分体现出“四性”，即科学性、前瞻性、指导性和基础性。

第一，体现**科学性**。所谓科学性，就是指以科学发展观为指导。科学发展观的核心是以人为本，总体目标是全面、协调、可持续，基本方法是统筹兼顾，符合客观规律。《中国战略性新兴产业研究与发展》系列图书既要能够为党中央、国务院提出的加快发展战略性新兴产业的总体战略服务，又不应受到行业、部门的局限，更不能写成规划或某些部门规划的解读材料，而应能够立足于事物客观规律、立足于全局。各分册编写组同志重视调查、研究，力求对国情、科技、产业及全球相关产业的发展态势有比较准确的把握，努力为我国战略性新兴产业的发展提供一本基于科学基础的好素材。这套图书立足基于我国国情，而不是简单地把发达国家的相关产业信息进行综合、编译，照搬照抄。当然，我国发展战略性新兴产业不能“闭门造车”，而是要坚持开放性，积极参与国际分工合作，充分利用全球优势资源，提高发展的起点和水平。因而，有必要参照国际成功经验与最新发展趋势，但一定要以我国国情和产业特点为根本出发点，加快培育和发展有中国特色的、竞争能力强的战略性新兴产业。

第二，体现**前瞻性**。一是能够前瞻战略性新兴产业的发展，因为这套图书是战略性新兴产业的发展指导书。二是能够前瞻战略性新兴产业技术的发展。为了做好这两个前瞻，必须要适当地前瞻全球经济、我国经济与战略性新兴产业发展的趋势。只讲发展现状是不够的，因为关于现状的资料很多，通过简单地网络搜索即可查到；也不能只罗列国外的某些规划和发展战略。《中国战略性新兴产业研究与发展》系列图书的编写注重有深度的科学分析与前瞻性的研究。

第三，体现**指导性**。《中国战略性新兴产业研究与发展》系列图书本身就是指导书，能够对产业、对技术、对国家制定政策，甚至在未来国家发展战略与规划的制定等方面发挥一定的引导作用与影响。虽然不能说这套图书可以指导国家战略与规划的制定，但是应该努力发挥其积极的引导作用。

第四，体现**基础性**。所谓基础性，就是指要能够提供战略性新兴产业的基础信息、基础知识，以及我国和有关国家在相关产业发展方面的基本战略，主要的法规、政策和举措，并尽可能提供一些基本的技术路线图。比如在轴承分册，就描述了一个轴承产业发展的路线图。唯有如此，《中国战略性新兴产业研究与发展》系列图书才能满足原来立项的宗旨——不仅要为工程技术界、大学教师、大学生与研究生提供学习参考书，为产业界的技术人员、管理人员提供决策参照，而且要为政府部门的政策法规制定者提供参考。

机械工业出版社是具有 60 年历史的专业性综合型出版机构，改革开放后，随着市场经济的发展，机械工业出版社不断改革转型，不但形成了完善的编辑出版工作流程和质量保证体系，而且编辑人员作风严谨，工作创新。

《中国战略性新兴产业研究与发展》系列图书不仅是一套科技普及书，更是一套产业发展参考书，必须既要介绍国内外战略性新兴产业的发展情况，又要阐述相关政策、法规、扶植措施等内容。因此，这套图书的组编单位、编写负责人和编写工作人员必须要有相关积累和优势。《中国战略性新兴产业研究与发展》系列图书所选的分册主编和作者主要是精力充沛的业内中青年专家，并由资深专家负责相应的编审、校审工作。现在看来大多数工作由中青年同志担当，是完全符合实际的。此外，这套图书的编著还充分发挥了有关科研院所、行业学会和协会的作用，他们的优势在于对行业比较熟悉，并掌握了较为丰富的资料。

最后，特别感谢国家出版基金对《中国战略性新兴产业研究与发展》系列图书的大力支持！感谢全体编写出版人员的辛勤劳动！

期望《中国战略性新兴产业研究与发展》为社会各界了解战略性新兴产业提供帮助，期待中国战略性新兴产业培育和发展尽快取得重大突破，祝愿我国在不久的将来实现由经济大国向经济强国的历史性跨越！

是为序。

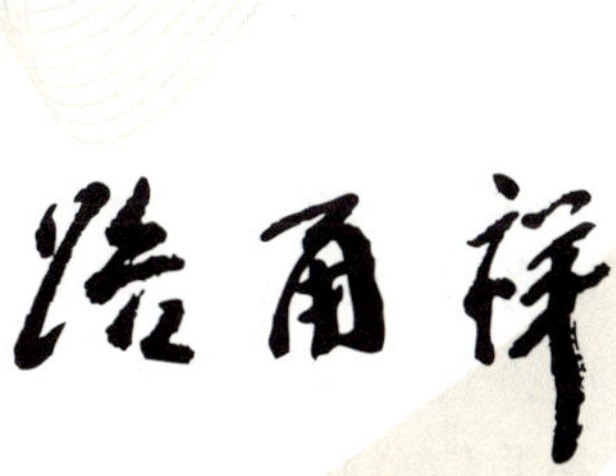

2012 年 2 月 6 日于北京

前言

现代社会的“物流”概念，始于第二次世界大战，当时其意为“军事后勤”或“实物配送”（PD Physical Distribution）。经过多年的演绎和发展成为今天人类社会经济活动的现代物流（logistics）。我国实际是在20世纪70年代才开始逐渐建立起“物流”这个概念，其发展经历了如下几个阶段：

（1）80年代初以前，计划经济时代的物流阶段。其特征是计划经济体制，物资的生产、运输、仓储和销售等都由国家控制，物资不能按市场规律有效流动，企业没有自主经营的空间，社会也没有物流的概念，更缺乏有关物流理论的研究。

（2）80年代初至90年代中期，物流及物流仓储装备技术积极引进、消化和自我发展阶段。其特征是市场经济空前发展，物流的重要性被广泛关注。跟随世界发达国家的先进技术，逐步建立起现代物流理念，形成了物流仓储装备和物流产业。

（3）90年代中期至今，我国现代物流仓储产业的蓬勃发展阶段。其特征是物流产业高速发展，形成了巨大的产业市场。大规模建设物流基础设施和物流园区，物流效率大大提高，信息化、标准化程度和物流管理水平不断提高。企业对物流领域中存在的“第三利润源”有了深刻认识，优化企业内部物流管理，降低物流成本成为多数企业最为强烈的愿望和要求。物流产业的国际合作和交流也广泛、深入，不断向全球化发展。

2014年国务院发布了《物流业发展中长期规划2014—2020》，将物流产业定位为支撑国民经济发展的基础性战略新兴产业。规划要求，到2020年，基本建立布局合理、技术先进、便捷高效、绿色环保、安全有序的现代物流服务体系。2015年随着“互联网+”、《中国制造2025》等国家战略政策的推进，我国物流仓储装备逐渐展现出一些新的变化趋势。用户企业对装备的信息化、自动化和智能化需求不断增长，物流仓储装备及系统已逐渐成为企业信息技术和先进制造业相结合的重要组成部分，成为智能制造中整合企业物流、工艺流、信息流等的关键因素。新兴产业的发展催生出技术的创新要求：以“互联网+高效物流”为标志的“智能物流”加速起步，催生了一批新模式、新企业、新业态。首先，根据《中国制造2025》战略纲要要求，为适应和满足“定制化”“协同化”“服务化”的产品特点要求，在原来“企业物流”“生产物流”或“制造物流”的基础上，提出“智能制造物流协同”“智能物流”理念，引领出“大物流小生产”思维，创新出智能物流协同共性技术。其次，从物流系统理论及规律出发，进一步研究自动化仓储系统（AS/RS）、物流装备 LE（Logistics Equipment）、物料处理 MH（Material Handling）等面临产业战略发展要求的技术创新规律，提出物流仓储装备产业发展的关键技术。再次，电商及快递产业的快速崛起，催生出物流的新技术、新装备、新产业和新内涵。智能仓储在快递、电商、冷链、医药等高端细分领域快速推进。其中，各电商企业积极开发全自动仓储系统，使用智能仓储机器人，开展无人机配送，充分利用仓储信息，优化订单管理，大幅提高仓储作业的机械化、自动化和信息化水平。未来的物流仓储装备必将进入以“互联网 + 智能物流”为特征的新时期。

本书的编写，旨在贯彻落实国家战略决策，提高政府、企业以及物流业同仁对战略性新兴产业——物流仓储装备的关注及其认识；为政府制定新的战略规划提供系统理论指导和科学决策依据；为企业和研究单位人员开阔视野，强化关键核心技术重要性的认识。本书在编写过程中，参照了国外相关产业发展的经验，结合我国经济发展现状，物流产业发展程度，物流仓储装备行业整体发展目标、地区发展规划和龙头企业发展要求等提出导向性建议，从战略高度为我国物流仓储装备产业发展提供具有现实和可操作性的指导建议。本书由中国机械工程学会物流工程分会组织物流方面专家编写，编写中难免存在不妥和疏漏之处，敬请广大读者批评指正。

陆大明

2017 年 8 月 16 日

编写说明

《国务院关于加快培育和发展战略性新兴产业的决定》确定了我国未来经济社会发展的战略重点和方向是战略性新兴产业，并且根据我国国情和科技、产业基础，又制定出现阶段重点发展节能环保、新一代信息技术、生物、高端装备制造、新能源、新材料、新能源汽车七大新兴产业。可见，未来几年七大战略性新兴产业将是国家重点支持、大力推广的产业。

为了使大家全面理解、准确把握、深刻领会国家这一战略决定的精神实质，了解其发展内涵，推动产业结构升级和经济发展方式转变，增强国际竞争优势，抢占新一轮经济和科技制高点，机械工业出版社在国家出版基金的支持下，组织各领域权威专家编写了一套《中国战略性新兴产业研究与发展》（以下简称《研究与发展》）图书。

《研究与发展》以国家相关发展政策和规划为基础，借鉴国外相关产业发展的成功经验，对产业发展思路、发展目标、发展战略、发展重点、投资方向、政策建议等方面进行了全面、系统的研究；对前瞻性、基础性和目前产业上有瓶颈限制的问题提出了有针对性的对策。

《研究与发展》采用分期分批的出版方式陆续出版发行，第一期12个分册图书已于2013年年底完成出版，包括：太阳能、风能、生物质能、智能电网、新能源汽车、轨道交通、工程机械、水电设备、农业机械、数控机床、轴承和齿轮。本次出版第二期13个分册图书，包括：功能材料、物流仓储装备、紧固件、模具、内燃机、塑料机械、塑木复合材料、物联网、制冷空调、智能制造装备、非常规油气、中压开关和工业网络信息安全。今后根据国家产业政策要求及各行业的发展情况还将陆续推出其他分册。

为了出版好《研究与发展》，机械工业出版社成立了《中国战略性新兴产业研究与发展》编委会，全国人大常委会原副委员长路甬祥担任编委会主任。路甬祥副委员长对该套图书的编写高度重视，亲自参加编委研讨会，多次提出重要指导意见。他从图书的定位、内容选材、作者队伍建设和运作流程等方面都给予了全面和具体的指导，并提出了“六个特点”和“四性”的具体要求。对每个分册的内容重点提出了具体的建议要求。

机械工业出版社还建立了完善的项目管理、编写组织、出版规范和网络支撑四个方面的工作体系来保证图书质量。各组编单位投入了大量的精力组织行业权威专家规划内容结构、研讨内容特色；参与图书编写的主创人员也不计报酬，自觉自愿地把自己的聪明才智和研究成果奉献给社会，奉献给国家。他们都担负着繁重的科研、教学、行业管理或生产任务，为了使此书能够早日与大家见面，他们不辞辛苦、加班加点。因为他们都有一个共同心愿——帮助企业快速成长，使中国由大变强。

在此，衷心地感谢为此项工作付出大量心血的组编单位、各位专家、各位撰稿人、编辑出版及工作人员！

尽管我们做了大量工作，付出了巨大努力，但仍难免有疏漏或错误之处，敬请读者批评指正！

《中国战略性新兴产业研究与发展》编辑部

2017 年 8 月

目录 CONTENTS

第1章

总　论

1.1 物流发展的历程

“物流”这个概念虽然只有几十年的历史，但自人类社会有物与物交换活动开始，就存在着物流活动。普遍认为，“物流”一词的使用始于 1905 年。现代社会经济领域的物流，则开始于第二次世界大战，意为“实物配送”（PD physical distribution），经过多年的演绎，如今已经演绎为现代的“物流”（logistics）。

社会再生产总体的物流活动，定义为宏观物流。消费者、生产和流通企业所从事的具体物流活动则定义为微观物流，它既是企业管理的一部分，商品流通的一部分，也是供应链的一部分，存在于制造和流通领域中。物流是一个不断演进的概念。

1.1.1 物流概念的演变

物流的概念最早被译成汉语是“实物分配”或“货物配送”，形成于美国，发展至今，已涵盖生产者与消费者所从事的具体物流活动。

1. 物流概念在美国的演变

最早的物流定义：“物流（physical distribution）是包含于销售之中的物质资料和服务从生产地到消费地点流动过程中伴随的种种活动[1]。”由美国市场营销协会（AMA）给出。

1946 年，美国还成立了全美输送物流协会（AST&L），目的是将物流培训活动纳入正轨。

1963 年美国物流管理协会（CLM）重新定义物流（Logistics）的概念：“物流是对原材料、在制品、产成品以及相关信息从供应地到消费地的有效率、有效益的流动和储存而进行的计划、实施和控制，以满足客户需求为目的的过程[2]。”物流从狭义的运输和仓储发展到更广泛的物流领域。

1998 年，美国物流管理协会对物流的最新定义是：“物流是供应链运作中，以满足客户要求为目的，对货物、服务及相关信息在产出地和消费者之间实现高效率低成本的正向和反向流动和储存进行的计划、实施和控制的过程[3]”。将物流活动从原来的销售物流扩展到企业内，强调客户的满意度、物流活动的效率性。

2005 年，美国“物流管理协会”更名为“供应链管理专业协会”，发布了最新的供应链管理的概念。它不仅涉及采购、外包、转化等过程的全部计划、管理活动和全部物流管理活动，更重要的是，它也包括了与渠道伙伴之间的协调与协作，涉及供应商、中间商、第三方服务供应商和客户，是企业内部和企业之间的供给和需求管理的集成。物流演变为供应链管理，这标志着美国乃至全球的物流全面地进入了供应链时代。

2. 物流概念在日本的演变

物流，1963 年被引入日本时，主要是承担连接生产与消费的桥梁作用，包含物资的保运、装卸、包装、加工以及相关信息功能。1965 年，以“物の流通”出现在日本政府的文件中。

“物の流通”简称“物流”，并创造性地提出物流包含了运输、配送、装卸、保管、包装、流通加工和信息传递等活动，是一种综合活动。

1970 年，日本成立了两个最大的物流团体“日本物流管理协会”“日本物的流通管理协会”。

1981 年日本综合研究所编制的物流手册中，对“物流”的定义为：物资资料从提供者向需要者的物理性活动，是创造时间性、场所性价值的经济活动。从物流的范畴来看，包括包装、装卸、保管、库存管理、流通加工、运输、配送等诸多活动[2]。物流已不仅仅从产品出厂开始，而是包括原材料采购、加工生产到产品销售、售后服务直到废旧物品回收等整个物理性的流通过程。

1990 年日本颁布了《物流法》。

3. 物流概念在国内的演变

我国的“物流”一词是从日本汉字的“物流”直接引用过来的。1979 年中国物资经济学会参加在日本举行的第三届国际物流会议后，首次将“物流”这一概念介绍到国内。

20 世纪 70 年代，我国为计划经济，在经济领域中没有物流的概念，实际上存在的物流活动，是一个古老而传统的储运概念。

1987 年，我国成立了中国物流研究会，并召开首届大型学术年会。

2001 年，中华人民共和国标准《物流术语》颁布，将物流定义为：“物流是物品从供应地向接收地的实体流动的过程。根据实际需要，将运输、存储、装卸、搬运、包装、流通加工、配送、信息处理等功能有机结合，来实现用户要求。”其概念包含了原材料采购、产品制造、运输、保管和其相关信息及货物配送的各个方面。物流成为全面地、综合性地提高经济效益和效率的环节。

1.1.2 国内外物流的发展

一个国家的“物流”水平，可以反映出国家的综合实力和竞争能力。不论是物流设备设施的现代化程度，还是物流体质的综合性程度，都可推算出经济模式的差异。“物流”水平代表着一个国家的经济发展水平。

1. 美国物流业的发展概况

物流的概念源于美国，美国的物流业在配送中心、速递和企业物流等方面，均居世界领先地位。美国物流业的发展分四个阶段：

（1）20 世纪 30 年代至 40 年代，是物流概念的产生和萌芽阶段　人们开始重视物流，“实物分配”这一概念提出。

（2）20 世纪 50 年代至 70 年代，是物流管理的实践与推广阶段　物流管理的研讨频繁，物流理论体系逐步形成，并推广到实践活动中。

（3）20 世纪 70 年代至 80 年代，是物流管理的成熟与提升阶段　人们认识到需要从生产流通的全过程看待物流，1985 年美国物流管理协会正式将其名称从“National Council of Physical Distribution Management”改为“National Council of Logistics Management，”标志着现代物流观念的确立。

（4）20 世纪 80 年代中期至今，是物流国际化、信息化及迅速发展的阶段　人们意识到物流、生产、营销密切相关，能支撑企业的竞争力。1996 年出台的《美国运输部 1997—2002 年财政年度战略规划》，为美国物流的现代化树立了一座新的里程碑。

美国企业不断地追求高度的机械化、自动化和信息化，追求产品和服务竞争力，以完善物流战略。美国物流，始终围绕企业物流管理理念的升级和物流技术的不断进步。美国的物流发展史可以说是一部以企业物流管理发展为核心的历史。

2. 日本物流业的发展概况

“物の流通”的概念，于 1965 年被日本政府采用，简称为“物流”。日本物流发展的历史虽然不长，但其发展速度、规模、效率及整体现代化程度令人赞叹，并形成了自身独特的管理经验和方法。日本物流的发展可分为五个阶段：

（1）20 世纪 50 年代至 60 年代是物流概念的引入和形成阶段　1956 年日本引入“PD”这一概念，即 Physical Distribution。“物の流通”简称“物流”。日本创造性地提出物流是一种综合活动，改变了以前重生产、轻流通的思想，进入到“保证运输与保管”的时代。日本物流是由制造业发展开始的，丰田公司是日本物流的先驱者之一。

（2）20 世纪 60 年代至 70 年代，是物流成本管理阶段　此时日本的经济开始提速，制造业发展迅速，商品流通的次数增多，人工成本开始上升。为了降低物流成本，日本通产省开始将搬运、保管、包装等生产和流通外的活动连接起来，由系统统一规划，以达到节约成本的目的。那时，自动化仓库开始大量兴建。

（3）20 世纪 70 年代至 80 年代，是物流高速发展和合理化阶段　生产规模迅速扩大，商品流量急剧增长。为了与工业标准化相适应，日本建立了物流标准体系，开发了一些新的物流服务项目，如市内送货、路线配送、集中配送等，物流开始渗透到社会的各个方面。1983 年，日本成立了物流学会。

（4）20 世纪 80 年代至 90 年代，是物流现代化阶段　伴随需求和经营主流模式的变化，物流也相应地从集货物流向多频率、少量化、进货短的方向发展。1997 年，日本政府制定了《综合物流施政大纲》，提出了综合物流管理的观点，强调了信息化、技术、人才、标准、服务、国际化、规范化、标准化等多方面的纵深发展方针，对日本物流的发展具有历史性推进。

（5）20 世纪 90 年代至今，是物流国际化、信息化发展阶段　信息技术的发展，使专业物流公司的成本大大降低，增值服务的范围进一步扩大，物流信息化控制和管理的能力全面提高。日本出现了全球最早的物流园区，规模大而且布局合理，设施精良。第三方物流迅速发展，物流产业进入专业化、规模化和市场化的成熟阶段。

日本物流业是在适应新的经济环境和社会环境中不断改进而发展起来的，目前在世界上居领先水平。日本的物流发展史是一部企业物流高度社会化、组织化协同的发展史。

日本物流发展，以现代化、全球化、绿色化为目标，在每一个发展阶段，日本政府都制定相关政策，促使日本物流业得以在良好的制度环境中健康而富有活力的发展。现如今，为提高物流企业的综合竞争力，日本政府和企业整合资源，在产业结构上重新调整，利用先进的信息技术装备物流市场，进一步拓宽物流领域，从而促进制造业的发展，增强日本制造业在国际市场中的竞争力。

3. 我国物流业的发展概况

20 世纪 70 年代末，我国从日本直接引入了“物流”这个概念，当时是日语“物の流通”直接翻译为“物的流通”，后来也随着日本演化为简称“物流”。我国物流发展经历了如下三个阶段：

（1）新中国成立至 20 世纪 90 年代初，是计划经济的物流阶段　从新中国建立建国到 1978 年前，我国实行的是计划经济，国家按照计划组织生产，材料供应、销售也不依赖于市场要求，企业的生产计划由国家统一调配控制。生产力低下，产品供应不足，原材料和成品的流动，还不是制造业的主要问题，所以“物流”概念没有得到社会的共识。

（2）20 世纪 90 年代中期后期，是社会主义市场经济体制下的现代物流发展阶段　随着民营经济的逐渐兴起，企业产权关系日益明晰，制造业大规模发展，企业开始意识到生产、流通的重要性。不同形式的物流企业开始诞生，物流研究也从流通领域向生产领域渗透。2001 年我国颁布了中华人民共和国标准《物流术语》。

（3）21 世纪以来，我国物流业进入高速发展阶段　经历了 10 年以经营和销售拉动企业大发展的高速发展阶段后，企业的设施能力、时间、效率等都获得了提升。企业强烈渴望降低物流成本、优化企业管理，对物流领域中存在的“第三利润源”开始有了比较深刻的认识。此外，信息化技术的高速发展，电子商务等新兴模式的出现，都促进了我国物流业的发展。同时我国制造业的迅速发展，使得企业越来越认识到物流是制造业综合竞争力的重要基础，必须走向国际化、全球化。

我国物流业虽然经过了近 20 年的高速发展，取得了一定的进步，但与发达国家相比，还存有差距。近年来，国家政策环境持续改善，2014 年国务院发布的《物流业发展中长期规划 2014—2020》是继 2009 年《物流业调整和振兴规划》后，物流业发展的又一个纲领性文件，物流业被定位为支撑国民经济发展的基础性战略产业。

1.2　物流仓储装备的分类

“仓储”是物流活动的重要环节，它已经超出了传统的仓库及仓库管理的范畴，是供应链一体化大时代下的“仓储”。物流仓储装备是指在整个物流存储领域内用于物流各个环节的设备和器材。

物流仓储装备广泛应用于仓储、运输、搬运、装卸、包装及信息处理等各个物流环节中。物流活动和物流仓储装备是密不可分的，物流仓储装备的合理应用与否，将直接影响物流运作的开展是否顺利。

物流仓储装备是现代企业合理组织批量生产和自动化流水作业的技术保障，是企业物流能力大小的具体体现，关系到企业综合市场竞争力，是企业发展的基础保障。

1.2.1 基本概念及分类

物流仓储装备包括物流系统中各种设备以及控制和信息系统，包括储存设备、搬运设备、输送设备、拣选设备、分拣设备和包装设备等，是物流工程装备的重要分支。典型产品包括：货架、叉车、AS/RS、AGV、输送机、码垛／拆垛机、自动拣选机和高速分拣机等，以及仓库门、托盘、拣选台车、调节平台等辅助设备。作为一个复杂的系统，物流仓储系统通过上位计算机系统和自动控制系统实现各单元设备的协调与控制，从而完成货物的接收、入库、储存、拣选、包装、分类、集货和发运等一系列工作。

物流仓储装备广泛地应用在生产车间和流通领域中。在制造企业中，供应链上下游间的物料流通，若能顺利及时到位，将大大缩短生产周期，降低成本。而先进的物流仓储管理不但能够实现提效，还能盘活企业资金。在流通领域中，合理有效地应用物流装备，将有助于企业简化环节，缩短流通过程，加快周转速度，提效降本，提升企业利润空间。物流仓储装备分类如表 1-1 所示。

表 1-1 物流仓储装备分类

产品名称	产品分类
存储设备	货架、堆垛机、提升机、水平旋转货库、垂直旋转自动库、AS/RS、Miniload、自动存储库等
搬运设备	搬运车辆、叉车等
输送设备	输送机、分配车、提升机、AGV 等
拣选设备	拣选台车、自动拣选机、“货到人”拣选系统等
分拣设备	堆块分拣机、交叉带分拣机、翻板式分拣机、垂直分拣机等
包装设备	捆扎机、缠绕机、贴标机、包装机等
信息采集和传输设备	条码、RFID、数据采集器、IC 卡读写器等
辅助设备	托盘、周转箱、集装器具、调节平台等

1.2.2 技术特点及应用

物流仓储装备是进行各项物流活动所必需的成套设备，包括机械设备和信息系统，是完成物流各项活动的工具。

1. 存储设备

仓储的本质就是存储，满足货物存储是物流仓储装备的基本功能。根据不同的货物存储要求，存储方式也不尽相同。随着应用领域的拓宽，存储的方式也适应性地改变，向多样性、密集性和高速存储性的方向发展。

（1）分类　按照存储单元的不同，存储设备通常分为以下几类。

以托盘为存储单元：AS/RS、穿梭板堆垛机系统、重力式立体仓库、仓储叉车存储系统。

以箱为存储单元：多层旋转货架系统、高速穿梭车系统、Miniload、Autostore 系统、堆场 + 机械臂式存储系统。

以盒为存储单元：垂直、水平旋转货柜，A 型快速分拣系统、MIN 药房系统。

（2）技术特点　密集存储由自动化仓库开始，依赖于不断推出的新技术，逐步推陈出新，以适应不同行业的需求。将存储、拣选、订单组合，依据特定的算法将订单与设备调度相结合，实现多功能的智能组合，以满足高效密集存储需求。

1）密集存储技术。有限的空间内，存储密度越大越好，既要充分利用空间，又要节约成本。密集存储技术由此诞生。改变存储方式，提高单机设备能力，比如：托盘巷道堆垛机速度达到 300m/min，高度已超过 40m；料箱巷道堆垛机运行速度达到 500m/min，同时可取放 4 个料箱；多层穿梭车技术，是实现快速存储的有效手段之一。

2）智能存储技术。每一种存储技术均有适应的对象，针对不同的货物需求，选择最合理的存储环境、存取手段和存储货位。智能存储技术，改变了以货架为存储支撑单元的理念，直接对装载容器进行立体堆码、自动堆码和拣选，一方面大幅度提升存储水平，降低成本，另一方面进一步提升物流服务水平，如 Autostore 系统。另外还可以将货物直接堆放，由全自动门架式机械臂抓取存放，在平面仓库中完成虚拟的立体仓库式的管理，进行快速入出。

（3）应用前景　存储设备的市场需求潜力巨大。面对电子商务、服装和冷链的需求，新型的存储设备迅速诞生，高密度存储技术在冷链、食品、化工产品、烟草和科研等方面有广大的应用市场。

行业不同，对存储设备的需求就不同。为了适应产品和业务的特性，物流存储装备朝多样化方向发展，不再是传统的 AS/RS 概念，是多设备、跨专业的融合，密集、高效、柔性和智能是新产品的特点。

存储设备如药房用的微型 AS/RS 自动配药系统；汽车行业整车自动化存储系统；冷链自动化存储系统；钢厂特种需求的板材自动化储存系统；服装行业吊挂服装的悬挂输送系统；轮胎行业的门式机械人存储系统；饮料行业的机器人箱

式存储系统；智能车间需要的智能存储货柜；以及有特殊防护要求（如防腐、防爆）的存储设备等，产品需求多样化，应用范围扩大化。

2. 搬运设备

物料搬运活动是最初的物流活动，搬运设备是最早且历史悠久的物流设备，也是至今为止物流系统中使用频率和数据最多的设备，广泛应用于货物的装卸、搬运、堆垛和牵引等作业。

（1）分类

搬运车：物流台车、手推车、爬楼梯车、堆高车、平台搬运车、牵引车。

叉车：电动平衡重乘驾式叉车、电动乘驾式仓储车辆、电动步行式仓储车辆、内燃平衡重式叉车。

与物流仓储装备联系最紧密的，是叉车系列中的仓储叉车，如前移式叉车、窄巷道叉车、高性能电动叉车。

（2）技术特点　随着仓库管理水平的提升，人员环境需求的变化，仓储叉车向环保、节能、自动化和人性化方向发展。新兴的网络技术、无接触充电技术、激光引导技术、精确定位技术、电池充电技术、新能源混合动力技术等，都赋予仓储叉车崭新的生命力。快速拣选远程遥控技术、自动导航技术、搬运车辆管理系统等新技术应用，更是层出不穷。可自动定位、带有任务信息、帮助客户提升工作的舒适度、提高安全性和工作效率、可辅助人工的叉车不断涌现。

1）仓储拣选新技术。在立体仓库中拣选货物，是消耗体力和时间的工作，也是制约仓库系统效率提升的瓶颈之一。为了按单拣选货物，叉车操作人员需要在巷道内频繁地启动和停止叉车，才能完成工作。新型快速拣选远程遥控技术，可以让操作员只要按操作手柄上的按钮，车辆就会自动地行驶到指定位置，无须人工对准，车载的显示屏，可以提示操作人员要拣选的货物，简化了操作。与传统作业相比，大大节省了操作人员的时间。

再辅助以无线网络技术、图形识别技术，依靠辅助识别设备，使得操作变得简单可靠，并同时与系统及时通信，以简单快捷的方式，确保在短时间内完成准确拣选，极大地降低了劳动强度，提高了准确率。

2）叉车管理系统。叉车是仓库中自由度最大的设备，也是难控制的人工节点，安全和效率往往难以两者兼顾。在有限的空间内调度和控制，需要大数据比对，才能优化线路。基于无线网络大数据核心算法的叉车管理系统，使得每辆车都成为网络中的节点，其运行轨迹、时间、车辆状态等都可以通过车载终端与仓库管理系统连接；实时交换数据，防碰撞、安全避让技术等新技术的应用，使得搬运动作变得可控、可靠和安全，并且高效，大大提高了叉车运行的安全性、准确性。

（3）应用前景　满足用户的需求将是搬运设备发展的动力。随着制造业的转型升级及物流业的发展，操控安全舒适、专业化、环保、维护成本低、差异化的搬运设备，将有巨大的市场。自动导引、VR（虚拟现实）控制、高性能电动机、远程数据采集分析等新技术应用，可提升车辆品质，仓储叉车已越来越多地被赋予新的功能。如适用于洁净车间的全自动电动叉车，适用于拣选工作的拣选叉车，适用于高架库的窄巷道叉车等，都将随物流业发展而增长。

3. 输送设备

输送设备是物流仓储系统关键设备之一，主要完成货物搬运和各关键点之间的衔接，通常也是系统设计的难点。需要衔接不同楼层间、不同区域间的物料输送，因此应用非常广泛。

（1）分类

托盘输送系统：链条机、辊子机、升降台等。

料箱输送系统：皮带机、辊筒机、移栽机等。

单元货物输送设备：AGV 系统、垂直提升机、螺旋提升机等。

（2）技术特点。输送设备特点在于它组合后的整体能力。国内传统的托盘输送系统由于速度低（一般在 0.2 ～ 0.5m/s），输送能力一般维持在 200 托盘 / 小时以内。箱式输送速度一般在 0.5 ～ 2.0m/s 之间，输送能力约为 1500 ～ 3000 件 / 小时。

AGV，自动化程度高，可以通过软件控制，实现自主行动。

1）模块化设计技术。输送设备的任务是完成货物在各节点间的输送，它连接各功能区、车间或楼层，线路长，布局分散。模块化单元设计可以使产品标准化，适应各种需求的变化。

模块化设计技术包含机电一体化，采用分布式控制方式，简化单元设备，减少现场拼装的工作量，便于日后维护和扩容。

2）自动导引技术。自动导引技术是搬运设备（如搬运机器人 AGV）的眼睛，其灵活性和柔性，是其发展的瓶颈。以往的激光导引、图像导引、电磁波导引、无线导引技术（基于室内无线信号定位的导引系统、基于电子罗盘及惯导模块的导引系统）已经无法满足需求，新的导引技术层出不穷，导引技术逐步拓展和提升。近来，条码导引技术、色彩导引技术、3D 成像导引技术，都纷纷在 AGV 上应用，大大增强了设备的自主适应能力。如条码导引移动机器人，可以应用在洁净车间；色彩导引机器人，可以完成工厂任何工位间的货物运送，而便于改变；3D 成像导引技术，可以让机器人代替人工去完成复杂、恶劣环境下的工作。AGV 相互之间协调能力的加强，扩展了其应用场合。

（3）应用前景　凡是有物料输送的地方，都需要使用输送设备，它是衔接各个关键节点的纽带，像系统中的神经网络。输送设备布局的合理性，关系到系统运行的效率和成本，合理、高速、高效、灵活、柔性是关键。

国外的很多企业，物流输送线的自动化程度已经高达 90% 以上。根据相关的数据统计，2015 年输送装备行业的市场需求约 480 亿元[4]。未来工厂物流自动化的市场潜力，远超出千亿，制造业、电商、快递、医药、饮料食品、服装业、烟草等都将是领先发展的行业。

AGV 更是物流行业的新鲜宠儿，在新一轮数字化工厂的改造中，用机器人代替人工的势头不可阻挡，AGV 将迎来前所未有的发展高峰。为了减少重复性的劳动，人类将会在物流行业使用更多的机器人。

4. 拣选设备

拣选是按照订单将商品从存储区取出的过程，是一项劳动密集型的活动，是现代物流中心不可缺少的重要环节。高效拣选一直以来都是提高效率的瓶颈。

（1）分类

拣选小车、自动拣选小车等。

旋转货架拣选系统、重力式货架拣选系统、流利式货架拣选系统。

拣选难以由单体设备完成，而是辅助以电子标签、RF、RFID、语音、图像识别、视觉识别等新技术形成的拣选系统。

货到人拣选系统、箱式多层穿梭车“货到人”拣选系统、旋转货架式“货到人”拣选系统、移动机器人“货到人”拣选系统。

系统组成：密集存储 + 缓存分类 +“货到人“拣选台，由图形化引导拣选，依据的是核心算法和调度系统的高度吻合。

另外还有在医药、烟草应用比较多的 A 字架自动拣选系统及其多个变种。

（2）技术特点　拣选技术是配送中心中的关键技术之一，现有拣选作业中，有按订单拣选和按品种规格提总两种拣选模式，而拣选本身又分为 RF 拣选、DPS 电子标签拣选、语音拣选、货到人拣选自动拣选等。在拣选过程中，速度和准确性两者缺一不可，准确性更为重要。

近来，由于人们消费习惯的改变，个性化定制的需求激增，消费方式的改变，催生了电子商务的兴起，订单数量庞大、订购品种不可预见、多样而分散、苛刻的时效性需求等特点，决定了其对生产、存储、配送设备的要求与传统业务有很大的不同，密集存储、快速入出、能减轻操作人员劳动强度并减少差错率的“货到人”拣选系统应运而生。

“货到人”拣选系统是指系统按照指令将货物自动送达拣选者面前，由拣选工人人工完成拣选作业。由于大幅度地改善了拣选人员的工作环境，提高了拣选速度和准确率，该系统可以应用在电商、快递、医药分拣和服装分拣等多种场合。

1）快速分拣技术。拣选作业是消耗时间、耗费人力和体力的工作，是影响拣选速度和准确率的关键，是现在配送中心耗时最长的作业，是影响配送中心效率的瓶颈。“货到人”快速拣选技术，按照订单指令，将被拣选的货物，直接准确地送到拣选人员面前，节约了大量的路途时间，大大地改善了操作人员的工作环境。

再辅助以符合人体工程学的拣选工作台，配有图形化显示系统，依靠扫描识读技术、摄像技术、灯光指示技术、图形处理显示技术，将要分拣的货物，以最简洁和明确的方式，提示给操作人员，确保操作人员在最短的时间内完成拣选工作，并保证准确。当前“货到人”拣选系统的拣选效率达到 1000 订单行 / 小时。

2）高速订单处理技术。“货到人”拣选系统，表面看是通过智能设备的精确定位，实现基于拣选人员位置的订单下派拣选，实质是基于订单和库存信息的专有模型和算法处理，使得存有货物的货箱，在高速运转的系统中，在最短的时间内，准确到达拣选台，与需要拣选的订单同步，完成订单拣选。这依赖于强大的数据处理技术和设备调度控制，通过算法和排序，货物能够顺利准确地到达人。

（3）应用前景　拣选作业由于新兴技术的大量应用，变得越来越人性化，使得拣选工作效率提升，劳动强度下降，物流中心的整体运行效率大幅度提升。目前此类技术已经广泛地应用到各个行业中，而且依然在不断改进和提升，如三维视觉的提升，使机器人拣选工作已经开始代替人类，不远的未来，人工拣选的工作量将会大大减低。

比人去找货的传统拣选方式，效率要提高 10 倍，是当今较为先进的方法。不远的未来，将会发展到“货到机器人”的终极拣选，彻底解放人工。

5. 分拣设备

高速分拣机是一种作业过程完全摆脱了人工干预的高速多订单处理设备，可使各种物料自动地按地址或目的地进行汇集。随着需要分拣的物料尺寸、重量、效率等不断变化，现有的分拣设备也产生了越来越多的变形。

（1）分类　现有高速分拣设备根据待分拣物品的不同种类，主要有摆臂式分拣系统、滑块式分拣系统、交叉带式分拣系统、托盘式分拣系统和落袋式分拣系统等，特殊的有A字形分拣设备。

（2）技术特点　分拣技术最早起源于邮政系统，随着物流作业模式的改变，近来在物流领域开始大规模应用，成为大型物流中心不可缺少的一部分。针对不同的分拣策略、分拣物品、分拣形式和路径的不同，高速、准确、无错、无损地分拣物品，并能优化能源消耗，降低维修成本，延迟设备生命周期，是当前高速分拣机追求的目标。

1）高速驱动技术。大幅度提高输送分拣能力是客观的需要，如目前电子商务配送中心，具有日处理20万～30万件的能力。直线电机、磁悬浮、快速气垫式等技术应用，促进了输送速度的大幅度提高。箱式输送系统可以达到7 000件/h的输送能力。80kg以下包裹适用的交叉带分拣机，速度达到3m/s，分拣能力达2.4万件/h。

2）图像识别技术。高速全自动分拣任务的难点，在于识别货物。依据货物特征，如条码、外形、重量等特有属性，通过图像识别系统，在高速运动中分辨物品。抓取清晰图像，在短时间内处理识别，是分拣的基础。3D图像识别技术可以通过三维拍照，再处理合成识别编码，达到分辨的效果，现已成功应用在27 000件/h的超高速分拣机上。

（3）应用前景。分拣是物流配送中心的核心工作，随着电子商务的发展，小批量、定制化的需求日益提高，大量的物品需要分拣，如滑块式分拣机在医药配送中心的应用，交叉带分拣机在快递、鞋类行业的应用，落袋式分拣机在服装行业的应用；翻板式分拣机在机场行李分拣系统中的应用等。自动高速分拣系统已成为大型的物流配送中心不可缺少的配置之一，未来需要更多的可处理任何物品包括形状不规则物品的高速分拣系统，以满足日益增长的分拣需求。

6. 包装设备

伴随着商品的快速流通，商品的包装也越来越受到重视。企业普遍把包装看成是制造过程的延伸，良好的包装，不仅有利于客户对产品的接受，更可以缩短流通周期。为确保包装物流更加流畅，作为物流中的关键环节，包装设备呈现出自动化、集成化和多样化的发展方向。

（1）分类　按照功能的不同，包装设备通常分为开箱机、装箱机、封箱机、打包机、缠绕机、贴标机和包装机等。

（2）技术特点　良好的包装不仅利于产品的保护，更要易于产品的流通、运输。快速、高效、实用、环保的包装，已成为产品生产和流通仓储过程中的重要组成部分。包装设备具有多种接口，可直接接入输送系统，方便货物处理。

1）集成化设计。包装在物流配送中心中已经不是单一的装箱或封箱功能，而是依据现代管理的需求，满足对所包装的物品信息标识的承载作用。如今的包装携带着物流活动过程中的大量信息，因而现代的包装设备包括开箱、装箱、封箱、贴标、捆扎、码垛、缠绕、称重、再标识等所有流程。包装设备需集成编码、喷码、自动称重、可移动、可连接等多功能于一体，满足物流存储配送等多个环节的需求。合理的包装设备布局，将有利于物流系统的流程顺利执行，提高物流中心的运行效率。

2）包装单元、材料的可回收。基于包装单元化和标准化的原则，物流配送中心的包装重点在于单元的集装、器具的再次利用、包装材料的低成本与环保。好的包装设计，不仅可以降低成本，还可以节约更多的空间，提高利用率。依据对物品属性的了解和流通数据的分析，实现多功能的包装机快速转换，以适应各种各样的物品尺寸需求的能力。可降解的包装材料，能减少对环境的污染，节约能耗，满足环境保护的需求。

（3）应用前景　现代物流中的包装，已经超越传统的包装内涵，承载着更多的物流信息。包装已经成为物流配送中心物流作业中不可缺少的环节。称重、打印、贴标等多功能集成的设备，将大量地应用在电商的配送中心中。信息化可循环利用的包装方案，受到人们越来越多的关注。

7. 信息采集设备及辅助系统

电子商务模式下，传统物流难以满足新需求的变化。销售扁平化导致的订单总数的海量化和单张订单的小型化将直接冲击现有物流的大批量作业模式、存储方式、包装方式和配送模式。一批新兴的信息采集技术和设备，不断地出现在物流行业中，推进着整体物流的前进。

（1）技术特点

1）语音拣选技术。随着数据和处理交换技术的发展，对于声音的识别也越来越清晰了。拣选人员通过耳机接收拣选指令，通过麦克风确认拣选操作情况。

简单易学，可以减少拣选工作步骤，实现无纸化办公。语音拣选的速度要比传统RF拣选速度快38%。

语音传输技术也可以用于维修，通过语音指导维修人员工作，并将检测的数据通过语音在各个步骤中记录下来，便于以后分析查找原因。

2）视觉识别技术。人类感知中获得的85%信息来源于眼睛，而且若能利用眼睛看，手来执行动作，那么工作效率将会提高很多，更加接近于人的自然活动。在物流系统的拣选活动中，已经开始有类似“谷歌眼镜”——头戴式显示器（HMD）移动无线数据护目镜产品投入使用。

它集成有显示器、扫描器、发射器。眼镜仅仅只是一种形式，眼睛可以通过集成显示器与扫描器获得条码信息，并传输显示，配合手动确认，完成拣选动作。人到商品，快速移动，短时间完成大量拣选，快速灵活完成订单，数据通过无线传输与WMS、ERP相连。此种方式适合于快速消费品的众多拣选。

3）射频识别技术。射频识别RFID（Radio Frequency Identification）技术，已经广泛应用在物流系统中，有逐步取代条码、二维码的趋势。在物流存储单元器具中，如托盘、料箱，都可装有RFID芯片，通过网络可以自动发送信号，使得单元器具变成有源，方便了在仓库内外的流通领域数据的获得，为物品的可追溯、可记录提供了基础。可以广泛地应用在食品、医药、冷链、珠宝等需要随时跟踪的物品配送。

4）可穿戴设备技术。眼镜、背带式语音拣选设备、维修服装、微型指尖扫描枪等一系列产品，都将解放人的双手，使得操作更加便利。此类新型的移动智能设备，最先在拣选设备中推广开来。

（2）应用前景　数据采集是物流信息技术的基础，此类设备的大量应用，方便了数据采集，提高了数据的传输的速度和准确性，提升了物流作业的水平，为物流装备的提升奠定了基础。

8. 辅助设备

在物流活动中，把货物按照重量、体积、尺寸等一定规则组合起来存放的标准单元，是货物搬运和流通的基础，在自动化水平逐步提高的今天，标准的单元器具是货物流通的基础。科学的组合原则，可以降低物流的成本，加大流通的顺畅性和便捷性。

不同区域的划分，与运输车辆的衔接等，还需要门和调节平台等辅助设备。

（1）分类　单元器具的形式需要配合运输、包装、存储和装卸等各个环节。在物流仓储领域中，单元器具主要分以下两类。

托盘：按形状分，有平托盘、柱托盘和箱托盘；按照材质分，有木托盘、钢托盘、塑料托盘、纸托盘、复合材料托盘等。

周转箱：可叠式周转箱、可插式周转箱、折叠式周转箱等。

其他器具：主要有门、调节平台等辅助器具。

（2）技术特点

1）单元智能化。集装单元作为最小的可运输单元，需经历货物的搬运、存储、输送和包装等过程，是货物的集装体同时也是信息的承载体。传统的信息承载是通过条码、标签、RFID 等记录信息，虽然记录的信息量已经足够大，但依然是被动单元，要依赖读写器去识读。

最新的技术是料箱上嵌入有源标签，通过网络自主通报箱体情况，便于箱的运输和查找。嵌入箱上的显示屏（墨迹显示屏）在光线不够的时候，也可以显示出箱中货物的内容，提示操作者货物的情况。周转箱也作为一个有源的信息发布者，连入管理系统。

2）可回收材质。托盘和周转箱作为物流的基础单元，其数量之多在系统运营和前期投资中占有不小的比例，其质量和性能是影响系统运行的基础因素。随着人们环保意识的加强，其材质更是大家关注的要点，可再生材料、环保材料不断诞生。如当当网已经在使用淀粉基可降解环保包装袋，日本已经用玉米生产的聚合物制造塑料。相信。未来会有越来越多的环保、绿色托盘或周转箱投入使用。

（3）应用前景　集装单元是物流活动的基础，不仅局限于物流仓储环节，也可广泛地影响到社会的物流活动。随着流通的加快，标准化器具的推广是大势所趋，标准、绿色的产品将受到人们的欢迎。

1.3　物流业的战略产业特点

物流业是融合运输、仓储、信息等产业的复合型现代服务业，从国外发达国家的经验来看，在短短的几十年中，物流业已经成为一个国家经济重要的支柱，属于支撑国民经济发展的基础性、战略性产业。

1.3.1　物流业发展特点及应用领域

1. 物流业的发展特点

物流业是一个复合型的服务业，同时又是物流、信息流、资金流和人才流的统一。进入 21 世纪，在经济全球化的影响下，整个世界成为一个竞争市场，传统的物流体系已经不能满足时代的需求，物流行业进入到新的发展阶段。电商仓储、城乡配送、大件物流及智慧物流等都将成为物流发展的重点。“创新、协调、绿色、开放、共享”成为物流业的新发展理念。

我国物流业经过了近 20 年高速粗犷的发展，对能源消耗和环境污染造成的影响逐步显现。随着人们生活水平的提高，环保意识的不断加强，推广“绿色物流”的呼声逐步加大，物流企业开始注重节能和环保，完善自身能耗和排放检测，运用清洁能源运输工具，创新配送模式等，企业在注重经济效益的同时开始注重社会效益。

如何有效地配置和利用资源，有效地降低制造运输成本、提高客户服务质量，遵守环境规则成为各个企业所重点关注的可持续发展目标。

物流业从传统的工厂内部的仓储和运输，扩展到公司外围，涵盖整合了供应链的上下游，我国的物流企业正逐步走出国门，而国际企业和资本也看好国内市场，并大量进入我国。物流业以信息化为核心，向智能化发展，逐步融入全球经济，以服务、优质、现代化为核心，满足客户的各种需求，赢得客户和市场。现代物流业是 21 世纪的“黄金产业”。现代物流业的发展，将为国民经济持续发展提供基础动力。

当前，经济全球化和电商的爆炸式发展，以及制造业的进步，迅猛地推动物流业自动化装备水平升级，促使工厂物流、仓储运输及供应链上下游协同发展。物流业正朝着绿色化、信息化、智能化和全球化方面发展。

2. 物流业发展趋势

物流业的发展与制造业、商贸业、物流金融投资以及国民经济发展息息相关，从宏观经济角度，我国经济仍然保持了 7.0% 左右的较高增速，这为我国物流业的发展创造了良好环境。

随着我国人口红利的消失，劳动力成本上升，土地大幅增值，推进了企业物流系统的建设，加快了企业物流自动化系统的应用。物流信息系统的升级，使得物流业的增长速度高于 GDP 的增长幅度。

根据中国物流采购联合会分析，2016 年全年社会物流总额达到 230 万亿元，同比增长 6% 左右；社会物流总费用约 11 万亿元，同比增长 3% 左右。社会物流总费用与 GDP 的比率有望降至 15% 以内，物流运行质量和效益稳步提升。

从需求看，工业品物流中，高技术产品和装备制造业物流需求进入较快增长区间，估计 2016 年增速在 10% 左右；与消费相关的单位、居民物品物流总额，估计全年保持 40% 以上的高速增长态势[5]。

在国家政策支持与引导下，在良好的国民经济发展环境中，再加上物流行业的固定资产投资支撑，根据中国物流与采购联合会的分析，未来的物流企业将向规模化经营和专业化服务扩展；物流产业将加快融合与互动，制造业与物流业联动发展步伐将加快；社会物流量将快速增长，物流总值同比将保持快速增长，物流基础设施建设突飞猛进。我国物流市场将继续保持较高的增长速度。

中国物流与采购联合会 2016 年 5 月发布的《中国物流发展报告 2015—2016》（以下简称“报告”）显示，我国物流业面对复杂多变的市场形势正在积极调整，加快转型升级，主动适应经济发展新常态，较好地发挥了基础性、战略性作用。我国物流需求增速近年有所回落，但 2016 年仍呈现稳中趋缓的发展态势，仍处于中高速增长区间[6]。

3. 物流装备市场需求及应用领域分析

我国物流业近年来稳步增长，物流总额同比增速维持在两位数，近 7 年的复合增速为 16%。在物流行业保持高速增长的助推下，物流需求结构也在进一步改善，物流适应产业的发展趋势凸显。与 2013 年以前烟草、医药、汽车等传统行业占据前列不同，电商物流、冷链物流等消费品物流，近 3 年保持了 20% 左右的增速。2016 年“双十一”期间，中国电商物流指数上升为 213.5 点，比上年增加 49 点。与电商消费相关的快递业务量与业务收入全年完成 313.5 亿件和 4 005 亿元，分别增长 51.5% 和 44.6%[5]。我国首次超过美国成为全球快递业第一大国。物流行业正朝着电商物流的高速度、高服务等标准迈进。

（1）汽车行业　汽车行业是物流装备需求较大的传统行业之一。据中国汽车工业协会统计，2016 年我国整车的产量为 2 811.9 万辆，销售量为 2 802.8 万辆，连续 8 年蝉联全球销量第一。汽车零部件物流向一体化方向发展，与主机厂形成高效联动，在整车及零部件生产领域，汽车生产线等各个环节，特别是总装环节，全自动汽车生产线应用非常普遍，零部件的周转存储，利用自动化仓库、搬运机器人也屡见不鲜，加之在《国家中长期科学与发展规划纲要（2006—2020）》中提出，2020 年将我国汽车制造装备对外的依存度降到 30%，加强汽车进出口基地的建设，汽车行业对输送搬运设备等现代化物流装备的需求将持续增长。

（2）烟草行业　由于烟草包装的标准化程度高，以及其利润的丰厚，烟草物流是我国物流自动化程度最高的一个行业，其信息化和现代化水平一直处于领先地位。虽然社会对控烟的呼声日益提高，烟草行业也面临着控烟和禁烟，但我国仍然生产和消费了全球 1/3 的卷烟，我国的香烟消耗量已经超过紧跟其后的 29 个烟草大国的总和。烟草物流中心的建设，短期内仍然将助推物流装备的发展。

（3）医药行业　医药行业是国民经济的重要组成部分，由于其关系到老百姓的生活质量和切身利益，一直是全社会的关注热点。随着人们健康意识的加强，收入水平的提高，医药保健需求旺盛，医药行业将保持较快速的增长。

2015 年，我国医药工业市场规模超过 3 万亿元，成为全球第二大市场，年增长率连续 10 年保持两位数增长。国家颁布的《医药工业发展规划指南》，指导医药工业在质量、药品保障，绿色、智能制造等方面提升。同时，建立服务医药的网络化、规范化和定制化的全程冷链及可追溯物流体系，确保药品安全。这促使医药冷链物流进入快速发展期，也将拉动物流装备的需求发展。

另外，2013 年国家食品药品监管局发布的《药品经营质量管理规范》，即新版 GSP，要求企业建立信息系统，以满足电子监管码的需求，配备温度、湿度检测设备，24h 实时检测，确保药品存储环境符合要求等，都加快了企业升级物流管理系统、配备物流装备的需求。医药行业仍将是物流装备需求较大的传统行业之一。

（4）轨道交通　中国高铁已经是一张国家的名片，高铁的建设已经进入到高峰期，目前我国高速铁路营业里程已达 1.9 万 km，让世界惊叹。铁路“十三五”规划明确指出，加快 300 万以上人口城市轨道交通网建设，新建城市轨道交通运营里程 3 000km，实现相邻大中城市间 1 ～ 4h 交通圈、城市群内 0.5 ～ 2h 交通圈[7]。

无论是高铁还是地铁，机车开到的地方，保障也需跟随到位。高铁建设速度持续上升，在机械零部件、整车零件配套设施的存储和配送上，都需要提高管理水平，需要现代化的保障设施和智能装备，这也将助力物流装备的发展。

（5）鞋服物流　正所谓“衣食住行”，作为居于人类本能社会活动之首的“衣”，远不止“包裹身躯”那么简单了，亦不只是款式的美观与得体，更是讲究穿着的舒适和个性的表达。中国消费市场正在呈现出品质消费爆发增长与个性化消费的明显趋势。服装个人订制更加炙热。

服饰是一个快时尚产业，消费的个性化趋势会越来越明显，服装各个细分行业中，越来越多企业选择登陆资本市场将是一个趋势。资本市场的进入，敦促企业对物流系统进行改造升级，无疑也将拉动装备市场的发展。

再加上，“二胎政策”，儿童服装超过成人服装，正在成为新的增长点。

（6）食品冷链行业　近年来随着人们生活水平的提高，对食品安全的要求也日益提高。果蔬冷库、肉蛋冷库、水产品、食品加工、冰激凌和奶制品、快餐原料等在流通过程中的安全保障需求越来越大。随着我国保鲜技术的迅速发展，冷链物流的发展环境和基础设施条件不断完善，使得冷链物流得到较快的发展。从 2008 年到 2014 年期间，我国冷库容量增长幅度 35% 以上，目前中国是世界上第三大冷库容量的国家，(排在印度和美国之后)，拥有 8 300 万 m^3，人均 0.116m^3，远低于世界人均 0.3m^3 的平均值 [8]。随着消费升级和食品安全受到关注，冷链物流的市场需求将达到 2 200 亿元，同比增长 22.3%[5]。巨大的冷链物流市场，急需物流装备企业提供优质的产品和服务。

(7) 电子商务　近年来，随着电子商务的发展，电子商务领域的物流装备需求呈现增长态势。电子商务作为新经济代表，加速与制造业融合，推动服务业转型升级，催生新的业态，成为提供公共产品和服务的新力量，成为新的经济原动力。

2015 年我国电子商务市场持续增长，社会消费品零售额为 30 万亿元，同比上涨 10.7%，全社会网络消费占消费比重已经超过 10%，2015 年比上年增长 33.3%，虽然增速有所回落，但仍然维持在较高的水平上，高于社会消费品零售额增速。[9] 生鲜电商和跨境电商更是异军突起，而且对物流的依赖度很高。物流作为服务支撑的战略地位凸显，涵盖线上线下全渠道各个环节协同。

目前电商物流中心自动化水平低，超负荷运转，爆仓和暴力分拣事件频发。分拣效率低的短板，制约着企业发展。因此急需提高其自动化物流水平，提高效率，以应对市场需求。大型物流配送中心能完全解决电商的问题，需求强劲。

（8）邮政快递业　电商物流发展的基础为快递业。统计数据显示，全国快递业务中有 80% 来自于电子商务业务。

国家邮政局统计数据显示，近年来我国快递业务量一直保持着超过 50% 的增长势头。2015 年年底，我国包裹量首次突破 200 亿件大关，稳居世界第一。在 2014 ～ 2015 年间，由 100 亿件发展到 200 亿件。2016 年我国将产生 300 亿个包裹。相应的物流园区建设、航空货运、电子终端的使用，都加快了快递业的运行效率。快递员每天送件达 80 ～ 120 件。据相关研究，当包裹派送达到日均 6 万件以上，人力成本就将接近自动化设备的投资。如今，快递公司开始陆续采购全自动分拣设备，再加上近期，快递公司纷纷走向资本市场，首次公开发行（IPO）上市，都将带来物流装备的提升。

建立建设国家安全快递转运中心和分拨中心，加快快件处理、信息和安检等综合性设施平台建设，都已经写入“十三五”发展规划。

（9）化工行业 化工行业的产品，由于其特殊的物理和化学特性，易于造成危害，不易直接接触处理。其技术性和专业性，使得化工产品的物流更需要有专业的物流装备来解决，以装备代替人工，提高工作效率和安全性。改善工作环境，提升管理水平，急需从提升装备管理开始。如轮胎行业的存储方式，可以通过码垛机器人、门架式机械臂等多种设备来解决，省事省力。

4. 政策助推物流业发展进入新阶段

纵观发达国家的发展，全球物流最先进的国家美国和日本，都是从国家层面颁布相关政策法律，以明确引导和推动物流发展，带动经济的发展。例如：日本政府为促进日本物流业发展，统一规划建设物流基础设施，统一搭建货主与物流企业之间的电子交易平台。社会化开发，组织专业团体制定标准和监管流程，促使日本物流同国际接轨，提升了民营经济的积极性。

我国已逐步明确物流业是支撑实体经济发展的重要基础，是连接实体经济的“血脉”。自 2009 年国务院颁布《物流业调整和振兴规划》，我国 2014 年再次发布《物流业发展中长期规划（2014—2020 年）》，指明物流产业未来十五年的发展“总蓝图”。从行业顶层设计到底层工程步骤做了详细的部署，把物流业明确为“基础性、战略性产业”。国民经济发展，物流必须先行。

2016 年颁布的“十三五”规划纲要，指明物流行业将迎来向智能物流转型的关键时期。未来五年，将是产业进一步优化、基础设施更加完善、方向更加明确、服务能力不断提升的五年。

“十三五”期间，在“大物流”格局下，推广新型孵化模式，鼓励发展众创、众包、众筹；实施新能源汽车推广计划，提高电动车产业化水平；建立便利跨境电子商务等新型贸易方式的体制，健全服务贸易促进体系，全面实施单一窗口和通关一体化的发展战略，将为物流行业的创新发展提供更加有利契机。我国物流产业在政策利好的助推下，正步入发展新阶段。

1.3.2 物流装备是物流业发展的支柱之一

物流业是融合运输业、仓储业和信息业的复合型服务产业，是国民经济的重要组成部分，涉及领域广，在促进产业结构调整、转变经济发展方式和增强国民经济竞争力等方面发挥着重要作用[10]。

物流装备是组织、实施物流活动的基础，贯穿于物流活动的始终，是提高物流系统效率的主要手段，是反映物流系统水平的主要标志，是构筑物流系统的主要成本因素，是物流系统基础理论与工艺技术发展的载体。作为现代物流业发展的基础支撑，物流装备是促进中国现代物流业快速发展、提升效率的重要条件[11]。随着国家对物流行业的重视，利好政策接踵而来，这直接刺激了物流装备业的需求，物流装备业与物流行业将并驾齐驱，一同迎接新一轮的黄金增长期[12]。

2014 年 9 月颁布的国家《物流业发展中长期规划 2014—2020 年》中明确指出，物流业是支撑国民经济发展的基础性、战略性产业，加快发展现代物流业，对于促进产业结构调整，转变发展方式、提高国民经济竞争力和建设生态文明具有重大意义。到 2020 年，我国要基本建成布局合理、技术先进、便捷高效、绿色环保、安全有序的现代物流服务体系，“推进物流技术装备现代化”被列为今后着力开展的七大任务之一。这无疑为物流技术装备企业指明了方向，提供了机遇[13]。

国际经验表明，当原材料、人工等成本不断上升，经济增速放缓，单靠降低成本或扩大销售难以获得利润时，物流作为“第三利润源”的战略地位凸显。物流装备作为支持物流业发展的重要设施设备，为物流发展提供不可替代的技术支撑，在行业技术进步与市场发展上都呈现与物流业互动发展的趋势，而产业升级将直接带动物流技术与装备进入高速发展阶段。物流装备的技术水平与物流系统的管理水平都不断创新和提高。

物流装备发展的根本目的，就是推动现代物流体系的建设和完善，进而实现整个社会经济的高效率、低成本。近年来，政府和企业高度重视先进物流体系建设，把物流发展当作主要任务，先进的物流装备支撑物流业的发展，同时，信息技术推动了智慧工业革命、电子商务改变了现代物流系统结构，促进了各行业对物流技术装备的需求。

对物流装备行业来说，需要更宽阔的视野和战略远见，尽快实现由规模扩大向水平提高转变。

1.4 物流仓储装备产业的战略性新兴产业特征

战略性新兴产业是以重大技术突破和重大发展需求为基础，对经济社会全局和长远发展具有重大引领带动作用，知识技术密集、物质资源消耗少、成长潜力大、综合效益好的产业。战略性新兴产业是一国长远经济发展的重大战略选择，它既要对当前经济社会发展起到重要支撑作用，更要引领未来经济社会可持续发展的战略方向。战略性新兴产业代表国家的发展反向，在国内外有广泛的市场需求，发展战略性新兴产业已成为世界主要国家抢占新一轮经济和科技发展制高点的重大战略[14]。

1.4.1 战略性新兴产业特征及国内外发展现状

1. 战略性新兴产业特征

2010年9月国务院审议通过了《关于加快培育和发展战略性新兴产业的决定》，将节能环保、新一代信息技术、生物、高端装备制造、新能源、新材料、新能源汽车产业列为现阶段我国战略性新兴产业的发展重点[14]。明确了战略性新兴产业发展的组织保障、技术路径、政策支撑等实施细则，明确了发展目标和发展方向。

（1）战略全局性、先导性　战略性新兴产业发展强劲，具有支柱产业的主导能力，可以推动产业结构优化，带动经济的综合发展。它不仅关系到企业在世界舞台上的竞争力，更大程度上影响到国家的安全、竞争力、战略目标。

（2）技术先进性、密集性　战略性新兴产业的发展以高技术科技创新为发展灵魂，关键技术上的研发将突破国外的技术垄断，拥有核心技术与自主创新能力为产业发展基础。科技和产业的深度融合，形成新的市场需求，吸引资本、人才、科技创新的聚集。

（3）产业聚集性、关联性　战略性新兴产业具有强的带动性，能够带动产业链上下游相关的配套产业和服务共同发展，形成产业集群，是一个产业生态。低能耗，高产出，可形成稳定的就业态势，产业链上的企业，围绕核心产品集群化发展。

2. 国外战略性新兴产业的发展

当今经济发展全球一体化，竞争日益激烈。众多国家都立足本国的优势，着眼抢占未来战略先机，把发展新能源、新一代信息技术、新能源汽车、节能环保作为战略性新兴产业。战略性新兴产业已经是世界各国在经济发展中争相发展的产业制高点。全球新兴产业增长率普遍超过传统产业，信息、生物、能源、材料、环境保护、先进制造等领域的技术突破和跨领域的交叉融合将创造新的经济增长点，重塑世界产业竞争格局。欧美发达国家，在这方面进行了诸多有益的实践并取得了良好的产业绩效，值得我们借鉴。

（1）政策引领　战略性新兴产业关系到国家在未来的竞争力和话语权，是着眼未来抢占先机的战略，是复杂的系统工程。各国都是从国家层面设计、支撑。近年来，发达国家纷纷颁布新政，指导产业发展方向。欧盟2010年通过的《欧洲2020战略：实现智能、可持续和包容性增长》、美国的《美国新兴战略，驱动可持续增长和高质量就业》、韩国制定的《新增长动力规划及发展战略》、日本制定的《低碳社会行动计划》等等，都是用来引导战略性新兴产业发展。

（2）资金支持　战略性新兴产业的发展动力，来源于技术密集性高新技术。高新技术的发展，需要大量的资金投入。在发展初期，单单依靠企业的资金，无法高速发展。各国纷纷加大投融资额度，采用财政直接投入等手段，加大对战略性新兴产业研发的投入。如：为了加快清洁能源创新，美国与20个国家及欧盟签署了创新使命全球倡议。参与这项全球倡议的国家承诺，未来5年，政府对清洁能源创新的研究投资翻一番，到2021年每年达到近300亿美元[15]。芬兰政府将其GDP的3.5%用于研发投入，并将其收取的能源税，全部用于支撑新能源产业的发展。日本韩国等也纷纷加大投入，推进产业发展。

（3）人才保障　人是创新的源泉，人才战略是当今世界竞争的焦点。美国一直以来把高效使用人才作为基本国策，培养吸收引进全世界先进的人才，并配有一系列优惠政策留住人才。日本积极推进科技人员培养，出台“关于经济增长领域核心专业人才培养计划推进战略基本方针”。有了人才，再配以充足的科研经费和福利保障，科学难关不断被攻克，技术水平迅速提高。

（4）产权保护　高新技术支撑着战略性新兴产业的发展，知识产权成为企业的核心资产与利润来源。随着新技术的复杂化，任何一家企业都不能独自拥有，需要多行业多家企业融合。新技术的发展，源于人们对知识的尊重和认同。因而，需要尊重彼此的付出。美国先后颁布并实施了《联邦技术转移法》《技术转让商业化法》《美国发明家保护法令》等法案，日本在2002年制订了《知识产权战略大纲》。作为技术发展的支持保障，知识产权的有效保护也已经上升到国外发达国家战略的高度。

3. 我国战略性新兴产业的发展

战略性新兴产业对经济社会全局和长远发展具有重大引领带动作用，自2010年确立以来，备受社会关注。

由中国工程院牵头编制的《中国战略性新兴产业发展报告》指出，“十二五”时期，我国战略性新兴产业实现跨越式发展，新一代信息技术、生物、节能环保、新能源、新材料、高端装备和新能源汽车七大战略性新兴产业年均增速约是GDP增速的两倍，产业增加值增速将是同期国内生产总值增速的两倍以上，占国内生产总值的比重达到8%左右，战略性新兴产业重点监测的27个行业营业收入增速5年平均超过15%。一批关键技术研发取得突破，助推新的投资消费热点不断涌现，对稳增长、调结构、惠民生发挥了重要作用，成为经济平稳增长的支持，在经济转型升级方面发挥了重要作用[16]。

（1）政府措施导向，创新模式活跃　战略性新兴产业的发展，受益于国家在制度政策上的引导支持。在国家制定的创新驱动发展战略纲要引领下，新技术、新产业、新模式不断涌现。当前的战略性新兴产业成为投资消费的热点，如2015年上半年，九大类重点战略性新兴产业固定资产投资为全国城镇固定资产投资增速的1.5倍[17]。战略性新兴产业创业性投资已占到全国创业投资的80%[18]。后续发展后劲较足，企业家信心指数和行业景气指数较高，持乐观态度，成为拉动经济增长的主要动力。制造业领域创新，定制化、个性化生产模式层出不穷，推动着传统产业转型升级。

（2）研发投入加大，整体效益提升　战略性新兴产业中不乏上市公司，在经济下行的态势下，仍然保持了良好的发展趋势，呈现全面发展格局。

2014年，战略性新兴产业上市公司平均研发投入达到1.39亿元，40%以上的企业研发强度（占公司营业收入比重）超过了5%，强化了创新驱动，提升了自主创新能力[19]。领军企业不断涌现，产业带动作用明显，呈现出强大的发展后劲。

战略性新兴产业是科技人才密集型产业，产品的附加值超过传统产品。从上市公司数据来看，过去五年间，战略性新兴产业上市公司的盈利水平，超过了传统产业。

（3）自主创业创新，发展态势良好　高技术企业的竞争，归根到底是创新能力的竞争、知识产权的竞争。近来，在国家一系列政策措施的推动下，大众创业万众创新热情被点燃，迅速形成一股创业创新热潮。新的技术、新的模式、新的产业不断出现，专利申请数量快速增长，创业创新正成为时代新潮流。这有利于推动产业结构调整，倒逼传统企业转型升级，形成传统行业网络化、智能化改造浪潮，加快“中国制造”智能转型进程，推动建设制造业强国。

“十三五”时期，我国的经济发展进入新常态，但仍然高于发达国家的增长速度。战略性新兴产业蓬勃发展，在市场决定性和政府服务型作用引导下，正在成为经济持续健康发展的新动力，引领经济发展，我国经济的发展仍然处于战略和机遇期，大有可为。

4. 物流仓储装备行业发展迅猛

（1）科技引领物流仓储装备转型升级　伴随着制造业的快速发展和产业结构的调整，提升企业信息化管理水平和自动化装备水平的要求日益提高，传统的装备已经无法满足高速发展的需求，新视觉系统、仓储机械人等需求急剧上升，大数据处理、云端数据管理等需求更是迫在眉睫，市场的强大需求拉动高端物流装备的持续发展。智能物流未来将可能成为物流产业中最好的细分市场之一。

（2）物流与生产融合一体化发展　当今社会，信息无时无刻不在我们身边发生，信息对物流产生了极为深刻的影响。目前，物流信息已经贯穿采购、生产与销售的供应链系统全过程，物流技术日益渗透到生产线中，建立网络化、数字化工厂正在成为一种不可逆转的发展趋势，涉及医药、食品、电商、服装等方方面面。因而物流装备产业的信息化、自动化、网络化、智能化、快捷化、集成化趋势，备受国家关注。

（3）各种联盟不断涌现，进入集群模式　伴随着全球经济一体化，市场竞争日趋激烈，企业为了降低成本增加竞争力，逐渐地把物流业务剥离出来，导致了以提供第三方服务为主的、新兴物流产业集群的形成。集群化能带来规模经济和信息资源共享，促使物流企业的专业化分工。

物流仓储装备涉及面广，包括搬运、存储、配送等诸多环节，而我国传统的物流装备企业大多分散，需要进行新的结构调整，从分散走向集中。

中国物流的广阔市场吸引全球优秀的物流企业涌入，收购、重组，激烈纷争，各种联盟不断涌现，持续不断。例如：凯傲集团收购德马泰克（DEMATIC）、永恒力收购 MIAS。

（4）高速发展呈现良好市场前景　现代物流业的快速发展，第三方物流、电子商务、冷链生鲜配送等新兴物流方式 的出现，拉动了高端物流仓储装备发展。根据权威人士统计，物流仓储装备的需求量，到 2020 年将到达 500 亿元左右，占世界总量的 25%[20]。庞大的市场蕴藏着巨大的商机，也是各国巨头觊觎以久的市场。

1.4.2　物流仓储装备产业发展趋势及前景

当今的物流装备是机械、电气、信息甚至是人工智能等高科技集合体，涉及多种学科，是一个新兴的复合型学科。

物流领域的强劲需求和高速发展已经形成新技术的聚集地，新技术的应用层出不穷。如虚拟仿真、3D 仿真、虚拟现实（VR）在物流规划中的应用；如激光、自动识别、RFID、手持终端等最新的感知识别技术在物流系统信息采集方面的应用；认址、调速、定位、追踪、控制等自动化技术，用于搬运作业，调度和控制设备；红外、无线通信、现场总线、工业以太网等信息传输技术用于设备间的相互通信；数据库、系统管理软件、专家智能系统、云计算技术等现代信息处理技术用于物流信息管理。新技术的应用，推动物流技术快速更新，已经成为最活跃的技术领域。

以“产业互联网”为特征的新工业革命，带来基于物联网、云计算、大数据、移动互联网等新兴技术为核心的物流信息系统创新和以数字化、智能化、绿色为方向的物流装备的创新。物流系统与设备越来越呈现一体化、智能化的发展趋势。

1. 典型技术发展

（1）集成化的物流仿真技术　物流规划是物流系统实施的前提，历来都是依靠传统经验来实施的，往往是不可逆转的事情，好与坏通常是一次性的。系统规划得好，用户受益，系统规划得不好用，在建成以后再改造就难了，多数都是遗憾工程。由于规划不好，物流中心有刚建成就爆仓的，也有闲置不适用的，造成了很多资源的浪费。物流规划的复杂度，涉及用户的生产数据，后期的规划发展预期、资金、土地、人力等等，往往需要花巨资和时间，即使是请专业人士做咨询或规划，也难免不出错误。

如今 3D 仿真、虚拟仿真技术逐渐成熟，尤其是虚拟现实 VR 技术的发展，让物流系统的规划从平面发展到三维立体，给用户的参与留有了空间。在系统设计之初，就可以通过虚拟现实指导，看见未来建成后的场景，让用户可以根据模拟提前看到结果并参与修改，这样大大提高了系统的可用性，降低了用户投资的风险。

从物流园区宏观布局规划到物流配送生产的具体流程规划，都可以借助现代的仿真技术手段对方式和流程进行三维虚拟场景仿真，比对和优化，从中找出适合用户的体验，提高用户投资回报率。

(2)实时跟踪和可追溯技术 现在人们关心的不仅仅是物品本身的特征属性，还需要关注物流流通过程中情况。用户的参与度逐步加深，所需要的信息就越多。如关系到民生的药品、食品的安全问题，危险品追溯，贵重物品追溯等等。需要关注和记录的个性特征、产品的特征属性、流通过程等都千差万别，过程数据越来越引起人们的重视。

RFID、可视化电子标签等智能标签技术、无线网络、GPS等现代通信和电子技术，在物流系统的全过程中应用，跟踪物品的生产、存储、输送、配送的全过程，真正满足用户的物流实时跟踪服务需求。据ID TechEx2015市场调研数据，2016年的标签将接近60亿枚。到2021年，将接近270亿枚。2016年产值超过3.9亿美元，2021年产值将超过14亿美元。

建立物流的全程跟踪查询系统，为用户提供货物的全程实时跟踪查询，利用网络将其业务沿着主营业务向供应链的上游和下游企业延伸，为用户提供透明的全程跟踪查询平台，让用户实时了解货物信息的增值服务，已成为企业新的竞争热点。当前企业都利用互联网的优势将自身的业务向供应链的上下游延伸，以求更高的利润。

（3）人性化的人机交互技术 物流作业是劳动力密集的活动，人的感受和体验往往决定系统是否好用。如何改善工人的工作环境，用自动化设备代替人工，是物流装备供应商追求的目标；人与机器的和谐统一，是物流系统未来发展的方向。

自动识别技术、语音智能识别、机器视觉与视频智能识别技术，迅速提高着物流装备的自动化水平。“可穿戴”设备的发展，也势不可挡。在如今的数据采集辅助设备领域中，RF已经可以小到套在手指上进行扫描；显示屏和扫描枪可以集成在眼镜上方便拣货作业；背带式的语音拣选设备可以彻底解放拣选员的双手等，都已经应用在物流系统中，借助于自动识别系统通过无线网络通信系统，实现物流信息实时传输与反馈，完成人与机器的交互，大大改善了人们的工作环境。

（4）数据采集和挖掘技术 如火如荼的信息化革命，正在引领新一轮的产业变革，网络已经渗透到制造业的方方面面，IT技术正在成为产品本身不可分割的一部分，即“产品的数字化”。工业互联网是物流仓储装备产品升级转型的不二选择，也是未来智能物流的基础。

数字化技术将记录物流装备及系统的全过程，大数据挖掘技术帮助提炼分析需要的信息、优化货物存储、优化配送路线、优化流程、提高企业的供应链管理效率等等。新一代的物流装备及系统、拥有自己的控制核心，标准化接口。

海量的数据蕴藏着无限的价值。当今的国际制造业竞争，已经演变成为一种信息化的竞争，谁拥有了数据，谁就掌握了市场。数据采集获取技术和数据挖掘技术的深度融合应用，推动了物流仓储装备的转型升级。

2. 新产品适应新需求

（1）新标准、新产品　日新月异的自动化和 IT 技术发展，促使物流仓储装备单机设备性能进入了新的发展时代，物流装备市场进入到转型升级阶段，高端物流产品不断涌现。如自动化仓库的高度已经超过 45m；托盘巷道堆垛机运行速度可达 400m/min；穿梭小车行走速度达到了 200m/min；分拣机分拣能力可达 27 000 件 /h；适合各种搬运场合的 AGV、RGV、机器人都出现在物流系统中。满足各种需求的物流装备呈现专业化发展。

随着市场竞争的全球化，产品生命周期越来越短，产品的成本越发透明，创新难度加大，标准成为又一个竞争焦点。谁拥有了标准，谁就拥有了话语权。我国的物流仓储装备行业的标准化建设，关系到物流行业标准化体系的建设，也关系到企业全球化竞争的参与，越来越多的企业参与标准的制定，团体标准已经初露端倪。

（2）新模式，新需求　现代人们消费习惯的改变，越来越多的信息分享，让更多的用户需求融入产品的设计中，因而新产品的生命周期越来越短。传统的满足规模化大生产的生产线，已经无法适应新的需求，只有将单机设备标准化、模块化，适合于不同生产线柔性化需求随时根据设计者的要求，重新组合，才能迅速地应对市场的变化。

这些变化使得物流系统的控制管理模式发生了颠覆性变革。生产模式的变化，也使生产物流系统发生了质的变化。分布式、总线式控制方式，嵌入式控制技术的应用，使得每个单元设备都具有标准的开发式接口，通过工业以太网可以连入或退出系统，方便用户选择，充分体现了系统的柔性，以满足不同用户的需求，适应现代物流的需求。

创新的存储模式满足不同的需求，如旋转货架库、多层穿梭车库、机器人拣选货库、AUTOSTORE、穿梭板库、亚马逊式 KIVA 机器人存储中心等等，充分体现出物流仓储装备的创新模式。未来，飞行机器人拣选的货库，也将走入实际应用中。

3. 绿色环保、全周期的发展方向

（1）后市场需求　随着国内物流仓储装备保有量不断上升，客户需求不断转变，后市场服务需求呈现爆炸式增长，远程监控技术、故障诊断服务技术、预警技术越来越被看好。物流设备生命周期内的维护维修，零配件供应等后市场服务需求都不断增长，物流设备供应商不再仅仅提供设备，而是需要关注设备的全生命周期，提供 7×24h 服务、诊断故障、提供技术支持等，这也是物流系统中增值服务的一部分，是新的高速增长点。

（2）绿色环保理念　关注产品的全周期，从设计到报废，人们开始意识到环境、资源、能源等人类生存的环境问题。从规划开始，绿色的概念已经逐步渗透其中。如尽量使用可持续循环利用的材料，降低能耗，能量回馈再利用等。

物流系统中，有许多消耗品，虽然不起眼，但是数量巨大，如标签、胶带、包装物的消耗，每年的数字惊人。可视化、可擦写的电子标签，已经研究成功，逐步取代现有的纸质产品。可降解生物材料制作的包材，可节约大量的森林资源，也开始在网店中使用。环保的理念渗透到设计的每个环节，将推动着物流装备及供应链上下游向绿色化方向迈进。

4. 产业发展的前瞻性和长远性

物流业因为涉及运输、仓储、包装、流通加工、配送、物流信息化、物流设备制造、物流基础设施建设、物流服务管理等产业，已经成为国民经济的支柱产业，而且是支柱产业群。物流仓储装备目前在中国还未发展成为完整的产业，但应用在航天航空、制造业、医药和食品、电商等经济的各个领域内，涉及原料、生产、加工、储运、管理、服务各个环节，技术密集度高，是先进制造、信息、新材料等先进技术的综合体，产业辐射面广。由于长期以来，西方发达国家对核心技术的封锁，我国必须拥有自己的物流仓储装备来满足各行各业的需求，去除依赖进口产品后市场受人制约的产业发展致命瓶颈。

（1）制造业产业转型升级，推动产业持续发展　众所周知，制造业是国民经济的脊梁，是综合国力的决定性力量，关系到国家安全和人民幸福安康。我国制造业总体规模位居世界前列，但距离制造强国还有相当距离。国家在 2015 年发布《中国制造 2025》，明确建设制造强国的战略目标、任务和重点。

当前全球制造业发展的一个基本方向就是智能制造。智能制造离不开智能物流、智能装备。制造业升级，将带来企业对物流装备自动化和智能化的市场需求，推动物流装备制造业不断向前迈进。高端物流设备、物流机器人系统、智能分拣系统、智能感知与自动识别系统等高端技术与装备，将进入高速发展期。

起源于 20 世纪 70 年代末的我国物流装备制造业，经历了 20 年的高速发展，已经成为全球最活跃的市场，只要全面推进物流装备的技术创新，不断突破技术瓶颈，掌握核心技术，抓住当前的产业转型升级的机遇，必定在原有基础上蜕变崛起。

据行业专家预测，未来的 8 年至 10 年，我国物流业仍然处于可以大有作为的战略机遇期，全球制造业和中国物流业蓬勃发展的生机正在共同推进物流装备制造业不断向前迈进。标准化、信息化、智能化、绿色化是中国物流技术装备行业发展的方向。

（2）新兴需求激增，扩展发展空间　据奥姆斯特朗咨询公司统计，全球物流市场价值 9 万亿美元，中国大陆市场占据其中的 2.2 万亿美元。而在这 2.2 万亿美元的市场中，快递业 2016 年分得约 435 亿美元，成为增长最快的行业，复合增长率超过 30%。中国的快递业务量为全球第一，而其中的 80% 来自电子商务。物流服务面向亿万个体，零散的物流需求增加了物流系统的复杂性和随机性。解决需求日益凸显的矛盾，给物流技术和装备带来机遇。未来必将迎来电商物流配送中心、配送平台建设的热潮，标准化、智能化的技术装备、绿色环保的包装和配送方式等，都将迎来发展的高峰期。

冷链物流是近年来的又一热点，人们对健康和饮食的关注促进了现代冷链医药和食品冷链的建设。中国冷链物流市场正在整合供应链，向着综合性一站式冷链物流服务供应商的方向发展。冷链运输效率和范围将会进一步提高和扩大，以互联网为平台的生鲜电商为冷链物流注入了新鲜血液。

冷链物流是一项系统工程，包含服务于产品物流流转过程的冷藏技术、包装技术、节能技术和高效物流运作、冷链监测、追溯信息技术，全程标准化、精细化管理是未来发展的趋势。我国冷链服务的需求市场，总价值预计超过 3 万亿元，冷链成本按保守的 5% 计算，整个市场规模超过 1 500 亿元，尤其是生鲜电商市场火爆，据统计 2015 年我国的生鲜电商交易规模达到 560 亿元。预计 2017 年突破 1 000 亿元，蕴藏潜力巨大[21]。

我国的制造业发展参差不齐，同期表现为规模化、数字化、智能化并行。随着智能制造潮流的兴起，“中国制造 2025”进入全面实施阶段。越来越多的企业需要把产品、整个生产过程、管理等引入数字化，再把不同的装备和装备、装备和产品、装备和人之间，建立起通信的路径，实现网络化，继而才能谈到智能化制造。物流是其中不可缺少的环节，工业机器人将扮演不可缺少的角色，物流搬运机器人在仓储物流过程中应用的案例已日益增多。由此可见，现代化物流装备必将帮助企业实现数字化车间、智能化工厂。

（3）创新产业联盟，助力产业升级　众所周知，物流仓储装备产业正在成为物流持续增长的先导产业，而物流仓储装备产业发展的前提是重大的科技突破，是多科学多领域的创新技术的相互渗透，而只有共性、关键性、前瞻性技术实现突破，才能在激烈的竞争中保持先机和主动。产业技术联盟是一条有效的路径，可以促进共性技术研发，突破核心技术难点和创建行业标准。如冷链食品物流产业技术创新战略联盟，目标是凝聚产业力量，打造产业链，研发共性技术，推动产业发展。

研发质量和周期在激烈的竞争中发挥着核心作用，大家都在争夺产业的主动权，高质量短周期的创新，依靠单一企业的研发是难以满足要求，因而必须借助高校、研究机构的力量，突显优势，可以推进研发速度，助力发展，实现共同的战略目标。物流装备企业向专业领域渗透，与需求企业建立合作联盟，共同推进物流技术发展。

参考文献

[1] 汝宜红．现代物流 [M]. 北京：清华大学出版社有限公司，2005.

[2] 贺培．国际结算学 .[M]. 北京：中国财政经济出版社， 2009.

[3] 周启蕾．物流学概论 .[M]. 北京：清华大学出版社有限公司，2005.

[4]2015-2020 中国汽车整车制造市场评估及投资前景预测报告 [R]. 中国产业信息网，2015.

[5] 何黎明．我国物流业 2016 年发展回顾与 2017 年展望 [R]. 中国物流与采购网，2016.

[6] 中国物流发展报告 2015—2016[R]. 北京：中国财富出版社，2016.

[7] 全球冷库容量现状：最大冷库产业在印度、美国和中国 [R]. 北京：中国物流采购联合会冷链物流专业委员会，2015.

[8] 肖生苓．现代物流装备 [M]. 北京：科学出版社，2009.

[9] 2013—2017 年中国物流装备行业深度调研与投资战略规划分析报告 [R] 深圳：前瞻产业研究院

[10] 物流发展中长期规划 2014—2020[R]. 北京： 国务院，2014.

[11] 黄军英。奥巴马政府加强科技创新前沿布局 [N]. 光明日报，2016-12-4(8).

[12] 中国战略性新兴产业发展报告 [M]. 北京：科学出版社，2016 .

[13] 国家信息中心．战略性新兴产业：经济增长的中流砥柱，[R]. 光明网，2016.

[14] 经济下行周期下战略性新兴产业持续引领发展 [R]. 国家信息中心，2015.

[15] 中国机械工程学会物流工程分会．物流工程技术线路图 [M]. 北京：中国科学技术出版社，2015.

[16] 崔忠付 .2015 中国冷链物流回顾与 2016 展望 .[R]. 北京：中国物流采购网，2015.

第2章

我国物流仓储装备产业发展现状

2.1 我国物流仓储装备产业的发展进程

2.1.1 存储设备发展进程

存储是物流过程的一个环节，主要涉及各种类型仓库内用到的相关设备。一般是指采用几层、十几层乃至几十层高的货架储存单元货物，用相应的物料搬运设备进行货物入库和出库作业。

1. 存储货架

我国存储货架行业的发展源头可追溯到 20 世纪 90 年代初，大量外资企业来华投资建厂，一些运营较成熟的欧美企业带来了大量国外生产的组合式货架，由此拉开了国内使用组合式货架的序幕。经过了近 20 年的发展，目前存储货架已由原先的单一品种，发展成根据不同的物料尺寸、重量和存取方式而开发出的各类不同系列的产品，存储货架行业的内涵已不再是单纯的钢铁加工，而是力学设计、自动化技术、物流规划、仓储管理信息化等多学科、多专业交叉的应用专业。下面分别从货架产品工艺设计技术、市场需求和生产规模、存在的问题及未来展望、发展策略四个方面介绍。

（1）货架产品工艺设计技术。

1）货架生产的工艺技术。20 世纪 90 年代之前，我国国内的企业通常都是用木材和热轧的角钢、槽钢等型材自制货，架自身使用居多。当时的货架全部都是整体式的，木制的是用钉子装订在一起，钢制的是焊接在一起的，无法拆散装运到外地，所以几乎没有专业货架生产企业。随着 20 世纪 90 年代初外资企业带入中国的自用货架增多，引入了组装式货架的理念，完全改变了传统整体式货架的设计理念，货架加工工厂只要把各类货架的构件做好，散件运到客户场地再现场安装即可，从而使货架的大批量专业制造生产成为可能。部分从事金属钣金、冲压加工的企业开始用冲孔折弯的手工作业方式生产一些性能比较简单的货架，这种加工工艺简单但是落后低效。随着冷弯型钢制造技术的不断普及和完善，用冷弯技术来制作存储货架是货架生产技术取得突破的第一个转折点，钢带自动连续冲孔技术用于货架生产是第二个转折点。目前国内主流的存储货架生产制造已经广泛采用了上面两项工艺，较之从前的手工作业方式在作业效率提高、成本降低方面有了大幅度改善，但相比国外先进的同行企业，精度和自动化程度仍有所不足，效率只有别人的 1/5。随着货架企业开始使用自动搬运、自动焊接设备，未来货架加工会更多地向无人化或少人化发展。

2）货架的设计技术。20 世纪 90 年代初，国产货架的结构大都以模仿国外货架结构为主，由于受限于设备和工艺技术，结构简单、单一，重型货架以托盘横梁组合式货架为主，轻型货架以万能角钢货架为主。由于不懂得如何准确进行力学计算，所以选材用料普遍较粗大笨重。随着国内货架市场的扩大，货架需求量及客户存放不同物料的个性化需求增多，各货架企业从事技术工作的人员不断增多，对货架力学及结构的研究也愈加深入。国内的货架企业通过整理货架力学计算和相关研究成果牵头制定了国家标准《工业货架规格尺寸与额定荷载》《工业货架设计计算》等。

到目前为止，我国生产的货架种类由原来的一两种发展到今天的 20 多种，由原来的几米高能做到目前的近 30m 高，由原来的单一手工存储功能发展成现在的集自动化存储、信息化管理为一体。货架行业已不再是简单的低技术含量的行业，而是多专业技术交叉合并、技术密集应用的行业。货架也不再是存储物品的简单架子，而是演变成一种集多样性和复杂功能为一体的、综合性的仓储和物流装备系统，产品由普通的存储功能发展为具有仓储—物流配送，拣选功能的各种货架系统。

目前的货架国家标准和行业标准，已发布实施的有《自动化立体仓库术语》《自动化立体仓库设计通则》。2 项国家标准《工业货架规格与额定载荷》和《组合式工业货架设计与计算》，5 项行业标准《货架分类及代号》《货架术语》《托盘货架》《贯通式货架》《自动分拣设备管理要求》都已报批。《移动式货架设计规范》《仓储货架生产管理要求》正在起草，另有《仓储货架使用规范》等 9 项国家标准也已获国家标准化管理委员会批准立项。

（2）市场需求和生产规模　货架的需求可分为三个阶段。

第一阶段是 2000 年之前，主要的需求来自外资生产型企业。

第二阶段是 2000—2006 年，这一阶段除生产型外资企业外，尚包括当时新兴起的行业和发展迅猛的行业，如建材超市、汽车行业等，以及国家规定必须进行仓库管理规范化改造的行业，如医药行业的 GMP 认证所需。

第三个阶段是 2006 年后至今，这个阶段是货架行业大发展阶段，大多数企业感到货架使用对改善和提高仓储管理有巨大帮助，凡产品是有形物料类的（而非软件等无形的）企业，几乎都要使用货架。

市场需求方面简单回顾一下各行业的状况：

①烟草行业，2008—2016 年间是烟草生产行业技改项目建设高峰期，近年在烟草商业配送领域的需求和烟草生产领域的二次扩大产能技改再掀高峰。

②食品饮料行业，包括冷链物流的兴起，近年需求逐步升温。

③医药行业，包括医药生产和医药物流企业两类。医药生产企业经历了 GMP 强制认证阶段，近年需求量逐渐减少，但医药流通企业正不断扩张抢地盘，通过 GSP 认证阶段会带来巨大的市场需求。

④电力和铁路等行业需求原本一直处于逐年上升之势，但自从遭遇日本地震核电站事故和温州动车追尾事故后，市场需求趋降。从 2014 年开始，国家重新重视高铁发展后，行业需求快速恢复。

⑤零售连锁和电子商务，服装、金融、军队的需求是近年的新兴市场，具有较为明显的发展潜力。

⑥机械制造领域曾经是货架的主要市场，虽每年需求量在继续加大，但市场总量的占比逐年减少。

货架行业的市场需求 20 多年来总体呈上涨趋势，尤其近 10 年呈大幅上升之势。目前中国的货架行业渐成规模，越来越多的货架企业出现。从全国货架出产比例来看，国内市场上约 70% 的货架产自南京，20% 的货架产自上海，5% 的货架来自广东，另有 5% 来自北京、天津等地。

从货架企业的发展规模来看，可以分为高端、中端、低端三个层级，其中高端货架生产企业年合同额达到 1 亿元以上，此类企业具有一定的规模化、标准化生产能力，在设计、生产制造、质量、安装等各方面都有各自的标准，并在市场上树立了良好的品牌形象；中端的货架企业年合同额在 5 000 万元至 2 亿元之间，此类企业数量不多；大多货架企业的年合同额在 5 000 万元以下。随着物流行业的快速发展，货架企业将获得大幅度进步的机会。

（3）货架行业存在的问题及未来展望　由于货架从项目承接经过生产制造到安装交付，是典型的项目管理过程，每个客户项目的产品结构和种类都是个性化的，但生产制造过程又要求是规模化和标准化的批量生产，表现为多品种大批量的生产模式，所以对交期、成本、质量的管控相对其他行业难度提高了，内部管理过程中变数多、易出错，所以企业规模要真正意义上的扩大很难。这不利于货架制造业的整体均衡发展，小企业更易被市场淘汰。

国内目前货架行业的规范性有待进一步提高。一些企业特别是小企业为降低成本，存在使用厚度不达标的钢板生产货架现象，或者使用非正规厂家提供的配套材料，造成货架的标准承载量、抗压性能大大降低，长时间使用此类货架堆放物品，易发生坍塌事件，造成财产损失，严重的还会危及使用人的生命。最近几年国内货架产品质量监督抽查中，出现不合格的原因主要集中在原材料不合格、产品抗压性能不符合标准方面，并且全国范围内也发生过多起货架倒塌致人伤亡事件。

总体来看，货架行业的生产经营情况受宏观经济形势影响大。货架主要供应工业企业、商贸企业，一旦国内外经济发展不景气，市场的需求就会立即萎缩。比如受 2008 年金融危机影响，货架企业 2009 年上半年订单大幅减少，产能更是大量过剩，一半以上企业开工不足，企业平均产值缩减达 30% ～ 50%，一些规模较小企业当时基本处于停产状态。2014 年以来，随着整个国内外经济形势转好，货架制造需求进入了新一轮增长期。随着近几年原材料价格、人工成本、运输成本等持续上涨，货架生产企业的效益增幅呈现滞降趋势。一方面，由于货架成本的 60 % ～ 70% 是钢材，近年来国内外钢材价格不断上涨，货架企业生产成本大幅增加，产品利润空间不断缩小。另一方面，为了争夺市场，行业中大量企业采取降价的竞争措施，导致整个货架行业产品价格逐年走低，企业整体效益不能随需求增长而同步上升。

目前货架行业高端人才缺乏造成行业技术研发能力弱，缺乏行业规范和专业技术标准，也没有为货架行业提供专业设备的生产企业。货架行业内缺乏产业链分工，上下游配套差。从地域上看，货架行业的几个大型企业都集中在沪宁沿线地区，成品物流成本较高等，这些都不利于行业的发展，短期内很难解决这些问题，因此国内货架行业的企业正常情况下很难有年销售额几十亿元的大型企业出现。

（4）货架行业的发展策略 面对国内货架行业的实际情况，大多数货架企业意识到需要根据自身的特点充分挖掘优势，趋利避害，制定适合未来市场需求的发展策略，货架行业需要走向有序化。企业的发展策略主要表现在以下几个方面：

1）加大对货架基础技术的研究投入。货架的主要功能体现在能安全地承载，在力学设计方面主要参考钢结构和冷弯薄壁型钢方面的技术标准。目前国内各个货架企业的产品构件截面各不相同，这就需要对各自的产品构件进行大量的试验研究，要准确确定各结构节点的力学性能参数，以便确定各种使用条件下，包括地震和意外撞击等情况的计算模型，从而充分保证货架的使用安全。

2）大量货架企业会突破目前的产品领域，针对未来 1—2 年内目标客户的市场需求，培育各自新的市场增长点。在产业链上下游方面，一部分企业将承担货架行业的专业配套业务，尤其是一些竞争力相对较弱的企业会转向为货架企业提供配件和一些标准化产品。一些有实力的货架企业将介入仓储物流领域除货架外其他产品的提供和服务，比如仓库管理的信息化、自动化方面。

3）货架企业产能过剩，人工费用持续大幅上涨，将会面对更加激烈的市场竞争和企业生存压力，货架行业只有不断完善内部管理，进行工艺改进，才能降低成本，提高质量。

4）货架行业缺乏产品标准，会有更多的企业参与标准的制定和完善，尤其是货架使用方面的标准，包括使用年限方面的标准制定，这将会为货架行业带来更多的需求。

2. 自动化立体仓库

自动化立体仓库（AS/RS 如图 2-1 所示）是物流技术的革命性成果，它一般由高层货架、巷道堆垛机、输送机、控制系统和计算机管理系统（WMS）等构成，可以在计算机系统控制下完成单元货物的自动存取作业。自动化立体仓库的应用，保证了货物仓库管理各个环节数据输入的速度和准确性，确保企业及时准确地掌握库存的真实数据，合理保持和控制企业库存。通过科学的编码，还可方便地对库存货物的批次、保质期等进行管理。利用 WMS 库位管理功能，更可以及时掌握所有库存货物当前所在位置，有利于提高仓库管理的工作效率。

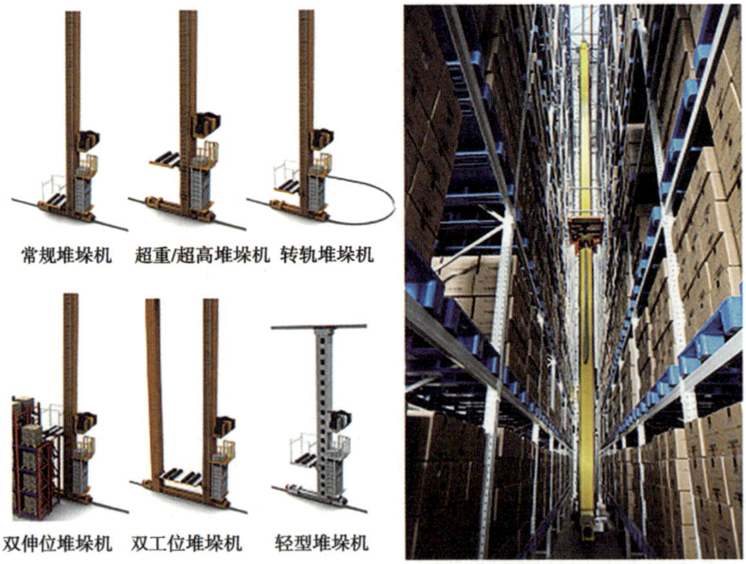

图 2-1　自动化立体仓库及堆垛机

自动化物流存储系统是以立体仓库和配送分拣中心为产品的表现形式，由立体货架、有轨巷道堆垛机、出入库托盘输送机系统、检测阅读系统、通信系统、自动控制系统、计算机监控管理等组成，综合了自动化控制、自动输送、库前自动分拣及库内自动输送，通过货物自动录入、管理和查验货物信息的软件平台，实现仓库内货物的物理运动及信息管理的自动化和信息化，可广泛应用于医药、食品饮料、冷链物流、电子商务、跨境电商、快速消费品及保健品等行业。自动化物流存储系统是整个自动化领域中增长最稳定、成长空间最大的子板块之一。主要基于如下几个方面。

①下游市场更稳定：受益于现代物流业的快速发展，下游物流投资的确定性比一般制造业投资更高，因此自动化物流受经济周期的扰动相对较小。

②适应新型物流方式的需求：第三方物流、电子商务、全冷链生鲜配送等新兴物流方式正在深刻地改变着下游市场，客户除了需要节约不断上涨的人工成本，对于处理速度、管理效率和用户体验的需求在急剧上升。自动化物流存储系统是适应新兴物流方式的最佳解决方案。

③技术快速进步：随着物联网、机器视觉、仓储机器人、无人机等新技术的应用，物流存储设备的自动化技术正在以较快的速度发生变革。

我国于 1973 年开始研制第一座由计算机控制的自动化立体仓库（高 15m，由原机械部起重所负责），该系统 1980 年投入运行。经过几十年的发展，目前我国自动化物流仓储系统应用范围几乎遍布所有行业，特别是在机械、冶金、化工、航空航天、电子、医药、图书、食品加工、烟草、印刷、配送中心、机场、港口等行业需求突出。

我国自动化立体仓库的研究与应用经历了 4 个主要阶段：

1973—1985 年，属于起步阶段，完成了系统的研制与应用，但由于经济发展的限制，应用非常有限。

1986—1995 年，属于初步发展阶段，通过引进吸收，研制了属于第二代技术，基于 PLC 控制的立体仓库系统。其应用领域逐步扩展到医药、化工、机械、烟草等，市场应用超过 100 套。

1996—2005 年，属于高速发展阶段，以联想电脑公司自动化物流系统为起点，基于激光测距的第三代技术得到全面应用。这一时期立体仓库得到了广泛应用，每年平均有 40 ～ 50 套增长，市场保有量达到 650 套左右。

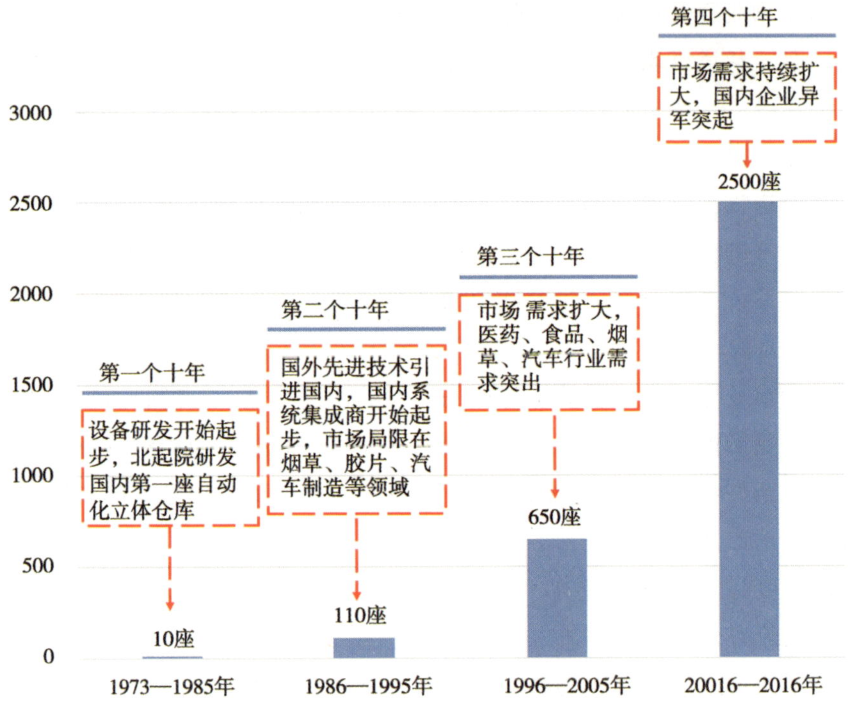

图 2-2 自动化立体仓库发展阶段图

2006—2016 年，已经进入成熟应用阶段，随着医药流通、电商、烟草商业配送等自动化物流系统的建设，每年市场需求呈现快速增长趋势，自动化立体仓库的应用场景从简单的存储功能开始往分拣功能等方向变化，到 2016 年底，市场保有量超过 2 500 套。自动化立体仓库发展阶段如图 2-2 所示。

目前我国的自动化立体仓库技术已经基本成熟，并进入大量应用阶段。技术水平与先进国家的差异主要在于高速性能、工艺、可靠性等方面。

2.1.2 输送设备发展进程

输送设备主要是自动输送机。自动输送机主要分为托盘式和箱式两大类，如图 2-3 和图 2-4 所示，各自均有很多的种类。托盘式输送机包括链条式、辊筒式、穿梭车、AGV、提升机等，如图 2-5、图 2-6 所示一般与立体仓库配套使用。箱式输送机则包括带式、辊子式、箱式提升机等多种形式，在配送中心广泛应用。此外，机场行李系统采用的输送机是比较特殊的一类，如图 2-7。

图 2-3　托盘辊筒输送机 / 托盘链条输送机

图 2-4　料箱辊筒输送线 / 料箱带式输送线

图 2-5　托盘穿梭车

图 2-6　托盘提升机

图 2-7 航空货物转盘 / 输送系统

我国自动输送系统的发展，要早于自动化立体仓库，其主要原因是生产线发展和邮政业务发展的需要，其从 20 世纪 80 年代已经开始走向成熟。但作为重要的物流装备，尤其是随着大型配送中心的发展，我国自动输送系统的发展同样经历了几个时期。

1970—1990 年，属于初级应用时期。托盘输送机主要为立体仓库配套，而箱式输送机主要在邮政领域应用，范围比较窄，技术水平比较落后。机场行李系统的应用则主要采用进口设备。

1991—2000 年，属于技术提高期。自动输送系统的技术水平得到显著提高，主要标志是 PLC 系统的应用和总线技术的应用。AGV 等新产品新技术得到发展，并开始应用于市场。

2001—2016 年，属于高速发展期。自动输送系统技术水平跃上了新的台阶，高速输送机、AGV 等均已经实现国产化，市场应用已经渗透各个行业，尤其是烟草、零售、医药、图书、服装、电商等领域发展迅猛。

输送设备作为自动化物流装备之一，近年来在国内市场需求呈现明显上升的趋势。尤其 2012 年电子商务的爆炸性增长改变了企业的经营模式和商业业态，为了适应电商业务的快速增长，特别是为了应对“双 11”等促销高峰期的物流考验，电商及快递企业都明确选用运行速度更快、处理能力更强的自动输送系统。在此影响下，国内的输送分拣设备市场出现了两大特征：

① 随着网购消费群体和电商业务量的大幅增长，电子商务海量订单的履行、订单结构和数量波动大等，对物流配送提出了巨大挑战，这些都需要电子商务企业借助一系列先进的自动化技术进行订单处理才能满足消费者的需求。大量自动化和信息化技术得到应用，如采用条码识别系统、语音识别系统、射频自动识别

系统、货物自动跟踪系统等。一些在发达国家普及的技术开始为国内输送分拣设备厂家所采用。

②随着人工成本和土地成本的快速上升，国内物流自动化的进程加快，输送分拣设备厂商除了提供设备外，还需要提供系统解决方案和各种提升附加值的服务项目。

2014 年中国输送分拣市场需求呈现高速增长态势，全年增幅超过 22%，市场规模超过 35 亿元[1]。结合 2015 年的市场需求增长情况，2015 年的市场规模接近 50 亿元。面对市场的机遇，国内的各个物流输送设备专业厂商纷纷加快了脚步，高度重视相关产业的快速发展，不断调整产品结构以适应市场，体现专业性，并积极开展对外合作，用新技术及更符合中国市场需求的产品来获得用户的青睐。厂家开始重视专项研发，开始组织力量形成技术支持和售后服务的团队，给客户提供全方位的服务。基于细分行业的新产品开始不断涌现，如零压力积放输送机、带传动辊道机系列、高速托盘提升机、伸缩皮带机、窄带合流输送机等。

总体看，从 2001 年以来的十多年里，我国的输送设备领域伴随着中国经济腾飞实现了大跨步式发展。其中，在支撑物流输送装备发展的多种技术不断进步的带动下，在服务对象日益多样化的情况下，市场竞争日趋激烈。本土输送设备厂商的竞争力不断增强；新技术和新理念的引进促使国内的装备技术水平和产品质量持续提升，在不断完善的国内相关政策环境和企业自身积极发展需求的推动下，形成了一些有影响力的国内品牌。

国内输送设备企业与发达国家同行之间相比，仍存在着一定的差距，主要表现在产品质量和自主创新能力方面，尤其是在技术的研发创新方面一直处在跟踪和追赶的状态，一些关键核心的技术还没有完全掌握，可持续发展能力有待进一步加强。

国外的输送设备厂商也关注到中国市场的强劲需求，不惜通过降价竞争等方式争取市场份额。国内部分厂商将采取引进国外先进技术、贴牌生产（OEM）制造、提供本土化实施安装服务及品牌合作等方式作为短期内形成企业综合竞争力的有效途径。

在输送设备的标准化和模块化方面，我国目前已经投入使用和未来即将投放市场的众多输送设备产品中相关的国家或者行业标准不全，使设备供应商不得不根据客户不同的需求进行大量的非标设计和生产制造，导致供货周期长、安装和使用过程不规范等诸多问题。从 2012 年标委会开始制定行业标准，轻型带式输送机行业标准及辊子输送机行业标准等都在制定修订中。

2.1.3 分拣设备发展进程

分拣作业是物流配送中的一个关键环节，指的是依据顾客订货要求或配送中心送货计划，迅速、准确地将商品从储位或其他区域拣出，并按照一定方式进行分类、集货、等待配装送货的作业过程。分拣是配送中心作业中最繁琐、工作量最大的环节，也是配送中心作业系统的核心，在配送中心的搬运总成本中，分拣作业成本约占90%，分拣时间约占整个配送中心作业时间的30% ～ 40%。如今，社会需求呈现向小批量、多品种方向发展的趋势，配送商品的种类和数量急剧增加，这使得分拣作业在配送中心作业的比重越来越大，而客户对配送服务和质量的要求也越来越高。分拣作业的速度和质量直接关系到整个配送中心的信誉和服务水平，分拣系统的建设也成为配送中心非常重视的问题之一。

构建分拣系统是一个复杂的过程。从规划设计到实现，需要考虑很多因素。分拣系统与上游的仓储系统以及下游的装运送货系统都有着紧密的联系，所以还要考虑它们之间的衔接，解决好接口的问题。

最初的分拣系统是完全基于人力的作业系统，通过人工搜索、搬运货物来完成货物的提取。在这种系统中，书面文件的制作和查找、人工搬运等浪费了巨大的人力物力，作业效率低下，显然无法满足现代化物流配送对速度和准确性的高要求。

随着科学技术的飞速发展，分拣系统中开始运用各种各样的自动化机械设备，计算机控制技术和信息技术成为信息传递和处理的重要手段。虽然在多数的分拣系统中，某些作业环节还需要有人工的参与，但作业强度已越来越小，完全由机械完成分拣作业的自动分拣系统也应运而生。机械化、自动化、智能化成为现代分拣系统的主要特点与发展趋势。

现代物流配送中，高科技的应用为作业效率和质量的提高提供了坚实的技术保证。现代化的分拣系统逐渐成为物流机械化系统、信息系统以及管理组织系统的有机组合。物流机械化系统主要是各种物流设备的有效组合和配置，信息系统是分拣信息和控制信息等流动的载体，管理组织系统负责设备、人员的调度，控制系统总体的运作模式。计算机控制技术、信息技术以及物流自动化机械成为现代分拣系统的重要组成部分。

纵观国内外分拣系统的应用情况可以发现，国外的物流配送中心倾向于采用自动化程度很高的分拣系统。而在我国，与整个物流业的大环境相似，分拣系统和技术相对发达国家还比较落后，人工作业的情况仍比较普遍，电子标签、RF技术等辅助拣选系统的生产和使用开始普及，自动拣选系统呈现快速增长趋势。总体来说，阻碍我国自动化拣选系统发展的因素有很多，有些是与我国整个物流业存在的问题相一致的。物流标准化就是我国物流业长期关注的一个问题。商品的条码化、包装的标准化等是自动化拣选系统得以顺利运行的保证。在我国，由于商品包装箱（指运输包装）上基本没有统一的印刷条码规则，导致在自动分拣系统使用过程中，信息接口存在一定的障碍。自动化设备和系统的价格问题也是另一个阻碍因素，小企业一般无力购进高价设备。随着人力成本的持续上升和国际竞争日益加剧，国内的一些物流配送中心也开始结合自身特点，采用高技术含量的设备和系统来提高分拣配送效率。烟草、医药、电商、快递等行业开始持续加大对自动分拣设备的需求，推动了我国自动化分拣设备的研发和生产。

随着商品品种的增多，配送中心的增多，多品种、高频次、随机性的商品分类（分拣）作业，在20世纪90年代后得到迅速发展。出错率高、费时费力的人力分类作业，开始被自动分拣机及其系统所替代，其最早用于邮政包裹分拣系统，目前广泛应用于流通、商业的物流中心和配送中心。

2000年以前，我国的自动分拣机主要在邮政行业使用，实现了悬挂式分拣机、信函自动分拣机等专用设备的国产化。在一些业务比较集中的枢纽，比如北京西站等邮件集散中心也引进了国外的交叉带分拣机等产品。

2000—2009年期间，随着我国医药行业的快速发展，医药行业在2004年前后开始引入国外的高速滑块式分拣机，并在医药配送中心投入使用。国内各个厂家的相关产品研发也在较短时间完成了样机试制阶段。随着医药行业的建设，国内相关的转向轮分拣机等产品不断涌现。烟草行业也开始关注自动分拣系统，2005年北京烟草和相关厂家联合研发了第一代条烟分拣机，取得了预期效果。烟草行业不断提升的销量推动了条烟分拣机的持续研发，我国在较短的时间内研制出卧式条烟分拣机、立式条烟分拣机、桥式条烟分拣机、瀑布式条烟分拣机等各种产品，并在全国各地的烟草商业配送中心快速推广和应用。在此阶段，国内的邮政业务受到电子邮件等互联网技术的冲击，业务开始持续萎缩，邮政领域的自动化设备的研发和生产处于持续萎缩的状态。

2009年后，随着电商、服装、快递等行业的发展，交叉带分拣机等邮政行业的相关设备重新获得市场的关注。相关产品的国产化进程加速，涌现出多家具备自主知识产品的交叉带分拣机厂家。针对“互联网+”的热潮，国内的厂家开始引入国外有代表性的落袋分拣机等产品用于服装电商等领域。随着中国经济的持续增长，机场行李的输送分拣需求开始涌现，全国各地机场从 2009 年进入了新一轮建设周期，翻盘式分拣机等产品进入中国。国外的行李分拣机厂商关注到中国市场的强劲需求，不惜通过降价竞争等方式争取市场份额。国内部分厂商采取收购国外企业、合资合作等方式，也推出了各种类型的行李分拣系统。

2.1.4 搬运设备发展进程

在物流过程中，物料搬运活动是不断出现和反复进行的，频率高于其他各项物流活动，而且每次物料搬运活动都要花费很长时间，所以往往成为决定物流速度的关键。物料搬运活动所消耗的人力也很多，所以搬运费用在物流成本中所占的比重也较高。因此，要提高物流效率，降低物流费用，搬运是个需要研究的重点环节。

随着工业生产规模的扩大和自动化程度的提高，物料搬运费用在工业生产成本中所占比例越来越大。据有关资料统计，每生产 1t 的产品，往往需要 252 吨次的装卸搬运，其成本为加工成本的 15.5%。美国工业产品生产过程中装卸搬运费用占总成本的 20% ～ 30%，德国企业物料搬运费用占营业额的 1/3。因此，加强对物料搬运设备及相关技术的研究，对改进物流管理、提高产品质量、降低生产成本、缩短生产周期、加速资金周转和提高整体效益有重大意义。

目前应用在制造生产线中的物料搬运设备主要有五种：输送机、工业车辆、自动导向车、吊车和葫芦、工业机器人。各种物料搬运设备在物流作业中发挥着重要作用，极大地减轻了人们的劳动强度，提高了搬运效率与质量，降低了物流成本，促进了物流的快速发展。

自 20 世纪 70 年代末以来，我国生产线中的物料搬运设备有了较快的发展，各种设备数量大幅增长，技术性能日趋提高。随着计算机和自动控制技术在生产线物流活动中的应用，物料搬运技术不断提升与发展，先进的物料搬运设备与系统不断涌现，我国已具备开发研制大型搬运设备和自动化物流系统的能力。目前，我国生产线中物料搬运设备的使用状况如下：

①物料搬运设备总体数量迅速增加。

②物料搬运设备的自动化水平和信息化程度得到了一定的提高。以往我们的生产线物料搬运设备基本上是以手工或半机械化为主，工作效率较低。近年来，物料搬运设备在自动化水平和信息化程度方面有了明显提高，使作业效率得到了较大改善。

③基本形成了物料搬运设备生产、销售和消费系统。以前，经常会有物料搬运设备需求，但很难找到相应生产企业；或有物料搬运设备生产，却因销售系统不完善、需求不足，导致物料搬运设备生产无法持续等。而今物料搬运设备的生产、销售、消费的系统已经基本形成，整个行业呈现出快速发展势头。

④物料搬运设备在生产企业的各个生产、物流环节得到了较全面的应用。

⑤专业化的新型物料搬运设备和新技术不断涌现。随着物流各环节分工的不断细化，以满足顾客需要为宗旨的物流服务需求上升，物料搬运设备的专业化程度逐渐提高，专门为某一物流作业环节、某种特定商品、某个专门客户提供的物料搬运设备不断涌现。

近年来，物流业的高速发展使先进的物料搬运设备得到了越来越广泛的应用。但无论从行业发展还是应用角度来看，我国物料搬运设备的发展还不能完全满足现阶段全新物流任务的要求，具体说来主要有以下几个方面：

①我国尚处于物料搬运设备发展的起步阶段，标准体系不够完善，致使各种物料搬运设备标准不统一，相互衔接配套差。

②物料搬运设备供应商数量众多，但大部分企业规模偏小，实力较弱，尤其是技术研发投入不足，导致产品质量与技术水平难以快速提升。

③应用企业只重视单一设备的质量与选型，没有通盘考虑整个物料搬运系统如何达到最优化。

④绝大多数企业仍将价格作为选择物料搬运设备的首要因素，而忽视了对产品内在品质与安全指标的考察。

⑤部分企业对物料搬运设备的作用缺乏足够的认识。在系统规划、设计时带有盲目性，造成设备使用上的不便或资源的浪费。

⑥物料搬运设备的管理并没有被广泛纳入物流管理的内容，搬运设备的使用率不高，设备闲置时间较长。

搬运车作为物料搬运设备中的重要设备之一，始于 1917 年（1918 年第一次世界大战结束），第一次世界大战结束后，迎来一段经济发展时期，在这段时期搬运车得到了快速的发展。物流作为军事行动的重要保障，其重要性日益凸显，在第二次世界大战中，搬运车得到了快速的发展和普遍的应用。

我国建造搬运车始于 20 世纪 50 年代，当时企业物流的搬运活动大部分由人工完成。伴随着我国的经济腾飞，政府和企业都认识到了物流对发展的重要性，高效搬运被单独提了出来，搬运从人工搬运转向了机械化搬运。近 30 年来我国经济发展较快，对搬运车提出了更高的要求，特别是电子商务物流的快速发展，让第三方物流行业以及第四方物流行业得到了快速的发展，对搬运车提出了更高的要求。在过去的几年中，我国搬运车需求均呈现两位数增长，发展势头良好。国家已经将物流产业列入十大振兴产业规划当中，足见物流在提高社会效益方面的巨大作用。

搬运车作为未来物流搬运中的主力军，经历了三代发展历史，目前正在向第四代发展。

第一代搬运车为手动搬运车，简称CBY，其特点是自动化、智能化程度不高，但它为人工搬运向机械化搬运转化做出了巨大的贡献。时至今日，它在搬运车市场仍然占有一定的份额。

第二代搬运车是以内燃叉车为代表的内燃搬运车，简称FT，具备较高的自动化。内燃叉车以发动机为动力，动力强劲，缺点是有废气排放，污染环境，效能较低，有害人类健康，不适合食品行业使用。

第三代搬运车是以电动叉车为代表的全电动搬运车，简称CBD，其自动化程度和内燃叉车相当，但由节能环保理念推动进行了动力技术更新，使用的是电池动力，具备节能、无废气排放、噪声小等优点，是食品行业的最佳选择。由于其节能的突出优点，被搬运车行业认为是未来最有潜力的叉车之一，但目前遇到了发展瓶颈，受蓄电池容量的限制，功率小，作业时间短。

第四代搬运车发展是以自动无人搬运车为代表的，简称AGVS，预计在21世纪50年代将得到大范围的应用，是当今在柔性制造系统（FMS）和自动化仓储系统中实现物流运输的有效手段。现代的AGV是由计算机控制，多数的AGVS配有系统集中控制与管理计算机，用于对AGV的作业过程进行优化，发出搬运指令，跟踪传送中的构件以及控制AGV的路线。无人搬运车的引导方式主要有电磁感应引导、激光引导和磁铁陀螺引导等，可以通过编程输入引导搬运车完成搬运工作，是一种智能化比较高的搬运车。

叉车是搬运车的一种。叉车工业起源于美国。1917年美国CLARK公司发明了世界第一台用于货物搬运的搬运车，命名为（Tructractor），从此造就了全世界物料搬运产业的新时代。1924年，美国CLARK公司设计出标准叉车，也就是（Forklift）——带叉子的可以升降的机械，最早只应用于美军。第二次世界大战期间，人们广泛使用叉车搬运、储存军用物资，战后恢复经济建设，加上汽车工业和液压技术的发展，促进了叉车工业的发展。20世纪后半期，随着计算机控制物料搬运机械的出现，单元化运输方式的快速发展，以及世界各国工业化水平的不断提高，叉车企业的制造能力不断提高，叉车产品的品种日益丰富、性能大大加强，市场规模不断扩大。进入20世纪90年代，全世界大约有250多家叉车生产企业，主要集中在德国、日本、美国和中国等国家。

与国外相比，我国叉车工业的发展起步较晚。1953年由沈阳电工机械厂测绘研制第一台电动三支点平衡重式叉车，1958年由五一机械厂（现大连叉车有限公司前身）测绘研制第一台5t内燃叉车，由此开始了我国叉车工业的发展历史。从20世纪70年代后期到80年代中期，全行业先后组织了两次联合设计，奠定了叉车行业的基础。20世纪90年代开始，一些骨干企业在消化吸收引进技术的基础上积极对产品进行更新和系列化，同时外资叉车企业纷纷进入中国，形成了产品的多层次格局，使叉车行业百花齐放。进入21世纪以来，国内叉车企业通过技术创新，打造自身品牌，提升自身在国际上的地位，培育出了安徽合力、杭叉集团等世界排名前列的叉车企业。

经过六十多年的发展，我国叉车工业获得了长足的发展和进步。尤其是进入21世纪以来，我国叉车行业步入了“黄金发展期”，发展环境显著改善，生产规模迅速扩张，产品性能明显提高，服务质量逐步改善。

国内叉车行业的发展趋势主要有如下特点：

① 叉车出口在稳定欧美市场的同时，逐步转向新兴发展中国家和第三世界。

②部分经营陷入困境的叉车企业，由于产品结构相对于其他企业具有互补性，将会被一些有实力的公司兼并重组，实现产品结构的进一步完善。另一部分企业只能自生自灭。行业调整洗牌已经开始。党的十八届三中全会提出，混合所有制企业，要给予与外资企业同等的法律和法规待遇，不排除看好中国市场的外资，到国内收购、重组混合型的叉车企业。

③高速发展，必然引发重复建设，最终导致产能过剩。如果我国的经济增速今后进入平稳增长时期，那么叉车行业的现有产能无法在短期内完全释放，竞争将愈发激烈。因此，如果没有独特的技术，新入叉车企业会面临生存问题。

④竞争必然加快技术创新，以叉车专利技术为基础的知识经济将会引领叉车行业的发展。

国内叉车的技术发展趋势主要有如下特点：

①清洁排放是叉车技术发展的首要方向。党的十八大提出了“生态文明”建设，欧盟、美国、日本均制定了非道路车辆的分阶段排放法规，我国也制定了非

道路车辆的强制性标准，并且许多省、市都在近期要推行“国III”排放标准。目前，我国在清洁排放上遇到的问题有：发动机的共轨喷射技术、三元催化后处理技术等减排的专利技术均由国外持有，但清洁排放已经成为叉车技术的发展趋势，我国的叉车企业一定要加紧自有技术的研发。

②轻量化设计将是叉车设计的重要准则之一。能源的不可再生性，让世界达成了共识，大家都感到了能源的珍贵。节能就必须降低自重，减少材料和能源的消耗。叉车由于是一个成熟的产品，轻量化设计的余量很少。但对我国叉车而言，还是可以有所作为的。总之，轻量化设计技术已经提上了产品开发的日程。

不同品种叉车的发展趋势主要有如下特点：

①电动叉车市场需求的比例相对于内燃叉车而言，将会持续、快速的提高。

②电动叉车的励磁方式，将会按照串励、他励、交流、永磁等顺序换代发展。

③内燃叉车中，由于天然气叉车在清洁排放上，可以达到“国IV”的排放要求，在经济性上，可以节省大约 40% 的费用，在动力性、蓄能方式、持续工作时间上都优于电动叉车，因此，天然气叉车将会迎来快速的发展机遇。

④生产汽油和柴油叉车的企业，应当关注国家的排放政策和发动机的技术进步，以及石油价格的走势，整体上增速会放缓。

2.1.5 拣选设备发展进程

订单拣选（Order picking）是指在物流配送中心，根据订单信息要求组织相关人员、设施、资源，进行快速、高效的拣货组配作业。要完成订单的高效拣选，必须依托先进的物流系统或设备。订单拣选是仓库中进行相关订单作业的重要环节，拣选设备主要用于简化操作，降低成本和提高效能。

我国物流业受电商等相关行业的影响迅速发展，传统的物流纸质单证手工拣选方式已经不适用于货物流通量越来越大的今天，需要更高效率的拣选技术。随着物流、库存和仓储成本的上涨，以及对原材料高效管理需求的增加，供应链管理对订单准确率越来越重视，一些以提高生产力、降低成本为主导的业务革新在中国市场找到了实施的空间。目前典型的高效拣选设备包括电子标签（图 2-8 所示）、RF 扫描（图 2-9 所示）、语音拣选系统（图 2-10 所示）等。

使用电子标签（Pick to Light）技术，货物的库存位置经由光节点连接到主计算机系统。这些灯表示待分拣物品的数量。当完成了拣选任务，拣选员按一下节点旁边的按钮通报系统拣选任务已完成。

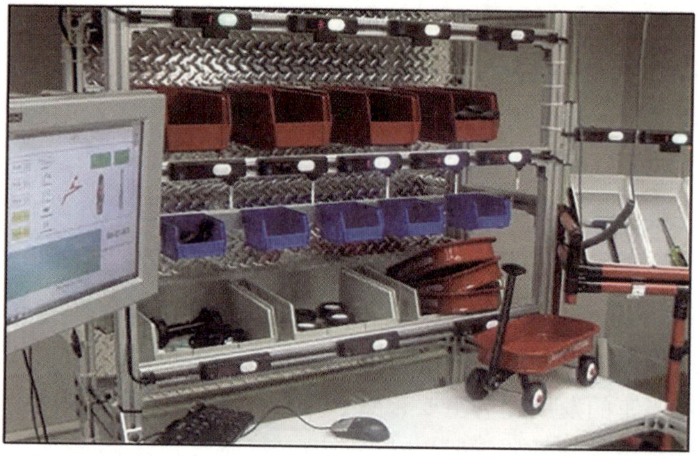

图 2-8　电子标签

图 2-9　RF 扫描

图 2-10　语音拣选系统

RF 扫描系统通过射频（RF）网络连接到仓库管理系统（WMS），通过 RF 扫描枪，拣选员使用移动条码扫描单元与 WMS 通信。这些指明待拣选物品的位置和数量，用户通过扫描商品或位置上的条码确认选择，然后通过拣选员按键输入拣选物品的数量。

使用语音拣选系统，拣选员要佩戴一个小型便携式计算机和一个带有麦克风的耳机。完全是免提式操作，通过耳机接收口头指令，通过麦克风向仓库管理软件确定他的行为。

2.1.6 信息系统发展进程

世界物流发展的经验表明，现代物流的根本特征是专业化、系统化、网络化、信息化、规模化。其中信息化至关重要，信息网络技术是构成现代物流体系的重要组成部分，也是提高物流服务效率的重要技术保障。而我国物流发展的“瓶颈”就在于整体信息系统落后，供应链出现断裂。要把信息化建设作为提高流通效率的重点来抓，应在原有经济信息系统的基础上，加强市场信息硬件基础设施建设，建立信息平台，实现生产者、销售者计算机联网，资源共享、信息共用，对物流各环节进行实时跟踪、有效控制与全程管理。

我国企业的物流信息化建设还处在较低级阶段。国内非物流企业的物流信息化建设主要选择使用已有的 ERP/MRP 软件中的物流管理模块来进行物流管理，和专业的物流软件相比，物流管理过程不够精细，对现代企业物流过程管理的帮助和效率提升非常有限。而国内第三方物流软件相对较为简单，大部分是整个物流环节的一小部分，例如车辆管理软件、库存管理软件、运输管理软件等，很少有企业实现了整个物流过程的信息管理。推广具备更为全面的物流管理能力的专业物流软件的应用，在未来将是国内物流企业信息化建设的重点。

2013 年 1 月，工信部印发了《推进物流信息化工作指导意见》，明确指出在未来要提高物流行业和物流企业的信息化水平。目前企业所有物流信息化管理的实现还是依赖于物流软件采集信息、数据的机制。随着未来国家对物流行业信息化建设的投入持续加大，物流软件将在企业物流管理环节更加广泛地应用。2010 年，我国物流软件市场总体规模为 15.16 亿元，比 2009 年增加 17.8 个百分点，2011 年的增长率为 17.2%，2012 年的增长率达到 23.4%，2015 年我国物流软件市场规模突破 40 亿元。物流软件有着巨大的潜在市场空间。

在 2007 年以前，国内物流软件市场刚刚开始发展，国内物流软件企业起步缓慢。国外大型软件服务商如 Oracle、infor 等在其 ERP 等产品中开始提供物流管理功能，同时，国外供应链解决方案服务商如美国 Manhattan、红色草原（RedPrairie）等纷纷在中国开拓市场。在 2008 年以后，随着信息技术的发展以及国内企业物流管理的需求增大，国内物流软件企业开始迅速发展，目前呈现出较为激烈的分散化竞争格局。

中国市场上目前提供物流软件的企业可以分为两大类：

一是综合软件提供商。它们以 ERP 系统为核心产品，为客户提供线下的涵盖财务、审计、物流管理等综合产品，服务对象以大中型企业尤其是外资企业为主。物流管理软件只是其 ERP 系统的功能模块之一，在物流管理细分领域的专业深度和客户定制化方面有所欠缺，产品上马实施成本较高。

二是专业物流软件供应商。其线下产品针对性强、功能强大，在细分领域精耕细作，其综合物流解决方案包括仓储管理、运输管理、订单管理、路径优化等应用软件。

1.ERP 发展进程

ERP 是 20 世纪 90 年代以来逐渐成熟起来的一套现代企业管理思想。其基本思想是采用计算机对企业所有资源进行整合集成管理，包括整个企业的采购、库存、生产、销售、财务等全部企业行为，以使企业的各种资源都按计划合理调配，从而达到减少浪费、提高企业运行效率的目的。简单地说，ERP 就是将企业的三大流——物流、资金流、信息流进行全面一体化管理的管理信息系统。国内 ERP 起源于财务核算信息化，其基础是标准化的财务软件。在 20 世纪 80 年代末 90 年代初封闭的市场环境下，由于财务软件产品标准化程度较高，用友、金蝶、浪潮等本土厂商竞争的焦点主要在于渠道。其后在市场需求驱动下，各厂商由财务软件提供商逐步转型至 ERP 及管理软件厂商。

国内 ERP 行业的发展经历了三个阶段：

第一阶段为概念导入期（20 世纪 90 年代初—1998 年）：①用户的信息化需求刚刚起步，主要是部门级别的信息需求；②主要应用的软件为财务软件和进销存软件；③多半为标准系统，行业化特性较少；④项目型的定制开发是该阶段行业化的主要方式。

第二阶段为业务成长期（1999—2006 年）：①客户的信息化需求由部门级上升至企业级别；②开始重视生产制造管理等深层次需求，行业化的需求开始显现；③行业化的 ERP 产品和 MES、DCS、PDM 等产品实现了高度的集成，也形成了较为完善的二次开发平台。

第三阶段为行业成熟期（2007—2016 年）：① ERP 行业化特征明显；②开始覆盖供应链环节；③提供商为行业化的产品配备了专门的行业实施顾问与咨询人员，能为客户提供完整的行业化服务；④定制化需求显现。

在市场化经济高度渗透、竞争环境加剧，以及 2009 年以后的人口红利逐渐减少的背景下，国内企业同样不得不通过改进业务流程、提高管理水平来提升企业的有效性及企业效率，从而对 ERP 等管理软件提出长期化、持续化需求。近年来主流管理软件厂商所察觉到的需求向好，也许只掀开了企业信息化需求的冰山一角。

软件厂商方面，国际厂商中，SAP 在离散和流程等复杂制造领域具有相对优势，且以大型制造为主。Oracle 的优势在于金融电信等行业。2009 年以来，伴随中国企业的发展壮大，中国企业本土的业务和管理模式受到越来越多的肯定，进而强化了管理软件的本土化优势。根据产品的市场占有率、技术、功能、操作等方面，目前国内 ERP 市场地位领先的主要厂商有用友、金蝶、SAP、Oracle、神州数码等。

调查显示，100 ～ 499 人的企业 ERP 应用占 37%，500 ～ 999 人的企业 ERP 应用占 11%，1 000 人以上的企业 ERP 应用占 33%。与 2009 年相比，2010 年的 ERP 应用除了在大型企业占有市场之外，在 100 ～ 499 人的中小企业也得到了更广泛的应用。由此可见，中小企业逐渐成为信息化应用的主流。中小企业对信息化的重视，也将为 ERP 供应商提供更多机会。

2. 仓库管理系统（WMS）发展进程

在 WMS 领域，相较于国外在 1980 年开始发展的物流软件相比，成熟仓储管理系统的产品在 2000 年左右进入我国。经过十几年的蓬勃发展，国人对于仓储管理系统的认知与定位也越来越清楚，能够理解仓储管理系统的管理范围与注重目标在哪里，由“仓储管理系统就是管理所有仓库内的事情”“所有关于库存的业务都属于仓储管理系统”逐渐清晰定位为仓储管理系统是注重在“物”，“仓库内实体库存”与“进出存的高效操作”上。国外仓储管理系统当年进入我国市场时，标准化、智能化、可配置化的概念着实在整个物流软件市场上起到一定教育性的作用，诸如系统指导上架与拣货的可调配逻辑，在当年看来是先进时髦的，在仓库物流中心里哪些操作可以采用系统指导、哪些工作搭配人工处理、KPI 应该监控哪些关键点，都由于国外软件的导入慢慢普及到整个市场，也让专业仓储管理系统的神秘面纱慢慢被揭开。

这十多年物流仓储的热门行业除了第三方物流的需求变动较小外（冷链除外），仓储管理系统由医药、食品零售、服装轮流引领风骚，到了2012年以后，普遍认知应该首推互联网B2C行业，衍生到O2O以及跨境等领域，这些电商相关产业确实让更多人注意认识到仓储管理的重要性，需求也呈现高成长的趋势，这个电商的年代也带给仓储管理系统一些不小的影响。参与到仓储管理系统的用户越来越多，有许多用户深刻理解到套装软件的功能。电商的竞争里，业务需求每天都在改变，比拼的是速度，比拼的是谁能更快实现，错了再改，改了再试，这种环境下每个需求光是找厂商开会都有困难，因此国内大型电商的主力产品都采取自行开发的策略（除了非主营业务可能找厂商），如京东、一号店、当当等。互联网的兴起，对于国内物流软件厂商尤其是个良好的契机，事实证明也确实扶植滋养了许多国内仓储管理软件，使各仓储管理系统的门槛降低，这也与众多曾在国外大型物流软件公司工作的咨询与技术人才投入国内厂商不无关系，但主要原因仍为互联网带来对物流软件的影响。例如淘宝卖家自建仓储衍生的需求增多、电商入门者的急需低成本物流软件、快速上线对于传统国外大型仓储管理系统的困难等。综合来说，“开源”，“工具化”“互联网化”才是未来物流供应链软件的真正趋势，也才是真正能作为长期物流支持系统发展的基石。

3. 信息采集技术发展进程

在物流信息系统快速发展的同时，对于信息采集的高效性和准确性的要求也在不断提升。目前信息采集技术中主要采用条形码技术、二维码技术、RFID技术等。

条形码是将线条与空白按照一定的编码规则组合起来的符号，用以代表一定的字母、数字等资料。在进行辨识的时候，是用条码阅读机即（条码扫描器又叫条码扫描枪或条码阅读器）扫描，得到一组反射光信号，此信号经光电转换后变为一组与线条、空白相对应的电子信号，经解码后还原为相应的文数字，再传入电脑。条形码技术是由美国的N. T. Woodland在1949年首先提出，在计算机应用和实践中产生并发展起来的一种广泛应用于商业、邮政、图书管理、仓储、工业生产过程控制、交通等领域的自动识别技术，具有输入速度快、准确度高、成本低、可靠性强等优点，在当今的自动识别技术中占有重要的地位。现如今，条码辨识技术已相当成熟，其读取的错误率约为百万分之一，首读率大于98%，是一种可靠性高、输入快速、准确性高、成本低、应用面广的资料自动收集技术。世界上约有225种以上的一维条码，每种一维条码都有自己的一套编码规格，规定每个字母(可能是文字或数字或文数字)是由几个线条(Bar)及几个空白(Space)组成，以及字母的排列。一般较流行的一维条码有39码、EAN码、UPC码、128码，以及专门用于书刊管理的ISBN、ISSN等。

条形码是迄今为止最经济、实用的自动识别技术之一。条形码技术具有以下几个方面的优点：

①输入速度快：与键盘输入相比，条形码输入的速度是键盘输入的5倍，并且能实现“即时数据输入”。

②可靠性高：键盘输入数据出错率为三百分之一，利用光学字符识别技术出错率为万分之一，而采用条形码技术误码率低于百万分之一。

③采集信息量大：利用传统的一维条形码一次可采集几十位字符的信息。

④灵活实用：条形码标识既可以作为一种识别手段单独使用，也可以和有关识别设备组成一个系统实现自动化识别，还可以和其他控制设备连接起来实现自动化管理。

⑤条形码标签易于制作，对设备和材料没有特殊要求，识别设备操作容易，不需要特殊培训，且设备也相对便宜。

条码技术最早出现在20世纪40年代，并于1949年获得世界上第一个条码专利。1966年，IBM和NCR两家公司在调查了商店销售结算口使用扫描器和计算机可行性的基础上推出了世界上首套条码技术应用系统。1970年美国食品杂货工业协会发起成立了美国统一代码委员会（简称UCC），标志着美国工商界全面接受了条码技术。1972年UCC组织将UPC条码作为统一的商品代码，用于商品标识，并且确定通用商品代码UPC条码作为条码标准在美国和加拿大普遍应用。1973年法国、英国、联邦德国、丹麦等12个国家的制造商和销售商发起并筹建了欧洲的物品编码系统，并于1977年成立欧洲物品编码协会，简称EAN协会，EAN协会推出了与UPC条码兼容的商品条码——EAN条码。1981年，欧洲物品编码协会改名为国际物品编码协会，简称IAN，由于习惯叫法，直到今天仍然称EAN组织。我国于1988年成立中国物品编码协会，并于1991年4月正式加入EAN组织。目前我国商品使用的前缀码就是EAN国际组织分配给我国的690、691、692、693。

二维条码／二维码（2-dimensional bar code）是用某种特定的几何图形按一定规律在平面（二维方向上）分布的黑白相间的图形记录数据符号信息的；在代码编制上巧妙地利用构成计算机内部逻辑基础的0、1比特流的概念，使用若干个与二进制相对应的几何形体来表示文字数值信息，通过图像输入设备或光电扫描设备自动识读以实现信息自动处理，它具有条码技术的一些共性，每种码制有其特定的字符集，每个字符占有一定的宽度，具有一定的校验功能等。同时还具有对不同行的信息自动识别功能及处理图形旋转变化点。

国外对二维码技术的研究始于20世纪80年代末，在二维码符号表示技术研究方面已研制出多种码制，常见的有PDF417、QR Code、Code 49、Code 16K、Code One等。这些二维码的信息密度都比传统的一维码有了较大提高，如PDF417的信息密度是一维码CodeC39的20多倍。在二维码标准化研究方面，国际自动识别制造商协会（AIM）、美国标准化协会（ANSI）已完成了PDF417、QR Code、Code 49、Code 16K、Code One等码制的符号标准。国际标准技术委员会和国际电工委员会还成立了条码自动识别技术委员会（ISO/IEC/JTC1/SC31），已制定了QR Code的国际标准（ISO/IEC 18004：2000《自动识别与数据采集技术—条码符号技术规范—QR码》），起草了PDF417、Code 16K、Data Matrix、Maxi Code等二维码的ISO/IEC标准草案。在二维码设备开发研制、生产方面，美国、日本等国的设备制造商生产的识读设备、符号生成设备，已广泛应用于各类二维码应用系统。二维码作为一种全新的信息存储、传递和识别技术，自诞生之日起就得到了世界上许多国家的关注。美国、德国、日本等国家，不仅已将二维码技术应用于公安、外交、军事等部门对各类证件的管理，而且也将二维码应用于海关、税务等部门对各类报表和票据的管理，商业、交通运输等部门对商品及货物运输的管理、邮政部门对邮政包裹的管理、工业生产领域对工业生产线的自动化管理。

我国对二维码技术的研究开始于1993年。中国物品编码中心对几种常用的二维码PDF417、QRCCode、Data Matrix、Maxi Code、Code 49、Code 16K、Code One的技术规范进行了翻译和跟踪研究。随着我国市场经济的不断完善和信息技术的迅速发展，国内对二维码这一新技术的需求与日俱增。中国物品编码中心在原国家质量技术监督局和国家有关部门的大力支持下，对二维码技术的研究不断深入。在消化国外相关技术资料的基础上，制定了两个二维码的行业标准：二维码网格矩阵码（SJ/T 11349—2006）和二维码紧密矩阵码（SJ/T 11350—2006），从而大大促进了我国具有自主知识产权技术的二维码的研发。2009年以来智能手机和平板电脑的普及应用催生了二维码应用，企业竞相投入大量资源进行技术研发。目前二维码在我国的应用已经遍及地铁广告、报纸、火车票、飞机票、快餐店、电影院、团购网站以及各类商品外包装上。

二维码主要的优点包括：

①高密度编码，信息容量大。可容纳多达 1 850 个大写字母或 2 710 个数字或 1 108 个字节，或 500 多个汉字，比普通条码信息容量约高几十倍。

②编码范围广。该条码可以把图片、声音、文字、签字、指纹等可以数字化的信息进行编码，用条码表示出来；还可以表示多种语言文字和图像数据。

③容错能力强，具有纠错功能。这使得二维条码因穿孔、污损等引起局部损坏时，照样可以正确得到识读，损毁面积达 50% 仍可恢复信息。

④译码可靠性高。它比普通条码译码错误率百万分之二要低得多，误码率不超过千万分之一。

⑤可引入加密措施。保密性、防伪性好。

⑥成本低，易制作，持久耐用。

⑦条码符号形状、尺寸大小比例可变。

⑧二维条码可以使用激光或 CCD 阅读器识读。

射频识别技术（RFID）又称无线射频识别，是一种通信技术，可通过无线电信号识别特定目标并读写相关数据，而无须识别系统与特定目标之间建立机械或光学接触。无线电的信号是通过调成无线电频率的电磁场，把数据从附着在物品上的标签上传送出去，以自动辨识与追踪该物品。某些标签在识别时从识别器发出的电磁场中就可以得到能量，并不需要电池；也有标签本身拥有电源，并可以主动发出无线电波（调成无线电频率的电磁场）。标签包含了电子存储的信息，数米之内都可以识别。与条形码不同的是，射频标签不需要处在识别器视线之内，也可以嵌入被追踪物体之内。

射频识别技术由三部分组成，包括应答器、阅读器和应用软件系统。应答器由天线、耦合元件及芯片组成，一般来说都是用标签作为应答器，每个标签具有唯一的电子编码，附着在物体上标识目标对象；阅读器由天线、耦合元件和芯片组成，读取（有时还可以写入）标签信息的设备，可设计为手持式 RFID 读写器或固定式读写器；应用软件系统是应用层软件，主要是把收集的数据进一步处理，并为人们所使用。

射频识别技术的优点包括：

①快速扫描。RFID 辨识器可同时辨识读取数个 RFID 标签。

②体积小型化、形状多样化。RFID 在读取上并不受尺寸大小与形状限制，

不需为了读取精确度而配合纸张的固定尺寸和印刷品质。此外，RFID 标签更可往小型化与多样形态发展，以应用于不同产品。

③抗污染能力和耐久性。传统条形码的载体是纸张，因此容易受到污染，但 RFID 对水、油和化学药品等物质具有很强抵抗性。此外，由于条形码是附于塑料袋或外包装纸箱上，所以特别容易受到折损；RFID 卷标是将数据存在芯片中，因此可以免受污损。

④可重复使用。现今的条形码印刷上去之后就无法更改，RFID 标签则可以重复地新增、修改、删除 RFID 卷标内储存的数据，方便信息的更新。

⑤穿透性和无屏障阅读。在被覆盖的情况下，RFID 能够穿透纸张、木材和塑料等非金属或非透明的材质，并能够进行穿透性通信。而条形码扫描机必须在近距离而且没有物体阻挡的情况下，才可以辨读条形码。

⑥数据的记忆容量大。一维条形码的容量是 50Bytes，二维条形码最大的容量可储存 2 ～ 3000 字符。随着记忆载体的发展，数据容量也有不断扩大的趋势。未来物品所需携带的资料量会越来越大，对卷标所能扩充容量的需求也相应增加。

⑦安全性。由于 RFID 承载的是电子式信息，其数据内容可经由密码保护，使其内容不易被伪造及变造。

RFID 技术的发展可按 10 年期划分如下几个阶段：

1941—1950 年。雷达的改进和应用催生了 RFID 技术，1948 年哈里 • 斯托克曼发表的“利用反射功率的通讯”奠定了射频识别 RFID 的理论基础。

1951—1960 年。早期 RFID 技术的探索阶段，主要处于实验室实验研究。

1961—1970 年。RFID 技术的理论得到了发展，开始了一些应用尝试。

1971—1980 年。RFID 技术与产品研发处于一个大发展时期，各种 RFID 技术测试得到加速，出现了一些最早的 RFID 应用。

1981—1990 年。RFID 技术及产品进入商业应用阶段，各种规模应用开始出现。

1991—2000 年。RFID 技术标准化问题逐渐得到重视，RFID 产品得到广泛采用，RFID 产品逐渐成为人们生活中的一部分。

2001 年至今。标准化问题日益为人们所重视，RFID 产品种类更加丰富，有源电子标签、无源电子标签及半无源电子标签均得到发展，电子标签成本不断降低，规模应用行业扩大。

无线射频识别技术（RFID）产业在我国的发展，受益于金卡工程的推动。国家金卡工程，作为我国信息化建设的四个起步工程之一，于 1993 年以电子货币银行卡应用启动实施。金卡工程启动以来，从磁条卡到智能卡到 RFID 应用，我国走出一条具有中国特色的信息化发展之路。自 2004 年国家金卡工程将物联网 RFID 应用试点列为重点工作以来，金卡工程每年都推出新的 RFID 应用试点工程。物联网的 RFID 应用项目得到了国家发改委的资助，2011 年 4 月，财政部与工信部出台物联网专项措施，明确规定每年用 5 亿元专项资金来支持物联网建设。2010 年我国 RFID 产业进入了成长期，市场规模高速增长，首次突破百亿元规模，达到 121.5 亿元，比 2009 年增长 42.8%，跃居全球第 3 位，仅次于美国和英国。我国的 RFID 标签年生产力 2014 年已经达到了 60 亿枚，占全球 RFID 标签生产能力的 85% 以上。

目前国内 RFID 企业主要集中在华南、华东和华北地区，其中阅读器和电子标签企业以华南地区分布最多，而系统集成企业则以华东地区为主。RFID 企业主要分布在深圳、上海、北京等经济和科技都较为发达的城市，其中电子标签与阅读器企业以深圳数量最多，而 RFID 系统集成则以北京企业为首。深圳、上海、北京等地 RFID 企业较为集中，有其内在的因素。RFID 在其前期的发展过程中，需要大量的资金投入及技术人才的培养，而类似于深圳、广州、上海等经济和科技都较发达的地区，能够为 RFID 企业的发展提供良好的产业环境及氛围。

2.2 我国物流仓储装备产业发展的规模和取得的成果

2.2.1 物流仓储装备产业的规模

据统计，我国物流仓储固定资产投资规模近年来增长迅速，从 2001 年的 156 亿元增加到 2013 年的 4 200 亿元，年平均增速在 30% 左右。同时，物流仓储费用总额也一直保持在一个较高的水平，从 2001 年的 6 458 亿元增加到 2013 年的 36 000 亿元，年均增速达到 33%，增速略高于固定资产投资。2001—2013 年仓储业固定资产投资及增长率见图 2-11。

我国自动化物流仓储装备市场的市场容量随着仓储业固定资产投资的持续增长也在快速增长，从 2013 年开始，我国自动化仓储系统的增速已经超过了工业自动化，近年来每年增速都在 20% 以上。整个自动化物流仓储系统包括很多硬件设备和软件设备，其中自动化立体仓库和自动输送分拣设备是占比最多的资产，二者合计超过 60%。应用自动化立体仓库的行业占比如图 2-12 所示。

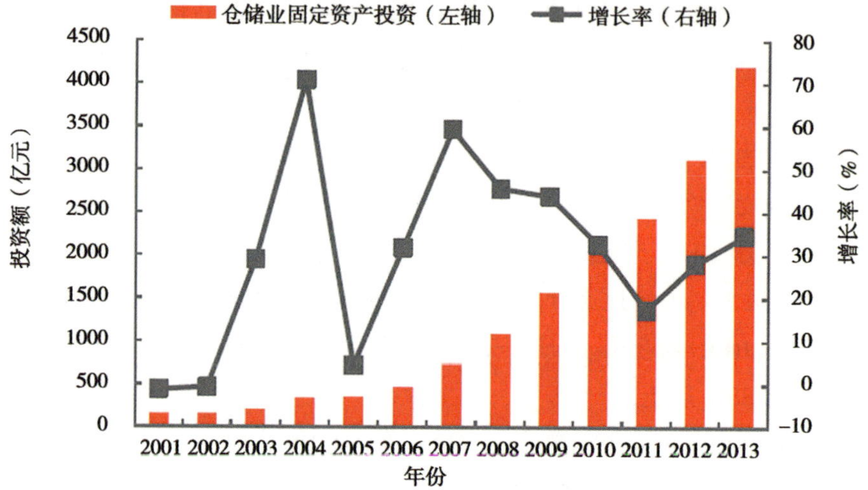

图 2-11　2001—2013 年仓储业固定资产投资及增长率

注：资料来源于国家统计局。

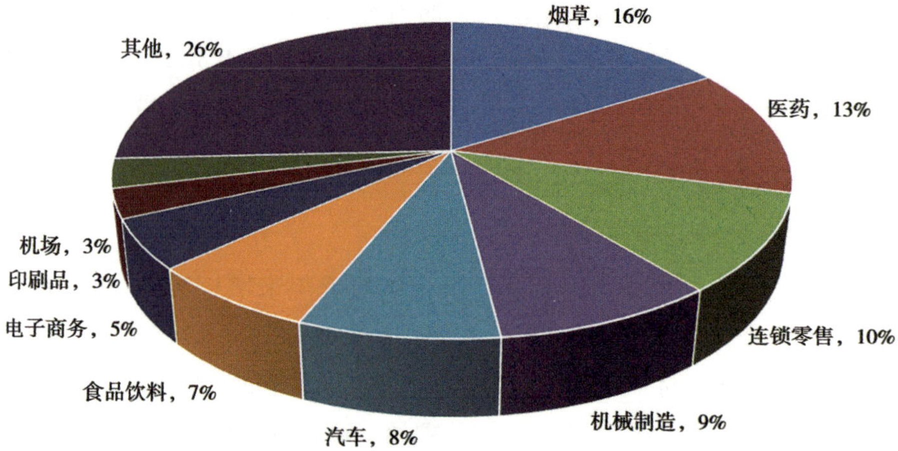

图 2-12　应用自动化立体仓库的行业占比

截至 2016 年年底，全国累计建成的自动化立体仓库已经超过 2 500 座，其中，烟草、医药、零售是主要应用领域。

汽车、烟草、医药行业的仓储自动化普及率分别是 38%、46% 和 42%，远高于全国平均水平 20%。

中国物流与采购联合会统计和预测的几个行业未来的物流自动化改造空间，医药、乳业、纺织服装、轮胎、汽车的固定资产投资分别为 600 亿、100 亿、200 亿、300 亿、120 亿元。未来几年我国物流仓储自动化还有很大的发展空间，自动化立体仓库市场（不含货架）规模预计 150 亿～200 亿元。2013—2018 年自动化立体仓库的市场空间如图 2-13 所示。

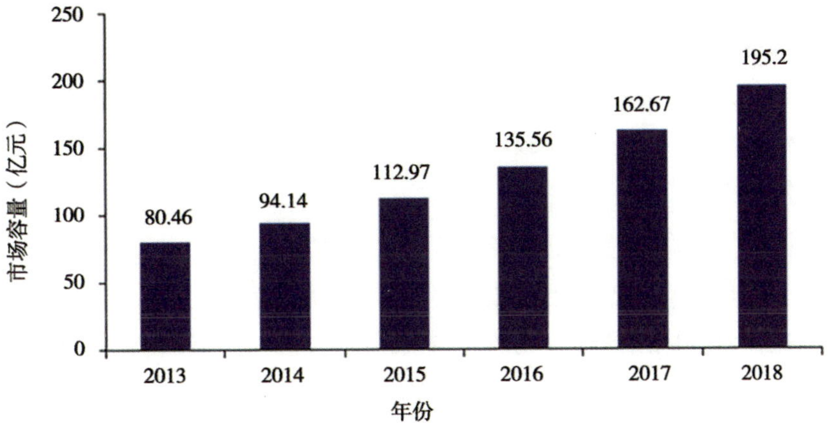

图 2-13　2013—2018 年自动化立体仓库的市场空间

数据来源：中国产业信息网发布的《2015—2020 年中国自动化立体仓储行业市场前景及投资策略报告》

近十年间我国叉车总销量由 2006 年的 11.16 万台增至 2015 年的 32.76 万台，实现了叉车行业的巨大飞跃。特别是“十一五”期间，在我国经济持续快速发展和全行业的共同努力下，叉车行业发展迅速，尤其是自 2009 年开始，我国成为世界第一大叉车生产国和消费市场。2014 年在国内经济增速放缓的大环境下，我国叉车总销量达到 35.96 万台，刷新了历史纪录。2015 年，受国内经济处于转型期、经济增速放缓及叉车市场保有量等影响，国内市场实现叉车销售 32.76 万台，较 2014 年下降了 11.88%，占世界叉车市场的 22.27%，继续位列世界第一大叉车销售市场。2006—2015 年我国叉车销量见图 2-14。

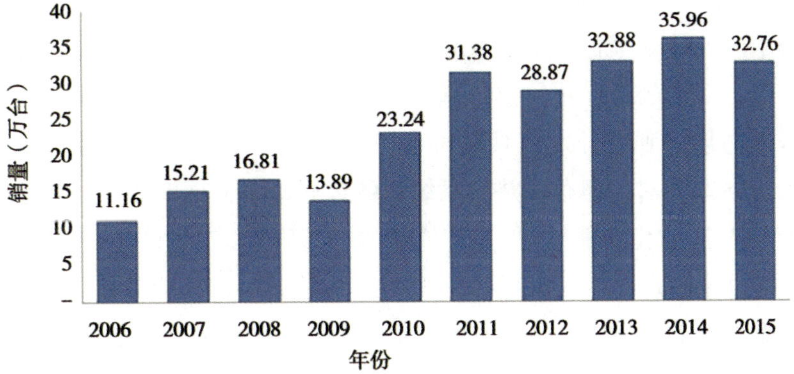

图 2-14　2006—2015 年我国叉车销量

但从国内叉车市场销售结构看，内燃叉车与电动叉车的销售比例失衡，内燃叉车是国内叉车市场的主流产品，电动叉车占比较低。2015 年国内电动叉车销量占比为 36.66%，较 2014 年的 27.01% 已有较大幅度提升，但仍远低于全球电动叉车占比 55% 的水平。随着节能环保概念的不断深入，自动仓储系统、大型超市的纷纷建立以及节能减排政策推行力度的加大，预计未来国内电动叉车市场将有较大发展空间。

2.2.2 物流仓储装备技术水平

进入 21 世纪，现代物流已成为社会经济发展中引人注目、具有潜力的领域之一。物流技术的应用是通过物流装备实现的，因此，物流装备作为构成自动化物流系统的重要组成要素和实现自动化物流系统的基本手段，在一定程度上代表了物流行业的技术水平。面对市场需求和科技水平的快速发展，了解我国物流装备技术的发展现状和趋势，对推动行业的技术进步具有十分重要的意义。

2000 年以后特别是 2009 年国务院发布《物流业调整和振兴规划》，把促进物流业发展上升到国家战略层面，物流装备市场快速增长，自动化物流系统在各个行业表现出旺盛的需求，物流装备技术已经进入到普及与提高阶段。总体来看，国内物流装备技术已经逐步完成了基本技术的普及和产品系列化，但在高端产品的技术水平以及产品的品质、性能方面依然与国际先进水平有一定差距。

自动化物流装备按照功能可以划分为：自动化仓储设备、自动化输送设备、自动化搬运设备、自动化分拣设备等几大类，自动导引车（AGV）、堆垛机、输送机、穿梭车（RGV）等是具有代表性的产品。

1. AGV 产品技术现状

AGV 作为物流仓储装备中自动化水平相对较高的产品，在国内历经了引进技术或基于国外技术平台从事工程开发，到自主开发和掌握核心技术等阶段。国内一些有代表性的企业，不仅提供基于 NDC 技术的 AGV 系统，更是在多年来持续投入研发力量，独立开发出具有自主知识产权的 AGV 系统，独立掌握了各种导航技术和驱动技术，拥有成熟的系统任务管理、车辆调度和交通管理软件，已经具备了 AGV 产业化的能力，并具有完整的产品研发、工程设计和工程实施能力，可为用户提供路径设计、工作流程设计服务，使 AGV 产品应用覆盖汽车、烟草、发动机、金融等行业领域。AGV 的技术发展在一定程度上代表了我国物流装备技术从引进吸收到自主创新的发展历程。

2. 堆垛机产品技术现状

堆垛机是自动化仓储系统中的核心装备，目前市场需求的主流堆垛机产品已基本实现国产化。各厂家在堆垛机产品上广泛采用红外、激光、无线、伺服驱动甚至 RFID 等技术，堆垛机使用的基础技术、关键器件以及配套件与国际知名制造厂商已经十分接近，通用系列的技术规格和技术参数与国外产品相差不大。大多数国内厂家已经基本上具备制造高度 24m 以下、承载量 1 000kg 以下、行走速度达到 180m/min 的托盘堆垛机的能力，单台设备可以满足 45 ～ 50 盘 /h 的出入库能力需求，另有少数厂家可以制造 30m 高、承载 5 000kg 的重载超高的堆垛机，但迄今还没有国内厂家拥有超过 40m、超过 5 000kg 承载的超高超重型堆垛机产品。代表堆垛机技术发展前沿的行走速度超过 300m/min 的高速堆垛机在国内也只有少数厂家完成了技术攻关。轻型高速堆垛机方面，国内的物流装备企业均拥有行走速度超过 240m/min、加速度超过 $1m/s^2$ 的轻型高速堆垛机；最快的多层穿梭车的行走速度超过 120m/min，一个夹抱货物循环周期仅用时 10s。这些设备将仓储系统的出入库能力提升了 5 ～ 10 倍。从堆垛机等产品技术发展现状可以看出，目前国内的物流仓储设备的生产虽然初具规模，但在高端产品和技术方面依然处于跟随学习地位。

3. 输送和分拣设备技术现状

随着国内物流装备技术发展进入快速增长阶段，技术水平要求不高的输送设备已经出现了相对专业的制造企业，并形成了规模化生产；但分拣设备技术水平与国外相差较大，国内还没有出现相对专业的高水平分拣设备供应商。以滑靴式分拣机为例，国内主流分拣机运行速度约为90m/min，分拣能力在6 000件 /h以下，设备的噪声、分拣系统控制技术等方面较国外先进技术仍有较大差距。国内也有多家厂家开发出了交叉带分拣机，通过组合能实现超过 10 000 件 /h 的高速分拣。

面对增长最快和规模最大的中国物流市场，近年来越来越多的国外物流装备企业纷纷在中国投资设厂，生产或组装物流设备，给国内企业带来更高层次市场竞争的同时，也将在一定程度上推动国内物流装备制造企业的产品升级和技术进步。

总之，我国物流技术发展历经艰难起步到自主创新，目前国内生产的物流装备已经可以满足大多数行业和客户的需求，但物流装备技术整体水平依然落后于国外先进水平 . 与欧美、日本等发达国家相比，我国企业在产品创新能力、产品质量等方面仍有较大差距，技术基础薄弱和原创技术匮乏，今后，我国物流装备企业需要通过分析掌握技术发展趋势，引导行业技术发展方向，促进物流装备整体技术水平快速提升。

2.3 我国物流仓储装备产业发展的特点

2.3.1 市场规模高速增长

从 2014 年我国物流仓储装备行业各个细分领域增速统计分析看，在自动化仓储装备所有的子版块中，叉车和托盘的增速大约在 10% 左右，低于行业平均增速 10 个百分点。其他自动化仓储设备，包括智能穿梭车、立体仓库、AGV、物流机器人、拣选系统、软件等，增速都在 30% 以上。各细分行业增速见图 2-15。

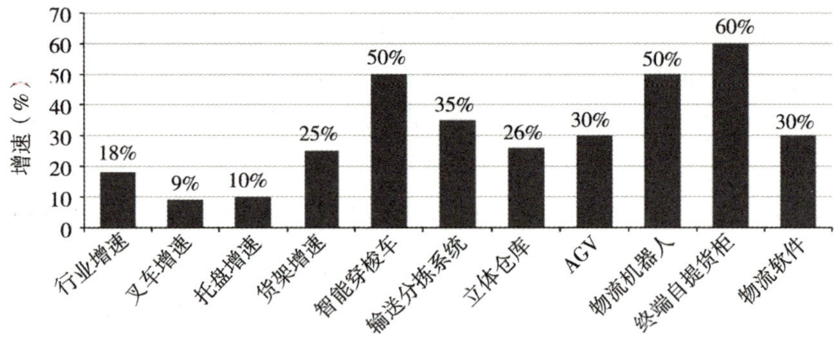

图 2-15 各细分行业增速

数据来源：中国物流仓储协会。

2013—2014 年我国物流装备行业各个细分领域市场总额及增速如表 2-1 所示。同时按有代表性的项目进行抽样，对物流装备行业进行分类统计可以得出，自动化仓库占物流装备的比重达到 24%，自动输送机的占比达到 27%，货架为 14%，分拣设备和软件均为 12% 左右。

表 2-1 2013—2014 年我国物流装备行业各细分领域市场总额及增速

分类	2013 年（亿元）	增速（%）	2014 年（亿元）	增速（%）
自动化仓库	80.46	26	101.38	23.87
台车和 AGV	24.73	30	27.20	7.57
自动分拣系统	36.75	35	49.61	11.68
电脑软硬件	40.68	30	52.88	12.45
自动输送机	85.96	35	116.05	27.32
货架	46.29	25	57.86	13.62
其他	45.10	30	58.63	13.80
合计	360.00	18	424.80	100.00

数据来源：中国物流技术协会信息中心。

2.3.2 行业竞争加剧

随着行业的持续高速增长，越来越多的设备商开始向系统集成商转变。转型的动力来自于：

①系统集成业务总包，毛利率更高。从证券市场的公开数据可以看出，系统集成业务的毛利率大多在 30% 以上，而单体设备的毛利率往往只有 20% 左右。随着市场竞争的加剧和原材料价格的持续上涨，单体设备供应商将向系统集成进行转型，以期获得更高利润。

②系统集成业务成长性更高。系统集成由于对于行业经验、实施管理等要求较高，能够在一定程度上避免恶性竞争。在市场需求高速增长的情况下，系统集成商容易分享行业红利。单体设备供应商往往由于技术门槛较低，在市场高速增长或行业利润较为丰厚时，将导致大量的新企业进入，影响了原有单体设备供应商的增长速度。

对细分行业进行分析可以看出：

①叉车行业。2015 年以来，我国叉车销量增长受经济发展影响出现低迷，叉车产销出现震荡和波动，预计将出现负增长，但震荡幅度远远小于国际金融危机时期，影响叉车销量的主要因素也由国际因素为主转为国内经济发展因素为主。从叉车行业总体成长态势分析， 2011 年以前连续十多年来总体一直处于上升通道，并且实现了连续十多年接近 30% 的高速增长，叉车市场年销售量也从过去的不足 2 万台，增长到 30 万台左右，成为世界最大的叉车生产制造基地。2011 年以后，中国叉车行业开始进入循环型上升的增长阶段，呈现出增长速度上下波动，整体销量缓慢增长的态势。2011 年以来销量一直在 30 万～ 36 万台左右徘徊，2014 年达到 36 万台，创历史新高，2015 年出现 10% 左右下降，但在世界总销量中我国仍占有 1/4 的份额，销量继续位列世界第一。在市场占有率方面，大企业继续保持优势与市场地位，内资企业在产量上继续保持优势，仓储叉车发展情况远远好于其他叉车，仓储叉车占比与上年相比有一定的提升。

②托盘行业。2015 年以来，托盘行业增长速度有所下降，根据对企业的调研分析，估计 2015 年 1—9 月我国托盘生产增长速度同比在 7% 左右，考虑到托盘更新因素，截至目前我国托盘保有量预计超过 10.3 亿片。预计托盘产量也将进入低速增长和循环增长的转型升级阶段，新型托盘、环保托盘增长速度较快。受商贸物流标准化推进的影响，在商务部等有关部门商贸物流标准化示范试点专项行动计划的推动下，我国托盘标准化工作正有序展开。根据抽样调研

分析，2015年上半年我国标准托盘市场销售增长较快，考虑到市场保有量基数较大，标准托盘占比有所增长，增长1个百分点左右，其中：2015年上半年重点推进企业标准托盘采购数量较2014年年底增长7.47%，托盘租赁服务企业自购标准托盘比2014年年底增长9.22%；第三方物流企业自购标准托盘数量增长40.45%；试点城市增长16.55%，标准托盘占总托盘比例从试点示范前的51.07%提高到55.99%。托盘生产企业抽样调查显示，与2014年年底相比较，企业标准托盘产量占总托盘量的比例由14.60%提高到30.96%。托盘生产企业标准托盘生产比例大幅提升具有重要意义：首先说明了随着商贸物流标准化试点的推进，试点企业示范效应开始显现，带动了上下游中其他企业标准托盘应用的发展；其次证明了商贸物流标准化试点抓住了关键，实现了政策的预期效果，促进了全国托盘标准化应用水平的提高。根据对托盘生产量增长趋势分析，托盘产量由2003年的年产3 500万片增长到2013年的年产2.28亿片，增长了6.5倍左右。同期叉车产量从每年45 482台增长到每年30万台左右，也增长了6.5倍左右，叉车和托盘保持了同步增长，目前叉车生产增长已经趋缓，托盘年产量增长速度也将下降。根据目前趋势预测，我国托盘保有量还将保持一段时间增长，但随着每年托盘更新量的增加，托盘总产量将逐步趋稳。

③货架行业。进入2015年以来，受经济形势的影响，货架原材料钢材价格不断下降，货架价格也随之不断下降。尽管货架出货量仍然保持较大的增长幅度，但货架行业销售产值增长速度较2014年出现较大幅度下降。根据不完全的调查估计，2015年1—9月货架产销量52亿元左右，全年货架产销量预计70亿元左右，同比增长不足9%，增长速度下降了6个多百分点。尤其是从2015年5月份以来，货架市场开始明显下滑，目前货架市场低迷。近几年物流装备行业中的叉车、托盘、货架出现联动发展态势，普通的工业货架市场随着叉车和托盘市场快速增长而增长。但是，2011年以来，叉车行业经过几十年的高速增长，增长幅度出现下降，进入循环增长阶段，普通工业货架的增长也趋于缓和。同时，受产业转型升级的影响，立体仓库货架系统的增长速度开始高于叉车与托盘的市场增长幅度。2015年在传统的货架需求领域，烟草行业物流配送工程建设项目进入“十二五”收尾阶段，市场需求增长稳定，是中高端货架市场的主力军；受新医改政策影响，医药配送中心建设步伐加快，医药制药企业与医药流通企业自动化立体仓库建设步伐加快，是货架需求的主要行业；电子商务物流领域、服装行业与快速消费品行业对货架需求也越来越多，此外机械、汽车、电子等行业增长平稳，也是货架市

场主要应用行业。

④物流系统设备集成领域，2014 年是我国物流系统设备大发展的一年。新年伊始，很多物流系统工程项目纷纷开工，自动化立体仓库项目建设市场一片繁荣。进入 2015 年以来，尤其是从 2015 年 2 季度以来，受经济增长长期低迷，企业转型升级投资意愿也受到很大影响，已经开工的项目开始出现延期交货，计划开工项目暂缓开工，物流技术装备供应商开始感到经济增长下行带来的压力，2015 年增长速度有所放缓，但仍远高于经济发展速度。从自动化立体仓库建设规模来看，目前自动化立体仓库建设规模越来越大，很多自动化立体仓库平均货位超过 1 万个，高度超过 20m，物流系统越来越复杂，应用范围越来越广。2015 年海外物流系统供应商继续加快本土化制造与生产，除核心部件外基本采用国产设备，同时物流系统供应商的设备出口也开始增加。据不完全统计，目前全国物流系统集成商超过 50 家，其中核心企业 20 多家，内资企业占一半左右。核心企业能够承包物流系统工程项目，掌握自动化立体仓库总体规划、机械电气控制、软件系统等全面技术，拥有专属的安装制造实体。随着我国物流系统设备市场的繁荣，很多企业不断进入这一领域，使得该领域企业越来越多，竞争越来越激烈。根据观察与分析，新进入这一领域的物流系统集成供应商主要有如下几类：一是原来的物流系统规划与咨询企业，借助于自身多年的咨询经验，随着业务发展，开始承接物流集成项目；二是过去建设自动化物流系统较多的企业，具有本行业经验，也开始组建队伍进入该领域；三是过去从事货架系统生产与销售的部分企业等。

⑤输送分拣设备领域。2015 年电子商务物流继续高速增长，快递业完成业务 206 亿件，同比增长 48%。随着电子商务物流的发展，对物流输送分拣设备的市场需求日益增长，输送分拣设备在物流系统中所占比例近年来有较大提升，市场需求增长较快。用机械化和自动化的快速分拣技术，可以取代大量的人工分拣，同时还可以提高分拣的准确率，降低劳动成本，因此随着劳动力成本的大幅上升，输送分拣设备行业快速发展。电子商务配送的多品种、小批量、高频次特征，是推动快速分拣市场需求快速增长的基础。根据监测，目前输送分拣设备行业市场需求呈现高速增长态势，2016 年增长估计在 35% 以上，市场规模超过 70 亿元。传统的输送分拣应用的主要领域还是烟草、医药、流通、邮政、图书等领域，这些领域的输送分拣市场需求占总需求的大部分，也是输送分拣需求增长比较稳定的领域。

2.3.3 企业多角度、多方位寻求创新和升级

在“互联网 +”的环境下，信息技术的发展推动了以“产业互联网”为特征的新工业革命，其主要体现是“智慧制造、智慧工厂的信息物理系统”，也被德国概括为工业 4.0。工业 4.0 带来的物流技术创新主要体现在以物联网、云计算、大数据、移动互联网应用的物流信息系统创新和以自动化、智能化、绿色环保为方向的装备创新。十年前，物流装备行业高速发展的主要驱动力是以叉车、托盘、货架等为主体的普通物流装备。自 2013 年以来，市场驱动主体已经升级换挡为：自动化物流设备、智能穿梭车、智能机器人、输送分拣系统、感知与识别系统等技术与装备。目前这一趋势更为明显。

在国内经济增速放缓的大背景下，产能过剩和同质化竞争导致物流装备市场价格战日趋激烈，企业利润下滑。与此同时，随着物流系统日趋复杂以及人力成本不断上升，越来越多的企业选择将物流设备和系统维护乃至运营管理工作外包。近年来，一些物流装备企业逐渐将业务向服务领域延伸拓展，从设备生产、销售向解决方案和服务供应商转变，积极开拓新的物流业务模式，挖掘新的市场机会，向服务要效益。在满足客户需求的同时，一些物流装备企业也培养出独特的竞争优势。

1. 从生产向服务转型

关于物流装备服务，目前并没有明确的概念。国内常见的做法是：供应商负责售前的咨询规划、方案设计，售中的设备生产、安装调试，售后的质量保障、维修维护、备品备件提供等；用户负责日常维护保养。在价格战愈演愈烈的市场环境中，部分物流装备企业开始考虑从生产向服务转型，寻找新的发展空间。2015 年开始，物流装备企业出现了关注服务、向服务要效益的市场趋势。对于物流装备企业而言，服务的重要性不言而喻。

首先这是由物流装备行业的特点所决定的。因为物流系统与企业的生产活动密不可分，物流设备作为特殊装备往往有其使用规范，为达到应用效果，供应商需要提供相关培训或指导。这就是一种形式的服务。物流装备门类繁多，从硬件到软件至少有几千种不同的产品或系统。物流仓储系统通过计算机管理系统和自动控制系统实现各单元设备的协调与控制，完成货物的接收、入库、储存、拣选、包装、分类、集货和发运等一系列操作。由于系统中涉及各种软硬件设备和系统的综合应用，个性化、定制化极强，决定了其在设计、建设、安装、运营、维护过程中都需要十分专业化的服务。

其次，重视服务也是市场竞争的结果。近年来，技术装备作为现代物流发展的基础支撑和重要组成部分，市场需求大幅增长，给物流装备企业带来巨大商机。中国物流装备产业空前繁荣，逐渐形成了以储存、输送分拣、装卸搬运、集装单元化，以及物流系统集成、信息化、咨询规划服务等为主体的物流装备产业链。企业数量、生产规模、技术水平不断提升的同时，竞争也开始加剧。2015年，受到国内经济增速放缓的影响，物流装备行业产能过剩、同质化竞争的问题日渐凸显。为了开拓新的市场空间，不少物流装备企业进行了将业务向服务领域延伸的探索与尝试。

多年来，物流装备服务由于体量过小和其他客观因素，同时客户也没有对服务给予足够的投入，有些客户甚至认为服务应该是免费提供的，导致我国的物流装备企业对于服务一直没有足够重视。我国物流装备服务市场的特点和开展相关服务业务的难点在于：

首先，我国的物流装备标准化程度普遍较低，种类五花八门，备品备件难以统一采购，维修困难。

其次，稍微复杂的物流仓储系统涉及各种软硬件设备和系统的综合应用，专业性强，难于维护。如何保证系统的正常运转是摆在每一个用户面前的首要问题。

此外，除了设备本身的维修保养，还要应对客户未来有可能出现的需求变化，帮助其实现系统的优化升级。

从市场需求的角度而言，近年来，随着物流系统日趋复杂以及自动化、信息化、智能化水平的不断提高，维护物流系统稳定高效运行面临着更大的挑战，需要更加全面专业的技术能力。而很多应用企业难以配备齐全各个方面的专业人才，往往不具备相应能力，只能选择将设备与系统维护工作外包。这无疑也为物流装备企业开展服务业务提供了市场空间。

在自动化物流中心项目的运营过程中，围绕设备和系统的相关服务通常有以下形式：

①对物流正常运行的保障性服务，如设备的定期维护、故障维修、零备件服务、远程支持等。它的主要目标是保障系统的稳定运行，在设备出现故障时及时处理，避免由于设备或软件系统的故障影响物流运作的正常实现。

②对物流运作或管理的支持性服务，如设备运行质量分析、物流各环节绩效与运行情况分析等。由于现代化的物流系统可以非常方便地从各设备和信息系统中采集基层的信息，如设备运行信息、故障信息、物流数据等，在这些信息的基

础上不仅可以对设备运行质量如故障停机率、设备有效作业率等进行测算，反映物流系统的运行情况；同时还可以对物流数据进行分析，如进出库能力、库存周转率、每个环节的作业效率等，准确反映物流系统的运营质量，为进一步提升物流系统的运营管理水平做支撑。

③技术改进和系统升级服务，如随着客户业务发展变化提供技术服务装备改进或者信息系统及控制系统升级服务。在日常的运作中，物流系统普遍遇到需求调整的情况，如物流量增减、物流效率提升、物流走向调整、功能增加等，因此局部的技术改进是物流系统经常要面临的情况。另外，软件系统、信息设备也存在着更新换代的情况，而这些系统和设备的伴随式升级也是物流系统能够长期保持良好状态的必要条件之一。服务的完善需要使用者与设备供应商的密切合作，这个合作从项目规划建设开始一直延续下去，而不是随着物流系统建成而终止。物流设备或系统供应商有着专业技术方面的优势，而用户则对自身需求和应用情况有着更为清晰的认识，二者相辅相成才能使物流系统发挥最好的效应。因此，围绕物流设备和系统的服务不仅是用户需要关注的内容，或许也是物流装备企业拓展业务的一个发展方向。

在目前物流装备同质化竞争日益严重的情况下，部分物流设备提供商已经有意识地把服务作为产品的一种附加价值，为客户提供延伸服务。例如，在叉车行业，随着后市场概念逐渐被国内叉车企业广泛接受，“服务创造价值”已经成为叉车企业开拓后市场的共识，越来越多的企业开始提供后市场方面的相关服务。服务内容涵盖产品选型指导、定制化功能开发、人员培训、维护保养、租赁、二手车等。

在货架行业，从前期咨询、规划、设计，到安装和后期维修维护、升级改造等已经成为众多货架企业十分看重的服务能力。

在物流包装与单元化产品方面，产品租赁及循环共用服务正在成为主流的服务模式，并开始向整个供应链服务延伸。一些托盘、物流包装企业正在积极探索社会共享型的开放服务模式，并已经取得了一定进展，实现了物流包装产品的跨行业、跨企业的共用。

2. 服务模式创新

随着越来越多的物流装备企业通过上市获得了资金，以及外部资本介入、“互联网 +”等因素的影响，国内物流装备企业在服务模式创新方面的探索也颇为踊跃，并出现了以下几类有代表性的服务模式：

①物流代运营服务。使用方只提供仓库，并没有购买设备，而物流装备企业投资建设物流中心，同时物流装备企业的运营团队负责该系统的运营、维护、仓库内部的作业，按照处理量与使用方进行费用结算，使用方承诺保底业务量。

②融资租赁＋仓储运营服务。物流装备企业推出“仓储运营服务”的业务模式，重点针对电商、第三方物流、商贸流通、大型制造等终端用户关于高效自动化仓储系统的需求，通过融资方式为其出资建设货架系统、购买自动化仓储设备和安排仓库作业及管理人员，客户只需按物流作业量向物流装备企业支付相关费用即可。

③平台服务。有的物流装备企业提出了“服务平台”的概念，即基于“互联网+”和物联网技术，提供覆盖物流系统使用全生命周期的管理服务，重点解决物流设备运行状态的实时监控和仓储系统运行情况的数据分析这两方面难题。

对于目前国内企业在服务方面的尝试，有外资企业表示理解并持观望态度，他们不排除采取与专业融资租赁企业合作的方式，参与自动化物流系统建设项目，共同服务客户。

2.3.4 产融结合趋势明显

2016 年 7 月 29 日，国家发改委印发《“互联网 +”高效物流实施意见》，要求顺应物流领域科技与产业发展的新趋势，推动大数据、云计算、物联网等先进信息技术与物流活动深度融合，鼓励和促进机器人等先进物流设备应用，实现物流业转型升级。

高效的智能物流装备是提升物流效率不可或缺的技术支撑。相比过去单纯的“智能仓储”概念，《“互联网 +”高效物流实施意见》中首次明确提出将鼓励物流机器人技术开发，促进机器人在物流业的应用，重点突破的领域包括机器人影像识别拣选、高密度存储机械臂拣选、语音拣选等技术，开展仓内机器人多模式应用，分拣、包装、配送、仓储的智能化升级将加快进度。机器人与高速分拣设备、堆垛机与拣选机械手、仓储叉车与 AGV 等物流装备相关领域企业发展将因此受益。

这几年是我国物流装备企业值得骄傲的年份。“物流装备”这一崭新行业，从无到有，伴随物流行业的发展，一大批物流装备企业蓬勃成长，为物流行业提供了日益精良、不断创新进步的设备和服务，同时实现了自我积累和发展。值得一提的是，多家优秀企业脱颖而出，成功挂牌上市，从他们上市后的经营情况和发展举措，可以洞察我国物流装备行业的未来趋势。

目前，我国物流装备企业主要在A股、创业板、新三板上市挂牌，按照产品类型划分，包括搬运设备、输送分拣设备、仓储设备、机器人等物流装备生产与系统集成企业。

物流装备市场高速发展，使得行业变化趋势虽有迹可寻，但由于技术、全球化等因素影响倍增，行业发展加速向纵深和多方向演进；上市公司必须保持敏锐洞察力和强大执行力，快速应对，才能保持竞争中的有利地位。

在物流装备行业的发展方面，上市公司锐意探索，积极实践，取得了突出成绩，对全行业起到了示范鼓舞作用。

1. 全面向智能装备制造转型

在国务院办公厅转发的国家发改委《物流业降本增效专项行动方案（2016—2018年）》中，特别强调“国内物流市场规模庞大，效率低下，智能物流大有可为”。对物流装备企业来说，更重要的机遇还在于，我国智能物流技术积累明显好于工业4.0其他领域，正在加速吸收国外先进技术，快速切入物流装备中高端市场。好风凭借力，有丰沃的国内大市场和快速进步的技术，过去3年自动化仓储系统的增速已超过工业自动化，智能物流蓄势待发。而相关的物流装备上市公司，都已悉数进军和布局国内智能物流装备领域。

不过，由于宏观经济整体下滑影响，与智能物流装备需求增长存在明显结构性差异，从目前物流装备上市公司在智能物流的营收情况看，需求还未达预期，市场还处于培育阶段。

2. 全面向系统集成商转型

智能仓储行业，正在经历由单一设备商向系统集成商路径的转变。

首先，在项目实施中，设备商往往处于被动地位，通常设备毛利率往往低于系统集成商约10%；其次，单一设备提供商的产品往往受限于单一更新周期，很难有销售的突破；第三，由于核心技术缺乏，产品种类和质量普遍集中在中低端产品，故利润微薄。

为走出低端竞争的困境，物流装备企业均加大科研投入力度，希望通过新产品、新技术拉开与同行的差距，实现更大利润。而穿梭车、高速分拣机、库架合一技术、搬运机器人、“货到人”拣选技术等新产品、新技术涌现，必须应用更多软件取得系统的协同，这也促进了企业向系统集成商转变。

从行业总体情况来看，大部分已转型企业的项目合同总额基本在亿元量级，还存在提升空间；领先的自动化物流系统提供商的合同额可达数亿元级别，实力更强。可以预见，随着物流装备上市公司向系统集成商的转型，新的集成商第一梯队将组成，他们的市场占有率将具绝对优势。

3. 全面构建物流装备企业平台

作为需求方的电商企业是较早建设物流平台的，而物流装备企业是其平台建设与运营的重要成员。物流装备的平台化是大势所趋，原因之一是企业之间的分工越来越细，而平台具有广泛汲取资源的优势，通过资本控股或者平台整合，优势资源变得越来越集中化，平台企业将可能成为市场的最大获益者。

平台模式具有多样性。在物流业界各种平台涌现的洪流中，我们似乎可以找到某种发展的脉络和逻辑。以往常见的是以兼并、收购等资本运作形式为主的资源整合方式；互联网出现以后，以平台方式创新的资源组织形式，即资源的所有权与使用权可以分离，提高了资源的利用率和灵活性；随后，又出现了企业联盟的组织方式，按照一种契约关系整合不同所有权的资产或资源，达到提高物流效率和服务竞争力的效果。最近，冷链行业创新推出“全可模式”，即由企业联盟走向一个实体企业，是对物流平台的进一步探索和挑战，也值得物流装备行业深思和借鉴。

4. 开始向制造服务商转型

纵观世界制造业发展，发达国家装备制造业企业都经历了从单纯产品生产，到服务比重不断增加，进而向制造服务转型的长期过程。我国的物流装备制造企业经过 20 年发展，也必将融入这一趋势。成功向服务转型，将能更好地体现差异化竞争，创造利润并能够锁定客户，在新一轮竞争中脱颖而出。

其实，尝试服务型经营模式在装备制造业中早有实践。有的从设备运营中分成；有的输出专业仓库运营管理团队，根据运营经济效益取得收入；还有部分设备企业提供远程运维服务。在中高端装备制造行业，为客户提供快速而专业的定制化服务成为普遍情况。但企业整体转型服务的难度不只在于新技术，还在于基于技术的商业模式，且全面转型还要结合经济形势、企业发展阶段、嵌入式还是混合式方式选择等，蕴含风险，因此企业不得不谨慎选择。

5. 物流装备企业资本运营潜在空间巨大

上市公司利用资本市场整合产业链资源，迅速做大做强企业，正是进入资本市场的积极意义。我们注意到，诸多物流装备上市公司资本运作均明确集中在产业链建设上，值得赞许。

在产品市场和资本市场的相互关系上，以及物流装备企业运用资本市场的正确态度上，首先是把资本作为一种工具利用好，为技术、产品、产业服务练好内功，提高竞争力；其次是通过资本进行收购、兼并来整合资源、扩大市场。

目前物流装备企业大都上市不久，初尝资本运作，主要方式还限于并购兼并；而在定增、市值管理、产业并购基金等方面鲜有涉足，在协调产品市场与资本市场，服务企业战略目标上，未来运作空间巨大。

2.4 我国物流仓储装备产业发展过程中存在的主要问题

2.4.1 企业研发资金投入不足

经过近十年的快速发展，我国已经具有数千家物流装备企业，物流装备产业不断壮大。然而，我国物流装备企业的研发供给能力与市场需求不完全匹配，一些装备特别是自动化和可靠性要求高的产品都是从国外购买，此现象反映出我国物流装备的自主创新和研发能力不足。2014 年国务院印发《物流业发展中长期规划（2014—2020 年）》提出“大力提升物流社会化、专业化水平”。现代化物流市场满足不同类型、不同行业的客户或需求，相应的物流装备也呈现出多样化和专业化的形式。为了适应市场需求，物流装备厂商都致力于开发符合用户需求的特定设施设备，装备发展由通用型向专业定制型转变。在电商业态发展迅猛、物流需求迅速提高的背景下，只有高度信息化和自动化的现代物流体系才能够支撑不断增长的物流业务需求。尽管我国近年来物流装备的信息化、自动化水平不断提高，但是与国外发达国家相比还存在较大差距。

自动化、智能化是物流装备发展的必然趋势，也是物流企业和市场发展的客观需求，是在新时期下保障物流行业健康发展的重要抓手。一是加大自动化、智能化物流装备的投入力度；二是转变物流企业经营者的管理思想，重视利用现代化的物流装备提升企业的服务水平和经济效益。

加强对物流装备技术的研发力度。《国务院办公厅关于促进物流业健康发展政策措施的意见》（国办发〔2011〕38 号）提出：“加强物流新技术的自主研发，加快先进物流设备的研制，提高物流装备的现代化水平”。物流装备企业需要投入更多的人力、物力、财力到装备核心技术的研发中，以提高物流装备的先进性。通过自主创新、技术引进消化吸收、产学研结合等多种方式，整合各种可利用的资源，充分发挥我国高校和科研院所的技术优势，在物流装备的关键技术上实现突破，缩短与国外物流装备的技术差距。

2.4.2 人才培养体系不健全

目前物流中心和配送中心物流设施高度自动化，建设前需要大量的工程技术人员进行分析、设计，建成后需要大量的工程技术人员进行维护和管理；运输车辆、自动化立体仓库、装卸搬运设备等物流载体的设计、维护，也需要大量的工程技术人员，这种逐渐向集信息化、自动化、智能化和集约化于一体的现代物流发展的趋势使得我国急需大批物流工程技术人才。

由于物流工程是一个囊括采购、运输、仓储、包装、国际贸易、计算机等功能的管理性工作，物流工程人才应该是复合型的，不但要懂得物流工程专业知识，还要对所在岗位涉及的其他专业技能有熟练的运用能力，具有广博的相关知识包括跨国贸易和通关知识、仓储运输专业知识、财务成本管理知识、安全管理知识和法律知识等。现代物流装备从生产上属于技术密集型产业，相关的设计与研究人员需要掌握物流管理、信息技术、物联网等多门知识。依托高校和职业技术学校，强化物流装备专业的教学与人才培养，培育物流装备行业的高素质复合人才。同时，物流企业内部应加大现代化设备设施使用者的培训，使其更加适应专业岗位的要求，以全面发挥自动化、智能化的物流装备在运营生产中的作用。

我国目前物流工程人才缺乏，是因为物流工程人才的教育培养没有跟上经济发展的需要。定位物流工程专业培养目标、加强物流工程专业师资力量、优化物流工程专业课程体系是目前各个高校正在积极推进中的工作。

受我国物流工程领域的管理体制条块分割、分业管理现状和传统教育模式的影响，虽然有不少院校设置了物流工程管理和物流工程等相关的专业及专业方向，但培养目标不明确，人才的培养受到了较大的局限。在目前高等教育体系中，大部分高校都开设的为物流管理专业，只有不足100家高校设立物流工程专业，其中985院校和211院校尤为缺少。培养物流工程专业人才的速度和物流装备领域高速增长的人才需求之间不匹配。现有高校的物流工程师资力量大多是宏观经济学、机械工程学、管理科学、营销学、交通运输学专业教师转移过来的，物流工程专业水平总体不高。因此，要加大引进海外物流工程人才，借鉴国外发达国家已形成的物流工程人才教育模式，提高物流工程专业师资水平，组织物流工程领域的专家、学者共同研究编写物流工程教学教材，建立一支教材编撰的专业队伍，构建完善的教材体系，引进、借鉴国外教学成果和经验，推进物流工程教育的国际化。

2.4.3 产业协同有待强化

对自动化物流系统而言，2015年市场需求整体稳步增长，在人力资源成本增加、土地资源有限、国家经济转型升级等大背景下，许多领先发展的企业为了更好地为用户提供产品和服务，对自动化物流系统不断升级改造，传统企业也想借助物流为契机进行转型升级。

这种新变化带来了自动化物流系统市场“行业拓展的横向”与“行业内部的纵向”物流建设的巨大需求；应用不断升级延伸，自动化立体仓库建设由起初只涉及原料、材料、成品等，延伸至生产现场包括供应、分拣、制造、配送、装配等环节的缓存物流全面自动化管理，且应用逐步深入，集成更加紧密；自动化立体仓库融入供应链物流体系，适应与满足“互联网＋生产／贸易”的需求，以及自动化立体仓库本身的互联网化等热点问题，最终实现自动化立体仓库向网络化、一体化物流服务发展；各行业都有相同和个性的需求，增长较快的是电商自动化立体仓库建设，表现在仓储一体，服务趋向专业化、网络化、供应链化及平台化。另外，呈现出业态细分、发展态势不同的特点。

2015年的国内自动化物流系统市场，供应商加快了自身的技术发展和管理提升，更多地从技术实力、行业方向以及地理位置等自身特点出发，捕捉和跟进市场需求，面对经济下行压力增大、市场出现疲软、行业竞争更加激烈的新形势，在开拓新行业、新领域的同时，进一步注重深挖行业市场潜力、开发重点行业，响应热点市场的需求，如电商、烟草、医药、轮胎、服装、冷链、快消品、机械电子、新能源等。供应商自身能力建设也在不断加强，能力进一步扩展，集成商、设备供应商界限进一步模糊，原来单一从事集成或设备供应的厂商纷纷向设备供应或集成发展，以期发展成为能力更加完善、实力更加强大的具有综合实力的供应商。面对自动化物流系统领域持续和不断发展的需求，一些以往从事软件工程、输送设备、生产线自动化的企业采用市场资源共享、联合研制、自主开发等多种方式，积极向自动化物流系统领域进行拓展。

从产业协同的角度而言，现有的设备供应商纷纷往集成商转变的方式并不利于我国整体自动化物流系统水平的提升。单机设备厂家没有聚焦自身优势产品的可持续纵向发展上，而是盯住行业总盘子的持续增长的趋势进行横向发展，最终形成了很多大而不强的物流装备企业。一些重点行业甚至提出自动化和可靠性要求高的产品指定从国外购买的情况。

2.4.4 国产设备的品牌影响力有待提升

一直以来，品牌在物流装备行业的受关注程度远远不及技术、产品、市场份额，但随着近年来竞争环境的变化以及企业规模的扩大，越来越多的物流装备企业逐渐意识到，品牌建设将是他们做强做大、赢得更多客户，进而更好地参与国际市场竞争的一项必要工作。

品牌肩负着传递产品功能与属性、价值，以及企业特点、文化等信息的责任，企业可以通过其特有的LOGO、标语、口号、符号等，在产品或服务上区别于竞争对手。其中，产品品牌的创造以质量为基础，关注技术、价值、使用、市场定位及售后服务等，它的建立与企业的技术创新能力、综合管理能力密不可分。企业品牌的树立则是在产品品牌基础上，赋予企业个性化的经营理念，关注的是质量水平、技术发展方向、消费者群体、企业公众形象和服务水平等。

品牌的力量在于影响人们对于相关企业及其产品的认知。对于我国装备制造企业的发展现状而言，强化品牌建设具有重要意义。这不仅是我国进入世界市场后企业面临的严峻挑战，更是企业在产品同质化的竞争中脱颖而出的关键。值得关注的是，目前绝大多数企业普遍没有建立起自己的品牌。在产品同质化竞争严重的情况下，价格战的恶性博弈给企业带来不小的烦恼，不仅影响到广告投入的效果，销售人员过去常用的关系营销也显得力不从心。

企业进行广告宣传的最终目的是为了提高营销业绩，赢得品牌影响力。与其他消费品生产企业相比，装备制造企业在营销传播理论上没有太大的区别，唯一不同的是受众。而在多媒体时代，每个人对信息接收的平等性、整体性、系统性、准确性，决定了广告传播策略将成为企业进行市场突围的最佳解决办法。就目前的情况看，装备制造企业进行品牌建设的着眼点主要在产品质量、技术、企业背景及规模等方面。所以，在广告宣传方面，多数装备制造企业仍然停留在“表白式”的广告宣传，缺乏对产品品牌价值的塑造意识。

装备制造行业在品牌经营意识方面远远滞后于其他行业。在一些国际性的招标项目中，缺少品牌优势已成为导致中国装备制造企业竞争力不足的一个重要原因。在中国工业化高速发展的今天，装备制造行业并不缺少“好产品”，而是缺少行业中的“领袖”品牌企业。产品品质和技术的领先是企业生存的根本，只有在行业中或在单一产品品类中成为“龙头”品牌，装备制造企业的附加价值才能凸显出来。品牌建设帮助企业实现差异化的形象，并借此在竞争中突出其产品。站在设备供应商角度来看，品牌建设将带给企业持久、稳定的丰厚利润。而从需求方角度讲，品牌能够为客户在产品选择的过程中提供更充分、清晰的信息，从而减少交易中的选择成本。

在现代社会，广告是提升企业品牌形象、促进企业市场营销的重要手段之一，这已经成为人们的共识。希望中国企业能够学习国外先进企业的经验，注重树立品牌形象，重视企业的广告宣传，在广告投放上要有长期计划，要有连续性，要注重媒体的选择，要合理评估广告价格，要保持广告风格的统一性和步调的一致性。只有这样，企业才能够真正树立自己的品牌，实现良好的业绩，做基业长青的百年企业。

现阶段，我国物流装备行业的品牌建设呈现出以下几个特点：

①企业品牌意识不强，品牌数量少，尤其缺乏国际知名品牌。

②品牌生命周期短，缺乏核心技术支撑。

③在国际贸易中以 OEM 为主，自主品牌意识不强。

④市场营销力度不够，只注重卖产品，不重视树品牌。

相比之下，国外物流装备领域已出现了众多知名品牌。这源于国外企业有较强的品牌意识，在品牌建设方面往往倾注了大量精力，采取多元化的市场宣传与品牌推广手段，更重要的是其背后有较高的技术水平、丰富的市场发展经验、雄厚的资金实力等优势为依托。

实际上，企业品牌建设既是企业自身“长大变强”过程中的必然选择，也与行业整体发展状况和水平密不可分。总体上看，目前，国内物流装备企业仍以中低端市场为主要阵地，在产品、技术、生产工艺、管理水平、整体实力等方面与国外企业有较大差距，真正有实力的品牌企业并不多。国内很多发展历史在十年以上的企业都有这样的体会，没有关键性的技术、缺乏相关行业标准，导致中国的物流装备行业门槛很低，这就造成物流装备企业数量有增无减，而这种表面的繁荣并不会给行业发展带来积极影响和促进作用，却会扰乱正常的市场竞争秩序，不利于企业的持续稳定发展。

对此，有关行业协会的专家强调，中国物流装备行业亟需改变粗放式管理模式，建立一个更为严格的精细化管理机制，对产品标准、生产许可、产品认证等方面进行监管，以改变目前无序竞争、过度竞争的不良局面。在国外，行业管理非常成熟规范，相关技术标准完善并法规化，大部分物流设备都有一定的市场准入门槛。比如，货架在许多国家都被列为特种商品，有相关的安全认证。欧洲的货架企业必须在拿到相关的产品认证和许可证后，才能在市场上进行销售。可见，行业的规范健康发展可以为企业培育品牌、发展品牌提供良好的市场环境与外部条件。

值得一提的是，对于国内已经做到一定规模的物流装备企业来说，他们面临的是国际性企业不断进入和国内企业同质化竞争日趋激烈的双重挑战。在这种情况下，品牌建设正在逐渐成为这些企业实现生存进而参与国际市场竞争的必然需求，开始受到企业的高度重视。目前，中国物流装备企业在产品质量和生产水平等方面正不断缩小与国外企业的差距，

有些产品甚至已经达到了国际先进水平。随着更多的国际性公司把采购订单投向中国，中国企业需要在注重产品质量与工艺水平的同时，通过树立品牌保持并进一步扩大中国制造的优势。同时，对于企业来说，品牌建设也是保护自主知识产权和产品的有效方式。现在越来越多的物流装备企业通过自有品牌开拓国际市场。

不同物流装备产品在应用方式、技术水平以及所处行业的发展状况等方面的差异，直接导致了企业对品牌战略的认知程度和实现方式的差异，因此很难简单地模仿或照搬别人的成功经验。但从某种角度来看，物流装备总体上属于工业设备，这类设备的品牌核心价值其实很明确，即能满足客户在功能、效率、可靠、安全、环保等方面的个性化需求，同时具备完整的维修、服务体系。因此，对于中国的物流装备企业来说，寻求适合自己的品牌建设方式，关键是结合产品、客户、应用等特点，进行技术、工艺、管理模式、服务等方面的创新。

2.4.5 物流装备的标准化程度较低

在物流领域我国有两个标准化委员会：全国物流标准化技术委员会和全国物流仓储设备标准化技术委员会。我国已出台的物流标准多是偏于服务质量要求等方面的服务技术标准，对于物流装备的相关标准研究较少，导致各种物流设施设备的标准不统一，相互衔接配套性较差。国外一直重视标准化、规范的技术研究，欧洲标准化委员会（CEN）、日本物流管理协会、国际标准化组织（ISO）等标准化机构均进行了物流装备相关标准化与规范的研究，我国在这方面与国外也存在差距。

技术标准化问题是推进物流装备发展的关键问题，国外很早就通过制定物流装备的相关标准来促进和规范物流装备市场，特别是针对多式联运的集装箱与托盘标准。目前我国物流装备标准体系匮乏，在仓储设施、载运单位、装卸设备等方面的标准化程度还不高，严重制约了物流装备的发展。应加快物流装备标准化

的建设步伐，加强标准化的组织协调工作，推进物流装备相关标准的研究、制定与推广，对于已经落后于新时期物流发展的装备标准需要修订完善，在制定物流装备相关标准的同时要注意与国际标准接轨。

参考文献

[1]《物流技术与应用》编辑部．输送分拣设备：高速增长，诸多亮点[J]. 物流技术与应用，2015.4.

第3章

先进国家物流仓储装备产业现状

3.1 先进国家物流仓储装备产业发展历程与特色

先进国家物流仓储装备产业的发展历程可分为四个阶段：机械化阶段、自动化阶段、集成化阶段和智能化阶段。

第一阶段：机械化阶段。20 世纪 50 年代之前，物料主要通过各种各样的输送车、叉车、升降机等来移动和搬运，用托盘和货架存储物料，通过人工操作机械控制设备的运行。机械化满足了人们速度、精度、高度、重量、重复存取和搬运等要求。追溯历史，19 世纪 30 年代前后，发达国家就出现了蒸汽机驱动的起重机械和输送机；19 世纪末期，由于内燃机的应用，物料搬运机械获得迅速发展；1917 年，美国克拉克（Clark）公司开发出物料搬运车，命名为 Tructractor，是内燃叉车的先驱；1924 年，克拉克设计出能够起升和叉取货物的标准叉车；20 世纪 30 年代太平洋战争，美国军队开始使用托盘来改善货物搬运效率。

第二阶段：自动化阶段。20 世纪 50 ～ 70 年代，随着计算机技术的发展，信息技术广泛应用到仓储装备产业。在这段时期，企业相继研发和采用自动导引小车（Automated Guided Vehicle，AGV）、高层货架、巷道式堆垛机、自动存取机器人、自动识别和自动分拣等系统，仓储工作重点逐步转向物资的控制和管理。1950 年，为了提升仓储空间利用率，减少占地面积，降低土地购置费用，美国人开始使用高层货架进行物资收发作业。1954 年，英国最早研制了电磁感应导向的自动导向搬运车系统（Automated Guided Vehicle System，AGVS）；1959 年，一家美国公司安装了巷道式堆垛机以提升仓储作业效率和储存能力；而德国则在 1962 年首次将电子计算机应用于高层仓库，建立了世界上第一座自动化仓库；20 世纪 70 年代出现了计算机控制物料搬运机械系统，使物料搬运进入高度自动化作业阶段。

第三阶段：集成化阶段。20 世纪 70 年代末至 90 年代，自动化仓储装备被越来越多地用于各个领域，推动人、局部自动化的仓储设备和控制系统之间的集成，系统集成成为仓储装备产业新的发展方向。整个系统的有机协作，使总体效益和生产应变能力大大超过各部分独立效益的总和。

第四阶段：智能化阶段。20 世纪 90 年代后期及 21 世纪的若干年内，人工智能技术、物联网技术等各类技术的发展使自动化仓储装备向更高级的阶段——智能化方向发展。物联网技术使得原本孤岛式的物流装备或集成系统的网络化成为可能，智能化物流装备将是实现智能生产、智能物流的重要工具和支撑。当前，智能分拣系统、智能识别与感知系统、智能物流机器人等智能物流仓储装备已逐步进入高速成长期，成为行业领跑者。例如自动化仓库领域智能穿梭车技术在若干年时间内就迅速完善成熟，很快得到普及应用；而具备搬运、码垛、分拣等功能的智能机器人，早已成为物流行业当中的一大热点。各种人工智能技术的发展，使得物流仓储装备的智能化程度不断提高，物流仓储系统中正渐渐融入智能解决方案。可以预想，未来若干年里，智能化将是自动化仓储装备的主要发展方向。

3.2 先进国家物流仓储装备产业的技术水平

目前世界先进的物流仓储技术与装备主要集中在欧洲、日本和美国等国家和地区。物流仓储装备包括储存设备、输送设备、分拣设备、搬运设备、拣选设备等几大类，托盘、周转箱、AGV、堆垛机、输送机、穿梭车（Rail Guided Vehicle，RGV）、物流机器人等都是具有代表性的产品。

下面将针对每一类仓储装备通过介绍典型设备及最新技术的方式来分析先进国家物流仓储装备产业的发展水平。

3.2.1 储存设备

储存设备根据从部分到整体的次序来划分，包含单元化的物流容器、仓库货架和集成的存储系统。目前，国外仓储货物的集装单元化技术设备、立体密集型货架系统、自动存储控制系统已经被广泛应用。

1. 集装单元化

目前国外应用成熟的单元化仓储设备有托盘、周转箱和集装箱三种类型。这些产品通过一定的技术手段，将单件或散装物品，组合成尺寸规格相同、重量相近的标准“单元”，以这些标准单元作为存储的基础单位。

（1）托盘　托盘是最基本的物流器具，最早起源于美国。20 世纪 50 年代，欧洲组织相关物流及仓储行业协会联合开发出一种标准托盘，尺寸为 1 200mm×800mm，并建立了欧洲托盘共用系统。随后对单个物品的包装尺寸和多个物品的包装也进行了调整，使其适用于这些可交换的托盘。

目前国际上常见的托盘类型是平托盘，其从材质上分有木托盘、塑料托盘、金属托盘、纸托盘和复合材料托盘等。纸质托盘相比木托盘具有成本低、重量轻的特点。木托盘是最常见的，具有经济性佳、可重复使用、初始成本低的特点。

但随着木材和木质托盘维修成本的增加，近年来塑料托盘的需求量逐渐增加，而金属托盘一般用于载荷重的情况。

平托盘又可按以下规则进行细分：

①根据台面分类，有单面形、单面使用型、双面使用型和翼型等四种；②根据叉车叉入方式分类，有单向叉入型、双向叉入型、四向叉入型三种。

平托盘由于四周缺少侧栏，稳定性差，在使用过程中需要耗费大量的包装人力和捆扎材料。为了弥补这一缺陷，逐渐衍生出箱式托盘、仓储笼、集装架、柱式托盘、轮式托盘和可折叠式托盘等多种形式。除此之外，还有一些适用于特殊作业环境的特种专用托盘。

现阶段托盘电子信息化主要依靠的是条形码和射频识别（Radio Frequency Identification，RFID）技术。相比条形码，RFID 技术可以实现远距离、重复读写，可多个标签同时读取数据，不容易被损坏，受外界影响小，可以存储托盘号及物品属性、流程等多种信息，并能对储存的信息进行修改，可反复使用，更能满足供应链物流提出的安全、高效、低能耗等基本要求。

（2）周转箱　周转箱一般与托盘配合使用，有可折叠式、可插式和直壁式等。

托盘的盛行使得重新规范周转箱的尺寸变得必要，考虑到货物和物料流大规模的机械化和自动化，周转箱标准化变得日益重要。人们开发出了适用于各种任务的周转箱，开始是用钢板制成的可堆叠型号，然后是塑料，并且符合欧标托盘的精确尺寸。这些周转箱保证了装配式零件顺利集成到操作流程中，使其高效地堆叠、存储和运输。

随着周转箱被公认为供应链中的关键因素，以及德国汽车工业协会（Verband der Automobilindustrie，VDA）周转箱标准化工作小组于 1986 年开始定义新型周转箱，周转箱的发展局面发生了改变。

VDA 4500 标准由工作小组在 1989 年提出，该标准针对“易于采用机械化方式或手动方式处理的统一塑料低荷载周转箱”提出了非强制性建议。之后的 KLT 系列基本尺寸为 600mm×400mm、400mm×300mm 和 300mm×200mm，以匹配欧洲托盘，实现空间效率和安全装载。除了五种高度之外，KLT 系列周转箱的特点还包括多种堆叠边缘、标签卡卡口、手柄等等，并定义了处理要求。KLT 系列周转箱制造商必须由 VDA 颁发证书，VDA 负责监督其标准的合规性。

在 VDA 发布建议之后，周转箱的生态圈形成，其设计均适用于欧洲托盘共同系统，并根据不同行业的需求和目标继续扩展功能的多样性。

目前，周转箱仍然是物流和仓储中的一个重要环节，VDA 仍继续在修订、更新和扩展其标准。而且，RFID、条形码和标签技术将周转箱与德国工业 4.0 所倡议展望的数字化、智能工厂世界直接联系起来。

（3）集装箱　作为大型的单元化物流容器，集装箱已经在全球实现了标准化。

当前，发达国家的单元化物流容器技术研发的方向是标准化、可折叠化、轻型化、耐低温以及智能化。其中产品的智能化及与信息技术的融合方面已经取得了一定进展。

现已在德国生产和应用的 inBin 智能箱（图 3-1）就是一个典型案例。该产品集成了 RFID 标签和摄像头，配有智能单元，可以实现自主管控。

通过互联网通信，系统给智能箱发布指令，完成任务后，inBin 智能箱会把信息自动上传到网络，告知任务完成情况。inBin 智能箱还能自主管理箱内的库存，能向上级系统及时报告智能箱的状态，实现自动要货和补货的功能。

基于智能箱的输送系统可采用分散控制技术，智能箱不再是被动单元，而是给输送系统发号施令的“主人”。在智能箱的指挥下，输送系统可以自动地将箱子送达目的地。

图 3-1　inBin 智能箱

2. 仓储货架

仓库中专门用于存放货物的仓储设备是货架。目前国外的仓储货架种类繁多。广泛应用的货架类型包含旋转式货架、A 型货架、移动式货架、装配式货架、调节式货架、托盘式货架（横梁式、牛腿式）、驶入式货架、后推式货架、立体货架、阁楼式货架、重力式货架、流利式货架、屏挂式货架和穿梭式货架等。本文仅介绍几种主流类型：

（1）重力式货架　由托盘式货架演变而成，采用辊子式轨道或底轮式托盘，轨道呈一定坡度（3 左右），利用货物的自重实现货物的先进先出，一边进另一边出，适用于大批量、同类货物的先进先出存储作业，空间利用率高，尤其适用于有一定质保期、不宜长期积压的货物。

（2）驶入式货架　货架排布密集，空间利用率极高，几乎是托盘式货架的两倍，但货物必须是少品种大批量型，货物先进后出。

（3）移动式货架 货架底部可沿着导轨移动，一般情况下货架之间无空隙，可实现密集存储，需要存取货时移动相关货架，留出存取货空间（图 3-2）。一般适合重量不大的小件物品。

图 3-2　移动式托盘货架

（4）穿梭式货架　由驶入式穿梭小车、穿梭车货架、管理软件等组成的密集存储系统（图 3-3），改变了传统立体仓库的设计理念，不仅提高了仓储密度及效率，也提高了系统的智能化程度，系统拓展方便，适用于大批量、同类货物的存储作业，尤其适用于有一定质保期、不宜长期积压的货物，市场应用广泛。

图 3-3 穿梭式货架

（5）压入式货架　压入式货架也由托盘式货架演变而成，采用轨道和托盘小车相互嵌合的原理，轨道呈一定的坡度（3° 左右），利用货物的自重，实现托盘货物的先进后出，同一边进同一边出，适用于大批量少品种的货物存储，空间利用率很高，存取也较灵活方便。与我国相比，先进国家货架的制作工艺略有不同。例如大部分货架制造企业会把货架孔型做成通用的，这使得不同企业货架的配件几乎都能通用；在设计结构上，国外企业对货架立柱片会进行整体焊接，柱片不需要现场组装，从而节省大量人力成本；在货架表面颜色处理方面，国外的一些企业会采用烤漆的方式对货架表面进行颜色处理等。

国外货架普遍采用装配式结构，高层化。轻型货架及组合式货架是行业主流，且技术较先进，适应性、精度、强度、稳定性等性能指标均优于国内。现阶段，自动化、智能化的密集存储技术是行业发展风向标。

3. 自动化存储系统

自动化存储系统是一种使用高层立体货架存储物资，利用计算机系统管理和控制堆垛机运输车进行存取作业的仓库。

目前存储系统的研发方向为最大化仓储密度及效率；仓库作业全自动化和无人值守；作业工位与立体货架互相直达，出入库无二次搬运环节；生产、仓库、分拣无缝衔接；低能耗，环保节能；高柔性，可以根据需要扩展等。

目前主流的密集存储系统有以下几种：

（1）自动化仓库系统　自动化仓库系统（Automated Storage and Retrieval System，AS/RS）是指在不直接借助人工处理的情形下能实现货物自动存取的系统。

而立体仓库则是指采用高层货架存储货物，目前仓库最大高度已经超过 40m。

国外对自动化立体仓库的研究由来已久，其起始于美国、德国，但数量上日本后来居上。最早在 1950 年，为了提升仓储空间利用率，减少占地面积，降低土地购置费用，美国率先开始使用高层货架进行物资收发作业。之后，为了更好地配合高层货架的使用，配套叉车设备的改进研究开始展开，1959 年，美国一家公司安装了巷道式堆垛机以提升仓储作业效率和储存能力。德国则在 1962 年首次将电子计算机应用于高层仓库，建立了世界上第一座自动化仓库。1963 年美国在高架仓库中采用计算机控制技术，建立了第一座计算机控制的立体仓库。20 世纪 60 年代中期，日本开始兴建立体仓库，并且发展速度越来越快，成为当今世界上拥有自动化立体仓库最多的国家之一。

自动化立体仓库的主体由货架、巷道式堆垛起重机、入（出）库工作台和输送机及操作控制系统等组成。其主要类型有：托盘立体仓库、箱式立体仓库、链斗式立体仓库。目前国外自动化立体仓库正逐步由整体式向分离式发展，以提高仓库柔性、降低投资。

1）托盘立体仓库　托盘自动化立体仓库（图 3-4）可以移动和存储放置在托盘上的货物或部件。存储货架作为基础机构系统，并集成物料搬运和信息系统，从而优化存储。

图 3-4　托盘自动化立体仓库

2）箱式立体仓库。箱式立体仓库（图 3-5）可以移动和存储放置在堆栈包袋、可折叠式包袋、套装式集装箱和盒子 / 硬纸板箱中的不规则外形的货物或部件。通过输送机、货叉、侧带、侧夹、有轨无人分拣搬运车（STV）或自动导引小车（AGV）向 / 自箱盒式自动仓库运输。

图 3-5 箱式立体仓库

（2）穿梭车自动存取系统　穿梭车自动存取系统是主流的密集存储系统之一。如 Knapp OSR 穿梭系统（图 3-6）。该系统适用于周转箱和纸箱，可同时进行货物整理、收货缓存、分拣缓存、货物合并、发货分拣和发货集货，节省了空间，提高了拣货效率，彻底实现货到人拣选，每个人每小时可完成 1000 件以上的订单行拣选，目前正越来越多地代替料箱式堆垛机和平面拣选系统，用于药品零拣。

图 3-6 Knapp OSR 穿梭系统

近年来，欧洲和日本厂商推出面向仓储领域并具备分拣功能的多层穿梭车系统。如国际知名仓储设备生产商胜斐迩（Schaefer）的多层穿梭车 Navette（图 3-7）。该设备适用于托盘、周转箱或纸箱，可以用于分拣存取货物，能灵活实现货位数量的增减，并在高效的前提下承担分拣排序等功能，实现系统功能多样化。目前，国外最快的多层穿梭车的行走速度超过 400m/min，一个夹抱货物循环周期仅用时 3.5s。

图 3-7　多层穿梭车 Navette

（3）基于悬挂式输送机的自动存取系统　这类仓储系统通过货架顶端的悬挂式输送机实现密集存储，如图 3-8a、b 所示。其空间利用率高，但要求货物的包装规格统一，应用中有一定局限性。

(a)

(b)

图 3-8 悬挂式输送机存取系统

（4）智能回转库(Lean-Lift/Rotomat) 智能回转库，也称立体自动化货柜(图 3-9)，有垂直旋转库、垂直升降库、水平旋转货柜等类型。利用现有室内高度，凭借其紧凑的设计增加仓储空间。同时，采用信息化存储模式，可以全线跟踪产品信息，了解库存。

图 3-9 智能回转库

3.2.2 输送设备

智能输送设备从空间形态上分为智能空中输送系统和智能地面输送系统。

空中输送系统包括：自行小车悬挂输送系统（图 3-10）、链式悬挂输送系统、空中摩擦传动输送系统、悬挂滑橇输送系统等。

图 3-10 自行小车悬挂输送系统

地面输送系统（图 3-11）包括皮带输送系统、地面链式输送系统、辊式输送系统、板式输送系统、地面摩擦传动输送系统、导轨智能小车系统（RGV）、自导引智能小车系统（AGVS）、连续提升机（C 形、Z 形、螺旋形）、穿梭车等。

图 3-11 地面输送系统

国外的智能输送装备供应商主要集中在欧盟、日本和美国等制造业发达国家（地区）。其中以德国公司为主体的厂商已经形成了品种齐全、技术先进、专业分工明确和成熟的制造供应链体系，是世界智能输送装备行业的领先者。

国外输送设备的技术发展方向是长距离、大运量和高带速。

以解决大流量货物的输送和搬运问题来说，当搬运系统能力需求远超出常规时，采用传统的输送线解决方案耗资巨大，能力不足，因此国外许多集成商采用多车 RGV 系统来解决大流量货物的搬运问题。这样的系统不仅具有大流量和高能力的输送和搬运的功能，甚至在系统中还承担了区域到区域、货到人的拣选功能。

另外，近年来，国外输送设备也具有智能化发展趋势。智能输送装备具有可控制的程序，具有感知、分析、推理、决策和控制功能，可以实现自动输送、动态显示、自动认址、自动积放、故障自诊断、远程监控等功能，能满足连续化、快节奏、智能化的输送要求。下面仅列出两个典型案例：

（1）两栖智能穿梭车　可在货架和地面行走的两栖智能穿梭车 MultiShuttle Move（图 3-12）由德国弗劳恩霍夫物流研究院研发，其采用分散智能控制系统，每辆小车都是一个独立的智能单元，可根据所在位置与状态，自主承接适合的订单，与生产设备实现智能交互，自主解决行走中发生的问题，实现效率高、成本低的灵活生产物流作业。

图 3-12　两栖智能穿梭车

（2）地编码小车　地编码小车（Destination Coded Vehicle，DCV）是集机、电、计算机多项技术于一体的，行驶在固定轨道上，由上位计算机控制，具备自动装卸货功能的智能小车。

DCV 系统（图 3-13）作为机场行李处理系统中的关键子系统，承担着行李物品的输送和分拣功能，在国外大型现代化机场有广泛应用。

用于机场行李长距离搬运的 DCV 小车的单机智能化特点更加显著，小车具有选择任务和路径的能力，整个系统犹如智能驾驶的高速公路系统。有研究机构已经将物联网技术应用到输送系统中，被输送的物体搭载信息，在整个输送过程中物料状态被系统自动感知，系统会智能选择最高效的输送路径完成搬运。

图 3-13 DCV 系统

3.2.3 分拣设备

目前，在美国、日本及欧洲这些国家，分拣系统自动化程度很高。自动分拣系统在发达国家大中型物流中心中应用非常普遍。自动分拣系统能够连续、大批量地分拣货物，且误差率极低，分拣作业基本实现无人化。

自动分拣机作为自动分拣系统中的重要设备，国外应用广泛的品类有：翻盘分拣机、交叉带式分拣机、滑块式分拣机、A 形分拣机、推出式分拣机、摆臂式分拣机、落袋式分拣机等。其设备往往都能达到每小时 10000 件以上的高分拣效率。

自动分拣系统一般由控制装置、分类装置、输送装置及分拣道口组成，通过计算机网络联结在一起，配合人工控制及相应的人工处理环节构成一个完整的系统。

控制装置的作用是识别、接收和处理分拣信号，根据分拣信号的要求指示分类装置、按商品品种、按商品送达地点或按货主的类别对商品进行自动分类。这些分拣需求可以通过不同方式，如可通过条形码扫描、色码扫描、键盘输入、重量检测、语音识别、高度检测及形状识别等方式，输入到分拣控制系统中去，根据判断分拣信号，来决定某一种商品该进入哪一个分拣道口。

分类装置的作用是根据控制装置发出的分拣指示，当具有相同分拣信号的商品经过该装置时，该装置动作，使其改变在输送装置上的运行方向进入其他输送机或进入分拣道口。分类装置的种类很多，一般有推出式、浮出式、倾斜式和分支式几种，不同的装置对分拣货物的包装材料、包装重量、包装物底面的平滑程度等有不完全相同的要求。

输送装置的主要组成部分是传送带或输送机，其主要作用是使待分拣商品贯通过控制装置、分类装置，并且输送装置的两侧，一般要连接若干分拣道口，使分好类的商品滑下主输送机（或主传送带）以便进行后续作业。

分拣道口是已分拣商品脱离主输送机（或主传送带）进入集货区域的通道，一般由钢带、皮带、滚筒等组成滑道，使商品从主输送装置滑向集货站台，在那里由工作人员将该道口的所有商品集中后或是入库储存，或是组配装车并进行配送作业。

以下为四种主流的自动分拣机：

1. 交叉带分拣机

交叉带分拣机（图 3-14）比较普遍的为一车双带式，即一个小车上面有两段垂直的皮带，既可以每段皮带上搬送一个包裹也可以两段皮带合起来搬送一个包裹。交叉带分拣机的优点就是噪声低、可分拣货物的范围广。但缺点也比较明显，即造价比较昂贵、维护费用高。目前的主要供应商有：FKI、范德兰德、Cinetic、德国伯曼机械和英特诺等。

国外交叉带分拣机环线运行速度可达 3m/s，系统分拣效率最大可达 5 万件 /h。

图 3-14　交叉带分拣机

2. 翻盘式分拣机

翻盘式分拣机（图 3-15）是通过托盘倾翻的方式将包裹分拣出去的。该分拣机在快递行业也有应用，但更多的是应用在机场行李分拣领域，分拣、搬运形状各异、大小不同的各类行李。标准翻盘式分拣机由木托盘、倾翻装置、底部框架组成，倾翻分为机械倾翻及电动倾翻两种。

图 3-15　翻盘式分拣机

3. 滑块式分拣机

滑块式分拣机（图 3-16）是一种特殊形式的条板输送机。输送机的表面由金属条板或管子构成，如竹席状，在每个条板或管子上有一枚用硬质材料制成的导向滑块，能沿条板作横向滑动。平时滑块停止在输送机的侧边，滑块的下部有销子与条板下导向杆联结，通过计算机控制，当被分拣的货物到达指定道口时，控制器使导向滑块有序地自动向输送机的对面一侧滑动，把货物推入分拣道口，从而商品就被引出主输送机。这种方式是将商品侧向逐渐推出，并不冲击商品，故商品不容易损伤，它对分拣商品的形状和大小适用范围较广，是目前国外一种新型的高速分拣机。

滑块式分拣机故障率非常低，在大的配送中心，比如 UPS 的路易斯维尔，就使用了大量的滑块式分拣机来完成预分拣及最终分拣。滑块式分拣机可以多台交叉重叠起来使用，以满足单一滑块式分拣机无法达到能力要求的目的。

图 3-16　滑块式分拣机

4.A 字形分拣机

A 字形分拣机（图 3-17）将不同种类的货品集中在一起，进行自动化订单拣选，大大提高了吞吐量、减少人工操作、降低差错率。该分拣机使物料高速流通、具有高度可靠性、灵活性，另外，批次的永久追踪也是这一分拣机的优势。

图 3-17　A 字形分拣机

3.2.4　搬运设备

现代的物料搬运机械开始于 19 世纪，19 世纪 30 年代前后，出现了蒸汽机驱动的起重机械和输送机；19 世纪末期，由于内燃机的应用，物料搬运机械获得迅速发展；1917 年，出现了既能起升又能搬运的叉车。20 世纪 70 年代出现计算机控制物料搬运机械系统，使物料搬运进入高度自动化作业阶段。

物料搬运在物流系统中的成本占比很高。美国工业生产过程中装卸搬运费用占成本的 20%~30%，德国物流企业物料搬运费用占营业额的 35%，日本物流搬运费用占 10%。

随着仓储物流的发展，搬运设备也已经进入自动化智能化发展阶段。

1. 仓储叉车

除了物流台车、手推车、爬楼梯车、堆高车、牵引车等传统物料搬运器械外，仓库中使用率最高的物料搬运工具就是叉车，这是一种用来装卸、搬运和堆码单元货物的车辆。

（1）电动叉车　仓储叉车的类型很多，有平衡重叉车、前移式叉车、窄巷道叉车、侧面叉车、搬运叉车、堆垛叉车、拣选叉车等。通常可以分为三大类：内燃叉车、电动叉车和手动叉车。每一种类型叉车适用于不同的工作环境。

传统的内燃叉车虽然效率依然很高，但由于废气的排放，对仓储环境会造成非常大的污染。电动叉车采用清洁能源，实现了零污染零排放。

在国外，电动叉车的使用已经很普遍，尤其是对环境要求高的欧美国家，必须使用清洁设备。节能化、环保化成为叉车的主流发展趋势。

电动叉车的行驶速度可达到 14 ～ 15km/h，这样的速度对仓储作业绰绰有余。对于像食品、医药、冷链、机场等对周围环境要求特别高的特殊行业，必须使用无废气排放、清洁的搬运设备，电动叉车是其最佳选择。

电动叉车的迅速发展主要得益于各生产厂家的不断进步。产品外形大多采用了流线型设计，造型更加美观。主要生产厂家实现了规模生产、零部件专业化生产和装配流水线作业。加工精度、自动化程度都有所提高。在新材料、新工艺方面，最重要的是晶体管控制器 (SCR 和 MOS 管) 应用。它的出现使电动叉车的使用性能得到很大的提高，从总体上说，电动叉车的耐用性、可靠性和适用性都得到显著提高，使其可以与内燃叉车相抗衡。

（2）自动化叉车　这是传统叉车和 AGV 的结合，既有 AGV 的灵活性和自动控制能力，又有叉车的堆高和叉取货物能力。以林德无人窄通道叉车为例，叉车通过电磁线或轨道在货架间穿梭，轻松卸载两边的货物，而当它需要在操作过程中更换通道时，自动巡航系统会指引准确的位置。叉车能胜任更高的仓储密度与 12m 以上的搬运高度，而传感器、扫描器和摄像头也为安全操作提供了进一步支持，用户还可在手动操作与自动操作之间任意转换。

（3）融入虚拟现实技术的叉车　利用叉车前窗玻璃作为屏幕，把信息通过激光系统 360° 无死角地显示在上面。如果叉车装有传感器，该屏幕也可把叉车信息显示出来，并有激光箭头（见图 3-18 紫色箭头）指引驾驶员去需要搬运货物的位置并进行相应的动作。

图 3-18　融入虚拟现实技术的叉车

国外先进国家生产叉车的企业很多，目前市场占有率较高的叉车品牌有林德、永恒力、科朗以及丰田等。很多企业都逐渐将信息技术和大数据技术应用在叉车上，提升效率，降低单车能耗，向绿色、环保、智能化方向发展。例如林德公司在叉车上运用自动导航寻址系统：叉车通过接收器接收指令，利用仓库地面预埋的感应标签，实现自动定位，这样在不增加任何硬件的情况下叉车的使用效率提高了 25%，减少了固定资产与人工投入。

2. 堆垛机

堆垛机（图 3-19）是立体仓库中最重要的起重搬运设备。

国外的堆垛机比国内的运行效率高，主要有以下几方面原因：国外堆垛机采用了可变加速度系统，而国内只是一般的加速系统；国外的堆垛机比国内的速度控制得好，低速运行时间基本没有，从高速直接减速到达位置后刹停，堆垛机运行周期为国内的 3/4 左右；国外高端堆垛机电动机用的是伺服控制，国内用的是交流变频 +PLC，另外还存在材料性能、零部件精度等差异。

图 3-19 堆垛机

国际知名的物流装备企业均拥有行走速度超过 300m/min、加速度超过 2m/s 的轻型高速堆垛机产品。对于这类主机设备，欧美、日本知名厂家依托自身的加工工艺和先进的制造工艺持续改进，使产品质量始终保持高水平。

国外堆垛机类型分为托盘堆垛机和料箱堆垛机两种。随着自动化仓储系统越来越广泛地运用于各行业，也出现了越来越多的特种堆垛机，如转轨堆垛机、换轨堆垛机、存取不同形状货物的特种堆垛机等。

（1）托盘堆垛机 以国际知名厂商胜斐迩公司的托盘堆垛机为例（图 3-20），设备进行了模块化设计，并能够根据客户需求进行定制，可选单桅杆或双桅杆、单负载装置或双负载装置，单深、双深或多深度、也可搭载穿梭车，设备具有高效率、高灵活性和大存储量的特点，比一般设备节省 25% 的能耗。

（2）料箱堆垛机 料箱式自动仓库堆垛机适用于容器、料箱或者盒子的存储（图 3-21）。

图 3-20　托盘堆垛机

图 3-21　料箱堆垛机

3. 智能物流仓储机器人

在国外，机器人在仓库中应用的比例越来越高，以便提高生产率和传输效率。仓库中搬运配送码垛工作劳动强度高、技术含量低，导致劳动力需求量大、人员流动性强，是用工荒的重灾区，因此，对智能机器人的需求也最强烈，所以搬运、配送以及码垛等工业机器人市场成为机器人市场新的增长点。

（1）仓储搬运机器人　美国亚马逊公司的 Kiva 机器人系统（见图 3-22）是一个典型案例，该机器人能够帮助实现货架到人的搬运模式。货架到人的核心思路就是把专门的初道拣选搬运人员取消，机器人直接把货架搬到复核包装人员的边上，由复核打包人员完成拣选、二次分拣、打包复核三项工作，把人员数量压到最低，同时也取消了原来传输线需完成的位移动作。

图 3-22 Kiva 机器人

Kiva 机器人不需要特定的轨道，也不需要磁条，只需要在地面贴一些二维码，就可以在很大的范围内实现自主导航、自动存取货。作为一种“货到人”的存取系统，其柔性化很强，缺点是需要移动整个货架，不够环保。

该机器人的工作原理是：货物存储在可移动的货架上，货架可以与机器人感应和交流。当机器人识别到某个货架货物搬运的指令时，就会移到货架下面，然后像千斤顶一样把货架顶起来，把它搬运到操作人员的身边。

Kiva 机器人主要组成部分有：

导航系统：一个朝上的摄像头读取放在货架下的条形码以识别货架，另一个摄像头被放置在机器人的底部用来查看地板上的条形码。位置信息获取需要结合读取其他导航传感器（例如编码器、加速度传感器和速率陀螺仪）信息。

举重机制：一个巨大的螺旋状物开始旋转用来将货架从地面举起 5cm。与此同时，机器人的轮子会沿着螺旋状物旋转方向的反方向旋转以确保货架的稳固。

电力系统：四个铅酸蓄电池为机器人上的电动机以及其他电子设备提供电源。当电池电量过低，机器人会自动地移动到充电站充电。

碰撞检测系统：如果有人或者物体阻挡了机器人的去路，红外传感器和触摸式保险杠会使机器人停止移动。

驱动系统：两个无刷直流电动机控制独立的橡胶轮子，使机器人能以 1.3m/s

的速率移动。

这些机器人效率非常高，而且不会疲惫，机器人能举起质量达 1 360.777kg（3 000lb）的货物，通过仓库的电脑控制系统指挥机器人完成搬运工作，整个物流过程自动化程度相当高。

（2）仓储码垛机器人　码垛是仓储物流的重要环节之一。传统的码垛设备已经很难满足自动化物流的发展需求。目前，欧、美、日的码垛机器人在码垛市场的占有率超过了 90%，绝大多数码垛作业由码垛机器人完成。码垛机器人包含有直角坐标式机器人、关节式机器人和极坐标式机器人，码垛机器人能适应于纸箱、袋装、罐装、箱体、瓶装等各种形状的包装成品码垛作业。

码垛机器人基本由底座、机械臂和抓手组成。硬件系统有伺服电动机、减速机、导轨及滑块和控制器等等；软件则包含控制系统以及界面操作。

国外对机器人行业开展研究较早，在理论研究与实际应用方面都比较成熟，最具代表性的机器人公司有德国的 KUKA、瑞典的 ABB、日本的安川和 FANUC 等。日本对机器人码垛技术的尝试始于 20 世纪 70 年代，日本 OKURA 公司是码垛机器人行业的先驱，经历近五十年的研究与发展，已经完成多个系列的码垛机器人研究与开发。瑞典的 ABB 公司继日本之后设计与完成了能够完成搬运与码放任务的工业机器人 IRB6。随后，美国、意大利、德国等也都开始涉足码垛机器人技术的研究与开发，并都取得了一定的成果，推动了机器人码垛技术的发展。

目前在码垛机器人市场上，瑞士 ABB、德国 KUKA 等国际工业机器人公司占据着优势份额。国内码垛机器人技术和质量与国际品牌的码垛机器人相比尚有差距。

国际品牌码垛机器人优势在于：①控制系统性能优越，基于 PC 操作，可配备工业 PC 机和 PCI 总线，可实现软件控制，具备人机交互能力，通信功能强；②模块化结构多采用开放式系统架构，采用标准化模块结构组件，可随时替换升级，具有很强的可扩展性。

3.2.5　拣选设备

拣选作为整个仓储运营系统中的重要环节，其设备包含 RF 拣选设备、DPS 电子标签拣选设备、VPS 语音拣选设备、自动拣选设备、货到人拣选设备、高低位拣选叉车、拣选机器人、拣选工位和拣选台车等。

1. 电子标签拣选

以德马泰克（Dematic）的电子标签拣选为例进行介绍，电子标签辅助拣选原理如下：

在货架上，为每一种货物安装一个电子标签，根据订单清单数据，发出出货指示并使货架上的电子标签亮灯。

亮灯显示指引操作员到达指定的货物位置。每个产品位置都有一个单独的数字或字母数字显示器，它配备灯光、确认按钮以及指示数量的数字读出器。其他配置则可采用更少或更简单的显示器，从而降低总体成本。

操作员按照电子标签所显示的数量完成商品拣选作业。在拿取之后，订单拣选员将通过按下按钮确认该过程，则显示器关闭。所有信息将与主物料管理或仓库管理系统进行实时交换。

2. 语音拣选

操作员只需戴上耳机和语音计算机，根据语音提示指导操作，完成拣选任务，同时也通过语音传达反馈。语音终端将与主计算机或者仓库管理系统（WMS）无缝并实时交互。有的公司的语音拣选系统还可以结合条形码扫描仪和屏幕键盘输入。

3.RF 拣选

直接从显示屏上读取订单信息，并在 RF 终端上确认订单，无线数据通过接入口传送至计算机（图 3-23）。

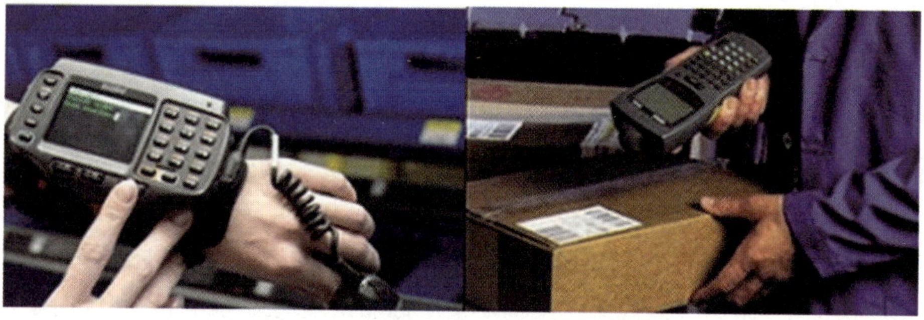

图 3-23　RF 拣选

4. 拣选台车

操作员根据台车上的计算机显示的多订单任务指令和路径顺序依次到相应储位取出货物。台车与射频终端、语音辅助拣选技术等配合能更大提高拣选准确率。

5. 拣选机器人

当前，先进国家部分企业正在尝试研发、生产及推广应用物流拣选机器人。

（1）Fetch 和 Freight 仓储机器人　Fetch 和 Freight 是硅谷机器人公司 Fetch Robotils 的仓储机器人（见图 3-24）。

Fetch 机器人具备自动导航功能，可以在货架间移动，识别产品并将其从货架上取下并运送到叫 Freight 的自动驾车机器人里，而 Freight 作为一个自主的货物运输车，不断将货物运输到指定的区域。机器人可以自主规划路线和充电，从而保证整个仓储系统的无缝运行。

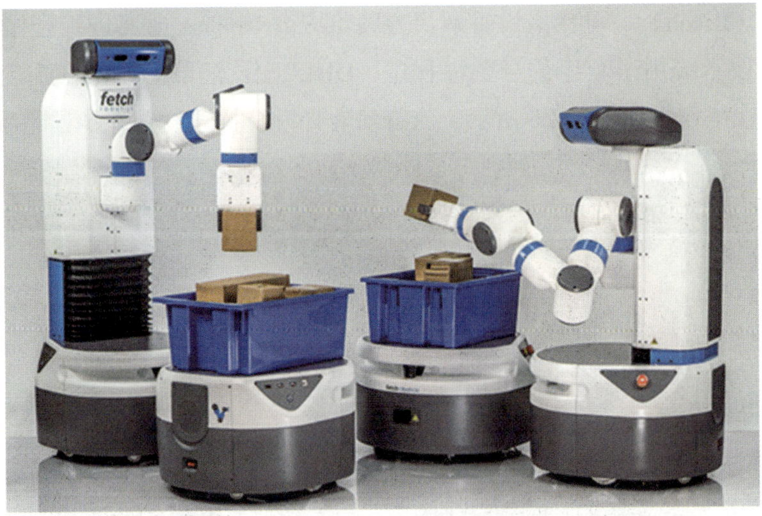

图 3-24 Fetch 和 Freight 仓储机器人

（2）瑞士格 AIP(Auromated Item Pick) 拣选机器人 AIP 机器人由瑞士格（Swisslog）和库卡（Kuka）联手开发，其引入了人与机器人协同作业的概念。机器人与人在同一工位履行订单任务，机器人从事简单的重复性工作，而人完成其他复杂操作，如图 3-25 所示。

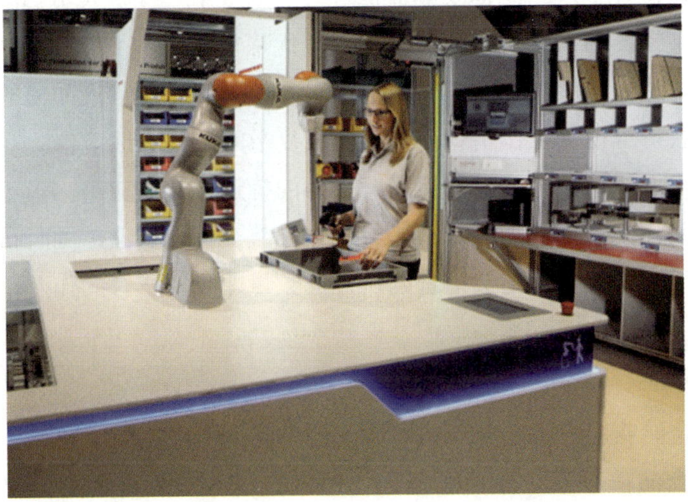

图 3-25 瑞士格 AIP 机器人

当前拣选技术日新月异，从过去的纸质拣货单拣货到手持终端拣货，从RFID技术到语音拣货系统，从货到人拣选系统到机器人拣选等。现阶段国外正在兴起一种新型的增强现实智能眼镜拣选技术。

DHL在荷兰的仓库中完成了智能眼镜与增强现实技术的试点应用。DHL与理光公司（Ricoh）、可穿戴设备解决方案供应商Ubimax公司进行合作，将“视觉分拣”技术应用于仓库的分拣流程中。DHL工作人员可以根据智能眼镜的图像提示进行工作，如图3-26所示。这将显著提升分拣速度并减少出错率。

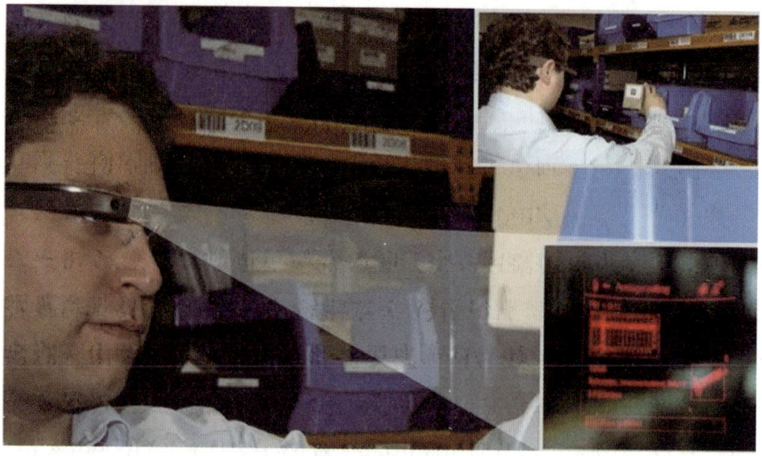

图 3-26 AR增强现实智能眼镜拣选

这种最新视觉拣货技术，通过一种可穿戴式的AR智能眼镜，通过红外装置把信息投影在镜片上，由此彻底解放拣货人员的双手。拣货人员的动作和位置可被实时记录下来，由系统自动计算出一条最优拣货路径，指引其去到相应货位完成指定任务。通过AR智能设备，无论年岁、学历、专业背景如何的员工都可以非常准确地获得可视化工作指令，快速完成复杂的高技术性工作。

这一技术已经开始在仓储物流运营中心的拣选作业中应用。员工佩戴增强现实眼镜，该眼镜具备导航功能，直接将员工导航至拣选货位，同时自动扫描货位与商品条形码，只需要拣选员语音确认拣选数量即可。所有的作业信息全部投影在眼镜上。

3.2.6 信息系统

国外的仓储业历经100多年的发展，信息化技术已相当成熟。

国外的仓储信息系统集成了条码、RFID、GPS/GIS和EDI等成熟技术，立体仓库、条码自动识别系统、自动导向车系统、货物自动跟踪系统等相应仓储物流自动化设施，人、设备与控制系统能够进行有机协作。系统借助激光、红外、自动识别、RFID、手持终端等最新的感知技术感知物品信息，借助于无线通信、PLC、现场总线等信息传输技术收集物品信息，借助数据库、系统管理软件、专家智能系统、云计算技术等现代信息处理技术处理物品信息；借助认址、调速、定位、追踪、控制等技术自动调度和控制物品出入库及搬运等物流作业，实现仓储物流的智能化、自动化。

国外先进的仓储信息系统设计大多都是来源于企业实践，融合了产品设计、采购、生产、销售、设备等信息，将仓储技术与企业运营实际、管理思想结合起来。物资的控制和管理，能够实现实时、协调和一体化；计算机之间、数据采集点之间、机械设备的控制器之间以及它们与主计算机之间的通信，能够实现实时、顺畅和高速。

例如熟知的美国沃尔玛公司的仓储管理系统，充分利用供应链上的信息，供应商能直接进入沃尔玛仓库货架系统了解产品的出入库和在库状况，完成销售预测，做出合适的生产预算安排。又如日本的仓储信息系统采用指标对仓储设备进行优化和控制，完成仓储最优库存的设计，如托盘和集装箱的使用率，对临时停留场所的滞留时间、叉车的工作实效、拣选时间等关键性指标进行控制和优化，以达到降低成本、提高效率目的。

目前先进国家仓储信息系统解决方案的研究方向包含物流云服务、移动方案、界面管理和集成管理、智能跟踪追溯、物流大数据、物流图像处理和虚拟化等。

3.3 国外物流仓储装备产业概况

目前全世界最先进的物流系统技术与装备主要集中在欧洲、美国和日本等地区，其中欧洲企业主导着全球市场。全球有超过 1000 家的物流系统设备厂商活跃在仓储装备的制造领域，但全球具有影响力的物流系统集成商也就近百家。

根据美国现代物料搬运协会发布的 2014—2015 年度全球物流系统集成商 20 强排行榜（表 3-2），日本大福（Daifuku），德国胜斐迩（SSI Schaefer）、德马泰克（Dematic）是世界领头羊，跟随其后还有日本村田 Murata、荷兰范德兰德 Vanderlande、荷兰 Mecalux、瑞士瑞仕格（Swisslog）、奥地利科纳普（KNAPP）、奥地利 TGW 等企业。

表 3-2　2014—2015 年度全球物流系统集成商 20 强

2015 年排名	2014 年排名	公司名称	2015 年全球营业收入（百万美元）	2014 年全球营业收入（百万美元）
1	1	Daifuku	2 726	2 536
2	2	Schaefer	2 595	2 487
3	3	Dematic	2 000	1 600
4	4	Murata	1 250	1 009
5	5	Vanderlander	988	1 051
6	6	Mecalux	952	952
7	7	Beumer	788	902
8	10	Intelligrated	760	627
9	8	Fives	721	721
10	9	Swisslog	688	712
11	11	Knapp	640	620
12	13	TGW Logistics	525	525
13	14	Grenzebach	477	477
14	15	Witron	400	340
15	12	Kardex	378	344
16	19	Bastian solutions	195	168
17	17	System Group	155	174
18	18	Egemin Automation	145	170
19	16	viastore systems	140	130
20	N/A	Dearborn Mid-West	125	125

这些全世界最先进的物流设备集成商（胜斐迩、德马泰克、村田、永恒力等）研发生产了全世界最先进的物流仓储装备，占据了全球相当大比重的市场份额，为世界各地的大型跨国企业的仓储仓库提供了最强有力的技术装备支持。

3.4　先进国家为促进物流仓储装备产业发展采取的支持政策和措施

智能物流仓储装备行业是智能制造业的核心组成部分，智能化和自动化是降低全社会物流费用率的终极解决方案，二者密不可分。制造业的数字化、网络化、智能化发展将变革仓储装备产业结构和物流服务的模式。目前，全球正掀起新一波智能化技术热潮，越来越多国家加入这场热潮，美国推出了“工业互联网”概念、德国提出了“工业 4.0”战略、日本发布了《制造业白皮书》来推进制造智能化的发展。而制造智能化的发展将直接促进物流仓储装备产业的发展。

3.4.1 美国政府推出的政策与激励措施

美国十分重视市场机制在资源配置中的基础性作用，因此并没有对整个物流产业制定专门法律法规和相关物流产业政策，也没有设置统一的物流产业管理机构，对物流产业进行管制。

1. 产业政策

从 2009 年到 2012 年，奥巴马政府先后推出了“购买美国货”“内保就业促进”等倡议活动，同时在宏观层面制定了多项法案、规划，为美国制造业智能化升级提供助力（表 3-3）。美国再工业化的本质是产业升级，高端制造是其战略核心，美国已经正式启动高端制造计划，积极在纳米技术、高端电池、能源材料、生物制造、新一代微电子研发、高端机器人等领域加强攻关，以期保持美国在高端制造领域的研发领先、技术领先和制造领先。另外，由于美国工业用地成本相对较低，而人工成本过高，美国企业有充足的动力研发智能制造技术，以便最大限度地减少对人工的依赖。伴随超高度自动化工厂、3D 打印技术等先进技术的应用，美国智能制造产业得到了极大的发展。

表 3-3 美国制造业智能化升级促进法案与计划

时间	政策名称	政策内容
2010 年	制造业促进法案	法案规模约为 170 亿美元，通过暂时取消或削减美国制造业在进口原材料过程中需付的关税来重振制造业竞争力并恢复在过去 10 年中失去的 560 万个就业岗位
2011 年	先进制造伙伴计划	聚合工业界、高校和联邦政府为可创造高品质制造业工作机会以及提高美国全球竞争力的新兴技术进行投资，这些技术（如信息技术、生物技术、纳米技术）将帮助美国的制造商降低成本、提高品质、加快产品研发速度，从而提供良好的就业机会。该计划利用了目前现有项目和议案，将投资 5 亿多美元推动这项工作。投资将涉及以下关键领域：打造关键国家安全工业的国内制造能力；缩短研制先进材料（用于制造产品）所需的时间；确立美国在下一代机器人技术领域的领导地位；提高生产过程中的能源效率；研发可大幅度缩短产品设计、制造与试验所需时间的新技术

（续）

时间	政策名称	政策内容
2011 年	实现 21 世纪智能制造报告	旨在采用 21 世纪的数字信息技术和自动化技术，加快对 20 世纪的工厂进行现代化改造，以改变传统的制造方式提高经济、效率和竞争力方面的多重效益
2012 年	先进制造业国家战略计划	明确了美国先进制造业促进的三大原则：①完善先进制造业创新政策；②加强“产业公地”建设；③优化政府投资。提出五大目标：①加快中小企业投资；②提高劳动力技能；③建立健全伙伴关系；④调整优化政府投资；⑤加大研发投资力度
2012 年	工业互联网	注重软件、网络和大数据，希望促进物理事业和数字事业的融合，实际上最终是希望做到通信、控制和计算的集合，营造一个 CPS 的环境 (CPS, 即 Cyber-PhysicalSystems，意为信息物理系统，是一个综合计算、网络和物理环境的多维复杂系统，通过 3C(Computing、Communication、Control) 技术的有机融合与深度协作，实现大型工程系统的实时感知、动态控制和信息服务） 工业互联网由大企业主导和推广，政府负责营造环境，主要措施有：主导建立通用架构；支持建立测试床；积极推广成功案例。典型应用有：风电行业应用；无线互联工厂解决方案
2012—2013 年	美国制造业创新网络计划	建立最多 45 个研究中心，加强高等院校和制造企业之间的产学研有机结合专注研究。投资 10 亿美元组建美国制造业创新网络 （NNMI）， 集中力量推动数字化制造、新能源以及新材料应用等先进制造业的创新发展，打造一批具有先进制造业能力的创新集群

2. 激励措施

美国是国际智能制造思想的发源地之一，美国政府高度重视智能制造的发展，并把它作为 21 世纪占领世界制造技术领先地位的基石。从 20 世纪 90 年代开始，美国国家科学基金 (NSF) 就重点资助有关智能制造的多项研究，项目覆盖了智能制造的绝大部分，包括基于多智能体（multi-agent）的智能协作求解、智能并行设计、物流传输的智能自动化、制造过程中的智能决策等。2005 年，美国国家标准与技术研究所 (NIST) 提出了“聪明加工系统 (smart machining system，SMS)”研究计划。

2012 年，美国“创客运动”凭借准入门槛低、创新快、创新精神强烈的优势蓬勃兴起，推动了互联网和制造业的融合。鉴于“创客运动”的巨大影响，自2012年奥巴马政府上台开始，开展了一个新项目，将在未来4年内将“创客空间”引入美国1 000所学校，配备激光切割机和3D打印机等数字制造工具。2014年6月至2015年，白宫主导了一系列的“创客活动”。

3.4.2　德国政府推出的政策与激励措施

1. 产业政策

德国对制造产业的智能化极为重视，早在20世纪90年代初期，德国政府面对制造业竞争实力下滑的窘境，制定了名为“生产2000”的产业计划，以帮助德国制造业智能化的发展。德国政府力求通过这一计划达到德国制造业产业发展的多重目的，其中包括增强德国制造业研究水平；确保并提高德国制造业在国际市场竞争中的地位；提高德国制造业企业对市场的适应能力；通过新兴的信息及通信技术促进德国制造业的现代化；采用充分考虑人的需求和能力的生产方式；促进环境友好型制造业发展，大力推动清洁制造，改善制造业对环境的影响；帮助提升中小企业竞争实力。为了推动这一产业计划的进行，德国政府特别加大了某些对产业升级影响深远的研究领域的投资，比如缩短产品开发和产品制造的周期，以便对新的市场需求做出快速响应；开发可重复利用的材料和可重复利用的产品；开发能进行“清洁制造”的制造过程；开发加速产品制造过程和减少运输费用的技术及系统；开发面向制造的信息技术及面向制造的高效、可控的系统；研究可提高对市场变化响应速度的开放的、具有学习能力的生产组织结构等见表3-4。

表3-4　德国制造业智能化升级促进法案与计划

时间	政策名称	政策内容
2010年	思想·创新·增长—德国2020高技术战略	旨在发展气候/能源、健康/营养、交通、安全和通信等5大领域的关键技术
2011年	技术运动	旨在突破能源、生物、纳米、光学、微电子和纳米电子学、信息通信及空间飞行等关键技术
2012年	2020—创新伙伴计划	计划在2013—2019年，德国政府投入5亿欧元，通过支持东西部研发创新合作，推动德国东部地区科研能力特别是企业技术创新能力的提升，促进东部地区产业结构与产品转型升级，创造更多面向未来的就业岗位
2013年	研究基础设施路线图	计划在10年内，联邦政府提供1 500万美元的公共资金以支持研究基础设施的建立和运作

（续）

时间	政策名称	政策内容
2013 年	“工业 4.0”战略	以智能制造为主导的第四次工业革命。该战略旨在通过充分利用信息物理融合系统，推动德国制造业向智能化转型。建设一个网络：信息物理系统网络；研究两大主题：智能工厂和智能生产；实现三项集成：横向集成、纵向集成与端对端的集成；实施八项保障计划

“工业 4.0”概念诞生于 2005 年德国人工智能研究中心开发的 Smartfactory 成立之际，其最终目的是在工业生产过程中实现人工智能技术以及网络技术的广泛应用。2011 年德国政府将上述目的定位为一项高科技技术战略，并取名为“工业 4.0”。在 2014 年 4 月的汉诺威工业博览会上，“工业 4.0”成为大会的主题。德国“工业 4.0”战略的核心内容可概括为：建设一个网络、研究两大主题、实现三项集成。

2. 激励措施

（1）增加研发投入，鼓励企业创新　德国政府主要通过创造创新友好型环境、支持以市场为取向的研发行为两方面措施来鼓励企业创新。

“工业联合研究”项目将具有研发兴趣的工业企业与研究机构集合到一起，项目资金无需偿还。

“中小企业中央创新计划”对单个企业的研发项目及中小企业与研发机构之间的交流合作进行资助，项目资金从 2010 年的 3.13 亿欧元提高到 2013 年的 5.13 亿欧元。

“工业 4.0”项目对某些技术方案进行资助。在这些方案中，智能自动化系统可以通过网络进行内部连接或者与用户进行互动。

此外，德国政府一直重视对中小企业知识产权的保护。2012 年，德国企业在欧洲专利局申请专利多达 34 000 项，占欧洲申请专利数量的 36%。

（2）多种融资手段，保障企业发展　德国政府在企业借贷方面也投入了不少精力。德国政府通过欧洲复兴计划的专用基金和政府专属的德国复兴信贷银行，对中小企业融资提供支持。

2012 年，德国复兴信贷银行总的贷款额度在 78 亿欧元左右，受益的企业中有 1/4 约为工业企业。

“改善区域经济结构”基金作为德国区域经济政策的主要工具，主要资助对象为工业企业。2012 年，该项资金的投资创造了将近 2 万个工作岗位，稳定了 6.4 万个工作岗位。从 2014 年开始，投资补贴取消，“改善区域经济结构”基金将变得越来越重要。

为帮助创新型企业解决资金不足问题，德国政府成立了高新技术启动基金与 ERP 启动基金。2012 年，德国经济部联合欧洲投资基金共同推出了欧洲天使基金，为创新型中小企业提供融资，融资额度在 25 万～ 500 万欧元之间。

（3）针对能源成本上升，为制造企业减负　2000 年到 2010 年，德国工业的能源成本从 211 亿欧元提高到 354 亿欧元，能源成本在国民生产总值的比重从 1.6% 提高到 2.1%。而德国的工业用电价格高出欧盟国家平均水平的 15%，甚至比法国、荷兰高出 40%。这给德国工业带来挑战。德国工业也在环境保护方面投入了巨资，2010 年德国制造业在环保方面投入了大约 240 亿欧元。

针对用电问题，2012 年，德国联邦电网管理局出台《电网发展计划》，拟大规模扩建电网；针对制造业等能源密集型产业，规定中小型的能源密集型企业也可以享受《可再生能源法》的特殊补偿规定；另外，德国政府想方设法为制造业减负，以保证他们的国际竞争力。

2012 年，大约有 1.1 万家企业受益于能源税收减负政策，约有 2.3 万家企业受益于电力税收减负政策。2013 年年初，德国政府针对工业制造业的能源密集型企业又出台了新的优惠政策。如果企业引进能源管理系统与环境管理系统来提高能源利用效率，在缴纳能源税与电力税之后，政府将退回其缴纳的部分税收。

另外，德国政府还出台了复兴信贷银行能源效率计划，为制造业企业提供能效措施方面的低息贷款支持。

（4）发展循环经济，降低原材料进口依赖度　德国制造业对于进口有很强的依赖。2011 年，德国有 81.5% 的原材料都是来自国外，总值约为 1 690 亿欧元，其余来源于国内生产（12.5%）和再利用（6%）。

为保证原材料供应，德国政府一直积极寻求与其他国家进行原材料方面的合作。2011 年 10 月，德国与蒙古国签署了有关原材料、工业、技术合作的首个政府协议；2012 年 2 月，与哈萨克斯坦签署协议；2013 年 1 月，与智利签署关于采矿与矿产资源合作的两个声明。

此外，德国注重原材料的回收利用。以铜等原材料为例，德国的回收利用率为 55%，居全球最高；纸、铝、铁生产过程产生的二次原料，也得到了有效的利用。德国政府支持将循环经济纳入到竞争的大环境中，并在废物回收这一环节充分权衡政府和企业的利益。

（5）注重人才培训和引进，填补人才缺口　德国政府非常注重劳动力缺口的填补和高素质劳动力的培训。据德国联邦劳工局统计，到2025年，德国可支配劳动力将比2010年减少600万人，特别是机械和汽车制造、技术研发、机电一体化等领域，45%的中小型企业补充空缺职位时面临困难。另外，机械设备制造业等工业领域对专业人才素质的要求逐步提高，这也导致专业劳动力出现结构性变化。

首先，注重人才培训。德国非常注重对年轻人的职业教育培训。从培训的行业来讲，制造业在所有的行业分支中占比最高，约为35.3%。政府鼓励年轻人在高等教育中选择工程师职业。例如，在有些研究机构建立学生实验室，借此提高年轻人对技术领域的兴趣。

其次，借助专业人才方案，鼓励专业人才发展。2011年夏季，德国联邦政府出台了专业人才方案，该方案更好地兼顾了工作与家庭，为公民提供接受教育的机会，通过培训提高专业水平，并利用人才迁移政策引进专业人才。2012年6月，启动了专业人才门户网站，旨在鼓励、吸引国际化的专业人才。

（6）完善手段机制，为制造业出口创造环境　德国政府意识到自由化的全球贸易是其制造业打开国际市场的前提，大力倡导市场开放与贸易自由化，在WTO框架下减少贸易壁垒，积极推动多哈谈判取得成效，并支持欧盟与第三国订立自由贸易协定。另外，不断完善手段和机制，在降低风险的同时开拓新的市场。例如，扩大德国海外商会的覆盖面，鼓励德国外贸与投资署对国外市场进行调研与分析。

德国政府为制造业等工业企业提供出口信用担保，以国家承担出口风险的方式，鼓励扩大商品出口和争夺海外市场。2012年，德国政府为出口业务提供的担保金额达290亿欧元，其中在新兴国家和发展中国家的进口业务占到87%。为支持企业“走出去”开拓国际市场，德国政府建立了一整套对外直接投资担保体系，已与130多个发展中国家签订了投资促进与保护协议。从产业来看，2012年德国政府的投资担保大约有一半用在工业和能源产业。

出口审批方面，德国政府注重加速、简化出口管制的审批程序。联邦经济与出口管制局开发了电子交流渠道，企业用户可以通过电子方式提交申请，并随时追踪处理状态。据悉，德国议会将对对外贸易法进行简化，出口导向型的德国企业将从中受益。

3.4.3 日本政府推出的政策与激励措施

1. 产业政策

二次世界大战后，日本工业依靠承接西方低端制造业转移而迅速实现了原始资本积累，随着劳动力成本的快速上升，日本工业智能化升级的进程也随之启动。以机器人产业为例，日本机器人行业经历了四个发展阶段：20 世纪 60 年代，日本进入工业智能化升级阶段，工业机器人产业开始发展；70 年代，机器人在日本工业领域的应用逐渐深入；80 年代，日本工业机器人在工业领域得到大面积普及，根据日本机器人协会的统计数据，1970 年日本工业机器人产量为 1 350 台，到了 1980 年其产量猛增到 19 843 台，年复合增长率达到 30.8%；从 90 年代开始，日本机器人领域的发展逐渐趋于稳定，目前日本的工业机器人保有量稳居世界第一，其保有量约为 31 万台，约占全球机器人保有量总数的 1/3，为世界上最大的工业机器人消费和应用国，同时也是最大的生产和出口国。在日本工业机器人工业发展的过程中，政府连续从市场培育、融资环境、技术研发不同方向制定相关支持政策，对行业发展起到巨大的推动作用。

近年来，日本政府看到了中国工业机器人发展的大趋势，也感受到了美国政府和法国等欧洲国家政府大力发展工业机器人的战略和决心。为了巩固日本机器人大国的地位，2014 年的白皮书突出强调了机器人的作用。2015 年 1 月 23 日，日本政府又推出了《机器人新战略》，主要有三大核心目标：成为世界机器人创新基地，成为世界第一的机器人应用国家，引领世界机器人产业发展新时代。日本制造业智能化升级促进法案与计划见表 3-5。

表 3-5 日本制造业智能化升级促进法案与计划

时间	政策名称	政策内容
2009—2010 年	日本制造业竞争策略 日本制造业	制造业竞争力提升主要采取五大举措：在新兴国家市场实施品牌发展战略；通过相应的财政支持，为制造业发展提供资金保障；通过国企和私企合作，改善社会基础设施；改善日本公司间的过度竞争，提高利润率；积极培育和发展新兴产业，积极研发前瞻性产业
2011 年	2011 年版制造业白皮书	政府通过优惠政策激励，鼓励前端制造产业回归日本
2012 年	2012 年版制造业白皮书	主要集中在产品设计的模块化、从制造工程外获取附加值等议题上

（续）

时间	政策名称	政策内容
2013 年	2013 年版制造业白皮书	通过区域全面经济伙伴关系如 TPP 和 RECP 等 FTA 经济伙伴关系提高日本制造业竞争力，维护、加强技术设备和商业模式转型
2014 年	2014 年版制造业白皮书	加强国内生产能力及出口能力，建设有助于海外市场发展获利的基础设施，增加制造业海外营收，促使收益回流日本国内的经济循环体中。未来发展方向为 3D 打印技术、新一代环保车、再生医疗健康、工业机器人这些高附加值的新兴产业
2015 年	2015 年版制造业白皮书	强调大数据、物联网、软件技术的重要性。分析日本制造业的现状和存在的问题，并提出了“重振制造业”的战略目标。推出的“重振制造业”措施包括：①大量培养制造业所需人才。②在企业向海外转移生产的同时，确保“母体机能”留存在日本国内。“母体机能”是指日本独特的经营方式、技术开发机制和人才培训体制等。③追赶国际信息技术向制造业渗透的潮流，使日本制造业的信息化程度从目前的 30% 提高到 50% 以上，加快制造业的升级换代。④推动制造业中不同行业的融合。日本政府计划召开“不同行业交流合作会议”，邀请专家学者和制造业领军人物参加，共同探讨不同制造业行业相互融合渗透的可能性，通过行业融合，产生新的产业和市场

2. 激励措施

（1）加大对中小企业技术创新的资金支持　日本政府高度重视科技创新，在财政方面直接增加财政的科技投入比例、税收优惠和研究开发补贴。20 世纪 80 年代以来，日本坚持“科技立国”战略，科技投入占国内生产总值的比重远高于美、英、法、德等国家。日本政府一方面对研发创新企业给予补贴，另一方面让企业承担一定的技术开发项目。1985 年日本政府分别制定了《促进基础技术开发税制》和《关于加强中小企业技术基础的税制》，是给予创新型中小企业低息贷款的优惠政策，成立专门的国家政策性金融机构支持中小企业。日本政府建立的政策性中小企业金融机构，主要有：国民金融公库、中小企业金融公库、商工组合中央金库。鼓励民间金融机构向中小企业开放融资渠道，由政府、地方公共团体和民间企业共同出资成立中小企业投资育成公司，建立完善的中小企业信用担保体系。

（2）日本政府为培育中坚人才所实施的支援与促进措施

1）日本政府及地方政府按照《职业能力开发促进法》的相关要求，致力于劳动者职业能力的提高并为劳动者的职业训练提供必要的资助。

2）为劳动者的“职业规划”提供各种支持。

3）提高民间职业教育培训机构的职业训练服务水平。

4）加大对新兴产业领域人才培育的支持力度，扩大公共职业训练的范围。

5）制订职业能力评价制度，完善评价体系。

3.5 先进国家物流仓储装备产业发展的经验与借鉴

3.5.1 先进国家物流仓储装备产业发展的经验

从企业层面来看，先进国家企业装备制造与研发能力强，产品标准化程度高、信息化与智能化程度高、设备集成化技术水平高。

从行业层面来看，先进国家的物流仓储装备行业发展起步都很早，十分重视新技术新设备的研究开发学习，技术先进，有完整的产品规范和行业标准、服务体系，有专业人才培养体系，创新能力强。

从国家层面来看，先进国家的物流战略会依据社会环境的变化不断调整，并积极为物流仓储相关领域的发展提供政策与经费支持。高技术含量的产品与服务、利于培育市场和提升产业能力的公共政策法规以及相关金融服务成为促进先进国家物流仓储装备产业转型升级、良性发展最重要的三个环节。

从技术发展层面来看，物流仓储装备产业的未来趋势是柔性制造与互联制造。仓储装备制造业的概念和附加值正在不断从硬件向软件、服务、解决方案等无形资产转移。相对于传统制造业，如今的制造是软件带给硬件功能、控制硬件，对硬件造成极大影响。

3.5.2 对我国物流仓储装备产业发展的借鉴

美德日等先进国家仓储装备产业发展的诸多经验与实践为我国仓储装备产业转型升级提供了有益的借鉴。

1. 企业需提升智能仓储装备自主研发能力及解决产业配套问题

企业自身需要不断提升技术水平，降低国外厂商对自身的影响，逐步替代进口。政府需加强对仓储装备产业链关键环节的政策激励与引导，扩大行业协会的影响力，行业协会作为桥梁要积极推进企业之间的合作与交流，建立资源共享合作平台。

2. 良好的产业环境能够促进物流仓储装备产业的发展

需要政府按照物流仓储装备产业发展和创新的要求，破除原有体制的障碍，加快创新体制机制，为物流产业实现创新发展释放活力。

政府需在科学技术的创新引导方面持续发挥作用，制定更多有利于技术创新的产业政策与法规，为中国智能制造产业培育一个有利于技术创新发展的产业环境。

3. 中小企业的发展需要给予更多关注

在智能物流仓储装备产业的升级过程中，相比大型企业，中小企业无疑面临更多的挑战，需要政府给予更多引导与扶持。中小企业融资难问题，需要政府、金融机构协助拓宽融资渠道，降低企业融资成本。

4. 高素质人才短板将制约行业发展

随着制造业转型升级，高素质人才的重要性将进一步凸显。目前我国智能装备制造行业高端人才及复合型人才缺口较大。智能制造业是非常有系统性的产业，还需要卓有眼光的领军人才和高水平的技术开发、市场运营、社会融资等领域的人才参与行业发展。

5. 工业机器人的发展已经成为仓储装备产业升级的关键路径之一

伴随仓储行业智能化自动化发展趋势，物流成为工业机器人继汽车工业以后的又一重要应用领域。目前分拣、拆码垛、搬运、配送等物流机器人在国内外逐渐被研发和应用，替代传统物流作业，可以预见未来将占据物流仓储装备产业极大的市场份额。

参考文献

[1] 房殿军．学习发达国家经验，推进中国物流装备产业快速发展 [J]. 物流技术与应用，2014，19(1):48-49.

[2] 孙玉凤，孙福田，邢嘉禄，等。现代物流仓储业的发展趋势及其优化策略研究 [J]. 中国市场 ,2010(10):20-21.

[3] 王继祥．中国物流装备业发展历程与发展规律 [J]. 现代制造 ,2012:14-15.

[4] 冯影环．国内外物流技术装备发展情况对比 [J]. 物流技术 ,2015,34(9):72-74.

[5] 甘仲平．自动化物流装备技术发展现状与趋势 [J]. 物流技术与应用，

2012(10):91-94.

[6] 德马科技有限公司现代物流技术研究院 . 编制智慧高校物联网 [J]. 今日科技，2014(8):37.

[7] 界上投资 . 智能物流装备行业报告：后周期的智能物流系统进入成长周期 [EB/OL].http://mt.sohu.com/20160930/n469489417.shtml.

[8] 吴菁凡 . 对 2015 年全球物流系统集成商 20 强榜单的分析 [J]. 物流技术与应用 ,2016,21(6):166-169.

[9] 智研咨询 .2013 年中国物流系统集成行业总体竞争情况 [EB/OL].http://www.ibaogao.com/qingzheng/010G362a2014.html.

[10] 熊哲颖 . 智能物流崛起，看好智能物流系统集成商发展前景 [OL].http://www.soft808.com/News/2016-2-18/D37FDKIF485100E3726.html.

[11] 胡贵彦 .2013 年度日本物流装备产销量统计 [J]. 物流技术与应用 ,2015,20(2):94-102.

[12] 易流科技 .2013-2014 年物流装备行业回顾与展望 [EB/OL].http://mp.weixin.qq.com/s?__biz=MjM5ODMzOTYyMw==&mid=200033370&idx=2&sn=fd-4612cdd7ef197155d18a9f3ef293dd.

[13] 中国产业信息网 .2016 年智能物流是智能制造关键环节，中国物流装备行业提升空间巨大 [EB/OL]. http://www.chyxx.com/industry/201601/383303.html.

[14] 中国安防展览网 . 智能物流仓储逐渐步入飞速发展阶段 [EB/OL].http://www.afzhan.com/news/detail/43843.html.

[15] 德勤 . 中国物流产业投资促进报告 2014-2015[EB/OL].https://www2.deloitte.com/cn/zh/pages/public-sector/articles/investment-promotion-report-of-china-logistics-industry-2014-2015.html.

[16] 豆丁网 . 物流仓储设备标准体系表 [EB/OL].http://www.docin.com/p-397206635.html.

[17] 郭淑萍，张敖 . 国内外物流行业标准比对研究 [C]. 第 12 届中国标准化论坛论文集 ,2015:956-959.

[18] 王锋 . 我国物流仓储设备标准化工作的实践与发展 [J]. 物流技术 ,2013（20）:26-28.

[19] 鲁晓春 . 现代物流基础设施与设备 [M]. 北京：中国物资出版社，2005.

[20] 国金证券研究所．高端装备系列报告（四）－智能物流专题．行业深度研究，[R]. 北京 2016.

[21] 陈晓春．大数据让物流运作更美 [J]. 中国物流与采购,2014,（22）：55

[22] 刘明．拣选技术与拣选方式的比较分析 [J]. 物流技术与应用，2016，21（6）：116-121.

第 4 章

物流仓储装备产业国内外对比分析

众所周知，从 20 世纪 40 年代后期开始，先进国家就已重视物流仓储装备产业的发展，到目前已基本形成了具有相当高技术水平的产业体系，而我国该产业发展相对较晚，整体上处于落后位置。当前，全球市场经济充分开放已大势所趋，我国物流仓储装备产业的发展已处在不进则退的关键时刻，企业和政府急迫需要掌握我国物流仓储装备产业在发展理念和技术等方面存在的问题和差距并科学规划，尽快完成转型升级。本章从物流仓储装备产业技术水平、产品结构与产业发展、产业标准和规范、政府与民间在产业发挥作用等 4 个典型角度，分析和比较国内外该产业发展实际情况，找出国内该产业发展与国外同行之间的差距，提出赶超空间和努力方向。

4.1 产业技术水平比较

4.1.1 产业发展阶段比较

现代物流行业已成为最重要经济领域之一，一个国家的物流装备技术水平的高低往往能反映出该国经济的发展程度。从传统商业模式到以全球电子商务和第三方物流为基础的新经济模式发展，需要不断提高物流仓储运作能力，为此，物流仓储装备企业不断探索研发和生产物流仓储装备产品来满足这种需求。

目前，全世界最先进的物流仓储装备生产企业主要集中在欧洲、美国和日本等先进国家或地区，而且发展历史悠久。以欧洲物流仓储装备行业发展历程为例[1, 2]：1917 年叉车研发出世，在经过 50 年的市场应用和技术改进后，目前该装备已得到了广泛应用；在随后的 20 世纪 50 年代，托盘系统面世，并在欧洲得到了推广；60 年代，结合计算机技术，相继研制和生产了自动导引小车 (AGV)、自动货架、自动存取机器人、自动识别和自动分拣等系统；70 年代，旋转体货架、移动式货架和巷道式堆垛机等开始使用；80 年代，分拣设备和条形码得到普遍使用，数据传输技术和分拣技术也得到了很好的发展；90 年代分拣机器人面世；2000 年后，物联网技术在仓储装备中得到发展，不断推出数字化仓储装备；2010 年后至今，在工业 4.0 和大数据的背景下，智能物流装备成为主流，欧洲在物流仓储装备这一领域已经形成较为完善的体系和较高的制造技术。从上述发展历程可以看出，欧洲物流仓储装备已经经历了传统物流仓储装备时代和自动化物流仓储装备时代，正在走向智能化物流仓储装备时代。

与以上先进国家或地区物流仓储装备产业的发展历程相比，该产业在我国发展起步较晚：1958 年第一台叉车下线，物流仓储装备产业开始了从无到有的艰难起步过程，进入产业雏形时期 [3]，这时的中国工业基础基本一片空白，大部分仓储装备都要从国外引入，国内物流仓储活动主要以人力为主、机械为辅助，如传统叉车、货架和托盘等；直到 20 世纪 70 年代初，才开始研究采用巷道式堆垛机的立体仓库；1980 年，由北京起重运输机械研究所等单位研制建成的我国第一座自动化立体仓库在北京汽车制造厂投产[2]；1995 年至 2002 年，改革开放促使我国经济快速发展，物流装备的市场需求与行业规模迅速扩大，技术全面提升，分拣系统、自动化立体仓库等广泛应用于物流仓储中；进入 21 世纪，我国物流自动化仓储装备业发展迅速，具备为客户提供成套化、系统化、自动化服务，物流仓储系统集成商逐渐在竞争中脱颖而出，成为行业领跑者，逐步成功参与全球市场的竞争中[3]。正如欧美等先进国家逐步跨入智能物流仓储装备时代一样，在“中国制造 2025”的背景下，智能化也被确定为我国物流仓储装备未来的发展方向，目前已有一些物流仓储装备企业开始往智能化发展。欧洲与中国在物流仓储装备发展阶段比较见表 4-1。

表 4-1　欧洲与中国物流仓储装备发展阶段比较

阶段特点	阶段一 传统物流仓储时代		阶段二 自动化物流仓储时代		阶段三 智能化物流仓储时代	
	欧洲	中国	欧洲	中国	欧洲	中国
时间	1917—1959 年	1958—1980 年	1960—2010 年	1980—2014 年	2011 年及以后	2015 年及以后
代表设备	托盘 + 叉车 + 输送机		AGV+ 自动立体仓库		智能化物流仓储信息系统	
优点	运输便捷、强调物体位移		高效、省人力		效率更高，可以反哺生产	
缺点	效率较低，人力成本大		投入成本大		对使用和维护要求高	

从表中可以看出，中国物流仓储装备发展水平明显落后于欧洲。中国物流协会指出，2013 年中国仓储自动化程度仅为 20% 左右，而先进国家仓储自动化的普及率高达 80% 左右，国内外物流仓储装备产业发展水平差距悬殊。但令人振奋的是，我国的物流仓储装备产业虽然起步晚于欧美日等先进国家，但追赶速度相对较快，物流仓储装备智能化在国内与国外起步时间差异相对前两个阶段明显缩小，预示着发展智能物流仓储装备将成为我国物流仓储装备产业发展的新起点，只要给予足够重视和支持，我国在该产业上有机会达到甚至超过国际先进水平。

4.1.2 物流技术研发能力比较

欧洲、美国和日本等先进国家拥有高水平的物流技术，不仅是依靠产业发展起步早的优势，更多的是国家及其企业重视研发创新、重视物流技术研发投入的结果。数据显示，2002 年后国内物流装备市场年增长速度超过 30%，自动化物流装备制造业的技术不断完善，但在高端产品研发生产和创新性集成应用等方面还不能满足市场需求。从装备产品、企业、研发及合作机构等多个维度来看，我国物流仓储装备产业的研发能力与先进国家同行还有较大差距。

文献 [1，5] 总结了先进国家与我国物流仓储装备产品技术的研发情况，如表 4-2 所示，我国与先进国家在关键物流仓储装备技术上差异明显。对于已非常成熟的托盘，德国在其上加装感知与智能控制单元，实现物流单元化产品的智能化，而我国目前还主要停留在传统的托盘使用上；由于我国叉车需求仍然非常大，所以企业创新动力不足，目前低端市场竞争非常激烈；在立体货架方面，先进国家已形成比较稳定的产品，而我国还在追赶。相对来说，目前技术上与先进国家较为接近的是自动引导车技术，目前已完成从进口吸收到自主创新的发展历程，已进入自主开发和掌握核心技术阶段。但在核心的导引技术上，比利时的激光测角与测距相结合导引技术、美国基于陀螺仪的惯性导航技术等都已进入商品化和应用阶段，而我国经过多年研究的基于算法识别的视觉导引技术仍未进入商品化和产业化阶段。自动仓储系统中的关键设备——穿梭车，国外已在 2006 年成功研制多层穿梭车，从 2015 年和 2016 年近两年的上海 CeMAT 物流展上看，不少国内企业也已掌握了该技术，并开始在市场推广。堆垛机和输送分拣设备技术也是自动化仓储系统的核心装备，目前市场上主流产品也已实现国产化；在超高、超重和高速等相关技术方面，日本采用了缩短加减速时间的高加减速技术，使新型的轻型巷道堆垛机行走速度达到 500m/min；日本还出现了高度为 50m、重量为 3 000kg、最大行走速度 200m/min、升降速度 200m/min、叉垛速度 60m/min 的采用伺服驱动的堆垛机，这些堆垛机技术令人瞩目，而我国在这些方面也还是处于追赶阶段。

表 4-2 先进国家与我国物流仓储装备产品技术的研发情况

仓储物流装备技术	先进国家基本情况	我国基本情况
托盘	德国物流研究院自主研发了 inBin 智能周转箱技术	主要是木质或塑料托盘
叉车	将信息技术和大数据技术应用在叉车上，向绿色和智能化方向发展	同质化和低端化严重
立体货架	已发展了 50 多年，有适应性、精度、强度、稳定性优势	在精度、强度和信息技术对接方面仍存在一些问题
穿梭车	2006 年多层穿梭车技术研发成功	近两年穿梭车面世
自动导引车（AGV）	向激光导引、惯性导航等无线可柔性化的方向发展	经历引进吸收到自主创新的发展历程
堆垛机	超高、超重、高速等方向	在高端产品和技术方面处于跟随和学习地位
输送分拣设备	功能多元化，长距离、大运量、高速为主要发展方向，完整的产品规范和行业标准	技术水平要求不高的输送设备形成了规模化生产，但分拣设备技术水平与国外差距大

从企业维度上，表 4-3 选择了国内外从事物流仓储装备制造与集成方案服务的重点企业进行对比分析，其中我国企业有：北京起重运输机械设计研究院（以下简称北起院），具有客运索道、自动化物流仓储、起重机械、物料输送四大工程业务板块，是我国起重运输机械行业综合技术实力最强的企业之一；昆明昆船物流信息产业有限公司（以下简称昆船），公司经营范围包括仓储物流、商业配送及电子商务物流自动化设备和系统的开发等，是国内自动化物流系统规划设计和系统集成的领跑者之一；北京机械工业自动化研究所（以下简称北自所），致力于工业机器人及其应用，现代物流与仓储自动化系统与设备，汽车发动机装配线、喷涂线，工业自动化生产线监控系统，机电一体化专用自动生产设备，企业管理信息化及企业管理咨询等业务，现已成为以发展制造业综合自动化和信息化技术为目标的多专业综合性高新技术企业，为客户提供由开发、设计、制造、安装到服务的整体解决方案；沈阳新松机器人自动化股份有限公司（以下简称新松机器人），隶属中国科学院，是一家以机器人技术为核心，致力于数字化智能制造装备的高科技上市企业，是机器人产品线最全的厂商，2015 年市值已经位居全球同行业第三；南京音飞储存设备(集团)股份有限公司(以下简称音飞储存)，专业从事仓储设备及自动化物流系统的设计、制造、安装、调试及物流仓储运营服务，是国内较大的仓储设备供应商之一；山西东杰智能物流装备股份有限公司

（以下简称东杰智能）是专业供应智能物流输送系统、智能物流仓储系统、机械式立体停车系统、AGV 工业机器人、供应链软件等业务的高科技公司，是国内最大的智能物流装备制造商和集成商；上海精星仓储设备工程有限公司（以下简称上海精星）是亚洲最大的货架生产商；浙江德马科技集团股份有限公司（以下简称浙江德马），主要从事物流自动化输送分拣核心零部件产品和输送分拣关键设备及其产品解决方案的设计、制造和销售，目前已成为国内最大的物流自动化输送分拣产品解决方案提供商。国外的企业中：德马泰克是世界知名的自动化物流系统集成商；大福株式会社是日本最大的物流系统综合厂家；范德兰德工业控股有限公司专业从事研发、制造和集成包括行李系统在内的物流处理系统，被公认为世界一流的设备供应商和系统集成商。

表 4-3　国内外物流仓储装备重点企业研发团队和研发成果情况

企业名称	研发团队	研发成果
北起院	研发中心、物流仓储工程事业部	30 余项专利、9 项软件著作权，负责起草国家标准 2 项；负责起草、制定 7 项行业标准；参与制修订 5 项行标
昆船	昆船技术中心	公司创新成果获国家科技进步奖一等奖 1 项、二等奖 4 项、三等奖 1 项，国家高新技术产业化示范工程 1 项，省部级科技进步奖 134 项，累计获授权专利 711 项（其中发明专利 110 项）、软件著作权 43 项、作品著作权 1 项
北自所	北京机械工业自动化研究所物流中心	16 项专利、11 项软件著作权，主导参与 1 项国家标准制定
新松机器人	沈阳新松机器人自动化股份有限公司智能物流事业部	38 项专利，5 项软件著作权，3 个软件产品登记证书主导参与 3 项国家标准、3 项行业标准制定
音飞储存	江苏省自动化仓储物流装备工程技术研究中心 南京市现代仓储设备工程技术中心	41 项专利、14 项软件著作权，主导参与 6 项国家标准、13 项行业标准制定，出版 3 本行业用书
东杰智能	山西省经贸委认定的省级企业技术中心	78 项专利，其中包括 4 项发明、72 项实用新型、2 项外观设计和 11 项软件著作权

（续）

企业名称	研发团队	研发成果
上海精星	上海仓储物流设备工程技术研究中心 松江企业技术中心	专利49余项，其中已授权专利36项，正在申请发明专利13项；参与我国仓储货架等设备多项国家和行业标准的制定
德马科技	德马现代物流技术研究院	授权专利数205项，其中发明专利11项、实用新型专利119项、外观、设计专利68项，软件著作权7项
德马泰克	11个全球研发中心，超过3 000名从事软件开发、研发、工程设计、项目管理和客户服务的工程师	1 400多项专利，自动化高架库欧洲行业标准及规范的制定者
日本大福	在研发方面，大福的投入是巨大的，研发费用约占公司销售额的5%，研发人员占员工总数的30%以上。	该会社成立以来成功研发了日本国内或世界首创产品和技术
范德兰德	拥有9 000平方米的设计和工程设计办公区域和近6 000平方米的高科技研发中心，200研发人员	该会社成立以来成功研发了德国国内或世界首创产品和技术

以上这些国内外企业的装备产品，几乎涉及输送、码垛、拣选、分拣、搬运和仓储等各个物流活动环节，同时也提供集成方案。这些企业都建立了自己的研发团队，且取得了骄人成果。如，东杰智能公司在2000年左右，多款输送机产品技术获得国家和山西省各类奖项；音飞储存在2015年左右成功研发多层穿梭车二代系统，德马科技是中国物流装备业十大知名品牌、国家重点高新技术企业，被《福布斯》杂志评为中国最具成长性企业之一。但国内这些重点企业的研发队伍规模和取得的创新成就与国外企业的差距还是比较明显的，如德马泰克公司在20世纪二三十年代早已开发了史上第一套移动式带式输送机、第一台悬挂式输送机等产品；日本大福株式会社早在1957年就为丰田汽车车身公司提供了第一台链式输送机。

经过我国物流仓储装备60年的发展，国内外产品种类日益接近。从文献资料上看，目前差异主要集中在智能物流设备与技术上，国外先进同行拥有强大的技术团队，具有高度和广度的物流系统视野，各种物流仓储系统、物流输送系统、物流分拣系统和物流运输系统等研发和实施经验丰富，可以从全局的角度，帮助客户分析其物流系统的特性和参数，独立完成客户物流系统规划和选型，如德马泰克有团队专门从事设备IO优化模块设计，把各种智能优化算法应用到设备的动作中，让其更智能，如超高性能的自动混箱码垛，可以考虑产品的不同属性、长宽高、重量和码垛关键因素，如易碎性、稳定性。依靠技术创新，该公司不断有突破性的成果面世：1959 年，开发了世界上第一台堆垛机，第一次用于存储和取货；1974 年，建造了世界上第一座 20m 高的自动化立库，为配送中心带来革命性变化；1995 年，成为世界上第一个内部物流集成商和能提供“一站式”服务的供应商；2006 年，德马泰克多层穿梭车研发成功，这是小件物料处理市场的一次革新和创举；2011 年，德马泰克开发出更多突破性的创新技术，如全新堆垛机 RapidStore®, 人机工学拣选站 RapidPick®，多层穿梭车灵动模式和仓库管理软件 DC Director®；2012 年，开发了多层穿梭车二代系统。再如，日本大福株式会社在 1993 年，成功研制出世界首台非接触供电式单轨输送系统；2004 年，开发出世界上运行速度最快的 500m/min 的箱盒式自动仓库；2011 年，研发出世界上速度最快的机场行李输送系统 —— 托盘式行李输送系统。我国经过改革开放 30 多年的发展，物流仓储装备企业在自动化仓储系统软硬件研发方面迎头赶上。国内公司高度重视研发投入，如山西东杰智能物流装备股份有限公司 2015 年公司研发支出 2 083 万元，占营业收入的比例为 5.7%。

从物流仓储装备研发创新机构来看，各个国家同样重视创新源头的建设。这些机构有的是国家和地方政府投资建立，后期引入社会化运作，有的是以企业为主成立，后期由企业自主运营。在先进国家中，德国政府牵头成立的弗劳恩霍夫物流研究院最能代表该国物流仓储装备的高端研发能力。该机构成立于 1981 年，是欧洲最大的物流装备研究机构，也是欧洲最大的物流硕士和博士培养基地。该机构除了设立在多特蒙德的研究院外，还在德国的科特布斯、法兰克福、帕德博恩和普里恩等地设有分支机构，可见国家对其物流研发技术的重视。目前该机构吸引了 170 名科学家、250 名博士生和博士后加盟，每年的科研经费 1/3 来自企业委托的科研项目，1/3 来自国家拨款，其余 1/3 来自社会资助。该机构典型的研发成果有：2003 年，研制出全球首台轻型高速穿梭车（MultiShuttle），经过多年的技术创新和升级，穿梭车技术已成为全球物流领域不可或缺的自动化仓储与搬运技术；2011 年，研发出可在货架和地面行走的两栖智能穿梭车 ——“魔浮”（MultiShuttle Move），实现了从仓库到生产线无中转环节的智能对接。

国家级物流装备研发机构在我国较少，主要研发创新权威机构有：北京机械工业自动化研究所创建于 1954 年，现有员工 1 000 多人，工程技术人员 700 多人，以发展制造业综合自动化和信息化技术为目标的多专业综合性高新技术企业，为客户提供由开发、设计、制造、安装到服务的整体解决方案，设有六个研究开发中心和两个中试生产基地，并拥有国家授予的外贸进出口权，具备从基础技术、新产品开发到系统集成的综合研究开发能力，可承接工业自动化领域大型综合成套工程项目的设计、加工制造和安装调试任务以及国家重点科技攻关项目。北京市自动化物流装备工程技术研究中心依托北京起重运输机械设计研究院组建，2013年6月被北京市科委正式认定，主要研究方向为自动化物流装备及其关键性、基础性和共性技术的技术开发和工程化研究，其主要宗旨是以自动化物流装备技术为导向，在制造业自动化物流系统和商业自动化物流配送中心方面开展研究，工程技术研究中心形成了一系列自有知识产权技术，拥有专利、软件著作权等知识产权近70项，制修订标准300余项，获得国家级科技奖励11项，省部级奖励近200项。中国科学院沈阳自动化研究所成立于1958年，主要研究方向是机器人、工业自动化和光电信息处理技术，在中国机器人事业发展历史上创造了20多个第一，引领中国机器人技术的研究发展。该所拥有1个国家级重点实验室，2个中国科学院重点实验室，4个省级重点实验室，成为“机器人技术国家工程研究中心”，中国科学院知识创新工程“先进制造基地”和“国家‘863’计划成果产业化基地”所在地。全所有员工1 000余人，其中，中国工程院院士2人，中国科学院百人计划入选者6人，国家杰出青年基金获得者1人，高级职称的技术人员近400人。

从以上权威研究机构发展历程来看，我国制造装备研发机构成立和开展人才培养的时间是较早的，但是针对物流装备领域专门成立的研发机构才成立不久，所以该领域绝大部分颠覆性技术的研发还是国外走在前列。

和任何行业相似，最重视物流仓储装备研发的还是物流设备和集成服务提供商，如德马泰克研发团队目前已有11个全球研发中心，超过3 000名从事软件开发、研发、工程设计、项目管理和客户服务的工程师。此外，德马泰克与领先的供应链物流行业协会密切合作，帮助其研发成果推广和应用，因为世界上最大的物流服务商和制造企业几乎是这些协会的成员。表4-4为德马泰克关键合作伙伴。与德马泰克保持合作的关键行业协会中，有的是物流装备国际标准的主要制定者和发布者如著名的FEM-物料处理和存储设备欧洲联盟、VDI-德国工程师协会等。在与这些机构的合作过程中，德马泰克利用其技术和生产工艺的优势，率先开展了很多开创性的工作，它制定出的很多标准上升到国际通用标准是与这些合作伙伴是分不开的。有的直接是与物流装备制造直接相关的机构，如德国机械与设备协会（VDMA）、输送设备制造商协会（CEMA）等，这些机构能向德马泰克提供真正的社会需求信息，德马泰克可以根据这些需求做出最快反应，推动公司物流装备研发。表 4-4 中比较多的是世界上著名的物流和供应链相关的协会，它们也是该公司产品的有力宣传者。

表 4-4 德马泰克关键合作伙伴

关键合作伙伴	所在地区或国家
FEM- 物料处理和存储设备欧洲联盟	欧洲
VDMA- 德国机械与设备协会 BVL- 物流联邦协会 VDI- 德国工程师协会 BME- 德国物料管理与物流采购协会	德国
西班牙物流中心（CEL） 加泰罗尼亚物流研究所（ICIL）	西班牙
自动化物料处理系统联合会（AMHSA） 英国物流经理人 制造和物流 IT 软件 丹麦供应链管理	英国和北欧
美国饮料协会 美国图书馆协会 输送设备制造商协会（CEMA） 供应链管理专业协会（CSCMP） 国际冷链仓储协会（IARW） 国际食品服务配送协会（IFDA） 物料处理配送协会 美国物料处理产业（MHIA） 国家啤酒批发协会（NBWA） 仓储教育研究会（WERC）	美国
澳大利亚冷冻仓储 & 运输有限公司 澳大利亚供应链 & 物流协会 澳大利亚物流协会 澳大利亚物流 & 运输学会 新西兰物流 & 运输学会	亚太区

我国的物流仓储装备企业也同样重视研发工作。昆明船舶设备集团有限公司是国家首批命名的创新型企业，国家首批企事业知识产权示范单位，国家首批企业技术中心，国家首批企业博士后工作站，获国家科技进步奖一等奖 1 项，二、三等奖 5 项，省部级科技进步奖 116 项，累计获拥授权专利 499 项。沈阳新松机

器人自动化股份有限公司现拥有“机器人国家工程研究中心”“国家认定企业技术中心”和“国家博士后科研基地”，形成了以院士、博士为核心的科研团队，在现有的700余名员工中，70%以上是中高级技术人才，完成国家重大科技攻关70余项，拥有38项专利、5项软件著作权、3个软件产品登记证书，主导参与3项国家标准、3项行业标准制定。合肥井松自动化科技有限公司是国内领先的智能物流系统集成商与物流装备制造商，主要从事自动化立体仓库及企业内物料输送系统等软硬件系统的研究开发、规划设计、安装实施与技术服务等，有近40人的技术研发队伍，每年将不低于5%销售收入的资金投入研发，并跟中国科学技术大学、合肥工业大学等高校与科研院所建立了长期合作关系。德马科技有限公司技术研究院长期致力于物流自动化输送分拣装备的前沿技术的研发和应用，同美日等多个资深研究机构、大学和知名物流装备企业建立战略合作关系，以及与国内的浙江大学、上海交通大学、北京科技大学、香港科技大学、北京邮电大学、浙江工业大学等[6]高校建立合作关系。目前研究院拥有国内规模最大、测试装备最多的实验测试和培训中心，拥有科研人员179人，其中博士2人、硕士9人、高级职称13人、各类工程师42人。

研究发现，虽然国内物流仓储装备产业还存在同质化竞争现象，物流技术研发投入规模还有待增加，但随着电商、冷链物流等新兴产业的迅速发展，国内一些物流仓储装备重点企业已开始注重物流技术研发投入，创建自己研发团队的同时，还寻求与高等院校的产学研合作，这体现了我国物流仓储装备产业研发创新工作向前发展的趋势。

4.1.3 物流装备制造能力比较

在物流装备技术发展趋势上，国内物流仓储装备企业的技术发展方向与国外同行基本吻合，许多大型物流系统项目已经出现国内厂家与国际企业同台竞争的场面，越来越多的大型项目选择国内集成商完成系统规划建设，并在系统中大量选择国产设备。可以说，国内物流装备产业表现出很强的发展势头，制造能力不断增强。这里提到的产业制造能力，不仅指所有企业生产加工总量，更重要的是反映一个产业的现有制造水平，是目前该产业所有装备技术的实际承载之所在，故国内外物流仓储装备产业的制造能力也通过这两点展开比较分析。

从单个产品生产总量来看，我国部分物流仓储装备产品制造水平已达到先进国家物流仓储装备同等水平，生产总量不断创新高，但产量最大的产品主要集中在中低端市场，在高端领域中的智能化和自动化方面制造水平还是处于学习追赶的过程中。据中国工程机械工业协会工业车辆分会对我国叉车行业总体成长态势分析，叉车行业实现了连续十多年接近30%的高速增长，叉车市场年销售量也从过去的不足2万台增长到2014年的接近36万台，成为世界最大的叉车生产制造基地；托盘产量由2003年的3 500万片增长到2013年的2.28亿片，增长了6.5倍左右。随着仓储业转型升级步伐加快，企业仓储投资大幅增加，货架市场需求整体上仍处于中速增长阶段，高端立体仓库货架处于高速增长状态，2014年估计货架出货量超过63亿元。

从当前的企业角度来看，我国物流仓储装备企业已逐步经历从技术国外进口、模仿、引入加研发、自主研发和制造的整个蜕变过程，几乎可以生产出市场需要的绝大部分产品，而且制造的产品种类由传统设备向智能设备转变，且比例越来越高。表4-5为国内和国外物流仓储装备重点企业制造能力情况。国内重点企业在生产人员、设备水平（设备规模、生产场地面积）等方面已具备一定量级，如音飞储存采用欧洲进口自动化设备，保证高精度、高效率、柔性化，优化工艺流程，其中欧洲进口立柱生产线，与国内同行相比，减少了2/3的生产人员，生产效率提高了3～5倍，精度更高，孔距误差累计15m长度误差不超过±1mm；欧洲进口横梁生产线，与国内同行相比，减少6步中间生产环节，可以保证4m长度误差不超过±1mm；欧洲进口层板生产线——整线速度可以达到25m/min，高速跟踪式切断可以达到80m/min的效率，产品精度上，长度误差控制在±0.5mm；粉末喷涂线，用粉量相比于国内同行，可节约20%～30%的粉末用量，色彩光泽，经久耐用。再如，上海精星占地面积15万m^2，引入最先进的货架制造设备，包括德国进口的全自动连冲连轧货架立柱冷弯成型生产线、ABB横梁自动焊接机器人以及瑞士进口的金马静电粉末喷涂设备。德马科技拥有中国目前物流装备中辊筒和输送分拣装备领域最大的制造基地，配备大批先进的加工设备和高精度计量检测等设备，能满足各种大小和复杂项目中涉及的设备及硬件生产的要求，制造能力居国内同行之首。

表4-5 国内和国外物流仓储装备重点企业制造能力情况

企业名称	成立时间	生产能力	主要产品	成功案例	客户范围
北起院	1958年	年制造堆垛机300台，托盘制造输送机3 000台，生产箱输送线5万m	自动化立体仓库堆垛机、托盘输送机、箱输送线、自动分拣机	完成自动化立体仓库500余座，自动化物流配送中心100余座	我国各省、市、自治区，产品销往东南亚、美洲、中东、欧洲等

（续）

企业名称	成立时间	生产能力	主要产品	成功案例	客户范围
昆船	1998 年	物流公司现有职工 460 多人，物流装备产业园占地面积 13 333.3m²（200 余亩），建筑面积约 12 万 m²。公司拥有各类加工设备 3 000 余台（套），其中，进口数控机床、加工中心、数控钣金、激光切割、数控磨齿机、齿轮检测中心等设备 130 余台（套）。拥有先进的试验、检测设备 660 台（套）。	堆垛机、穿梭车、自动导引搬运车、轨道导引小车、自动分拣机、交叉带分拣机、高速合流分拣系统、智能货柜、垂直输送设备、水平输送设备电控控制系统、全面集成物流管理系统	红河烟厂、青岛烟厂、玉溪烟厂、青岛海尔、上海中华专线、上海造币、昆明关上部队、剑南春酒业、双沟酒业、安徽电力、柳州制药、衡阳烟草配送、老板电器、石药集团、委内瑞拉、印尼盐仓等共实施项目 700 多个	客户已经覆盖国内 28 个省、市、自治区，并出口到委内瑞拉、巴西、泰国、科威特、印尼等国家
北自所	1954 年	正在制造或已承接制造项目的造价和最大制造能力：36 000 万～40 000 万元。 正在进行或已承接的采购合同的总价和投标者具有的最大能力：5 000 万元，8 000 万元； 正在制造或已承接的产品造价：11 000 万元； 企业最大生产能力：15 亿元	自动化立体仓库、输送线及输送系统、码垛系统和自动输送小车、搬运及码垛机器人等	参与完成 500 余座仓库建设	国内各省、市、自治区
新松机器人	2000 年	现有 600 人，拥有 5 个制造工厂，均配备先进的自动化生产制造设备	自动化立体仓库、高速堆垛机、高速分拣系统、自动导引车系统（AGV）、有轨导引车系统（RGV）、拆码垛机器人、物流控制与管理系统	完成 300 余座自动化立体仓库建设	国内及亚洲、欧洲、美洲等国

（续）

企业名称	成立时间	生产能力	主要产品	成功案例	客户范围
音飞储存	2002 年	4 个制造工厂、501 人，欧洲进口的自动化生产制造设备	高精度工业货架、自动存取货物的智能机器人、自主研发的多层穿梭车拣选系统、云端的仓库管理软件	为苏宁电器、中国移动、上海通用、昆明昆船、唯品会等众多知名企业提供产品与服务	国内各省、市、自治区，产品销往东南亚、澳大利亚、非洲、欧洲、美洲等
东杰智能	1995 年	第一生产基地厂房面积 3.6 万 m^2、第二生产基地“智能装备及工业机器人”工业园位于太原	自动化立体仓库、托盘堆垛机、货架生产设备、托盘输送系统、箱式输送与分拣系统、穿梭车，AGV 智能搬运机器人等，提供智能物流成套装备配套的全套系列软件	唯品会西南仓等	主要是国内客户，积极拓宽国际市场
上海精星	1989 年	占地面积 3 万 m^2，最先进的货架制造设备	托盘式货架、箱式货架、自动化立体仓库等	承建了 10 000 余座立体仓库，其中自动化立体仓库超过 1 000 座	欧、美、亚等各洲，耐克、可口可乐、惠氏（中国）奶粉、高等教育出版社等大型企业的供应商
德马科技	1997 年	在中国浙江、上海，澳大利亚墨尔本，罗马尼亚等地设有四个制造基地和装备测试中心，现有职工 700 余人	各类无动力辊筒和电滚筒、带式输送机、滚筒输送机、滑块式分拣机、交叉带分拣机、转向轮式分拣机、落袋式分拣机、TB-Sort 分拣机、动力球式分拣机	为苏宁、京东、唯品会、亚马逊、菜鸟、当当、DHL 等客户建立 50 余座以上物流配送中心	主要是国内的大型中外知名物流企业

（续）

企业名称	成立时间	生产能力	主要产品	成功案例	客户范围
德马泰克	1819 年	15 个生产组装中心，分布于欧洲、亚洲及美洲	输送系统、码垛系统、拣选系统、分拣系统、搬运系统、自动化存取系统	超过 5 000 个世界级的集成系统成功发展并实施的案例	北美、南美、欧洲、中东、澳大利亚、中国等，主要是一些著名企业客户
日本大福	1937 年	日本 120 万 m^2 生产基地，北美 4 个工厂、亚太 8 个工厂、欧洲 1 个工厂。员工人数 7 835 人	输送系统、存储系统、分拣、拣选系统、控制系统、物流设备	全世界 15 500 套以上系统的交货业绩，涉及制造、流通、航运等著名企业	主要集中在北美、亚太和欧洲等国
范德兰德	1949 年	生产车间占地面积 15 000m^2。全球超过 4 500 名雇员	物流自动化系统设计和生产制造，总包工程和设备供应	已在全球范围内完成了超过 300 个机场行李处理系统、750 个配送中心项目、200 个邮政速递项目和 200 个工业物流项目	全球主要国家均有客户

随着自动化设备装配线技术水平的提高，我国自动化设备产品装配、试验工艺及装备技术水平也随之提高，已能研制和生产部分自动化和智能化产品（如立体仓库等）。表 4-6 是自动化立体仓库行业市场竞争情况，详细列举了国内自动化立体仓库供应主流企业（北起院、新松、昆船、北自所等）及其在各行业中开展的自动立体仓库业务情况。这些企业自动化立体仓库产品在汽车行业中普遍应用，但在机场、电商等高端市场主要被外资品牌如德马泰克、胜斐尔等占据，原因是本土智能物流系统企业品牌知名度与外资相比相差较大。国内物流仓储智能系统企业在性价比、本土化服务能力上较为突出，在中低端市场已处于主导地位[7]。如：在烟草领域中，昆船物流具有很强的竞争优势；在医药行业方面，北起院、北自所、太原刚玉等企业成长较快，具备一定竞争优势；在汽车行业中，目前国内各家主要物流仓储装备企业实力相当；在军事行业中，高科物流、昆船、北起院实力比较突出；在食品行业方面，太原刚玉和北起院具有较强竞争优势。

表 4-6 自动化立体仓库行业市场竞争情况

应用领域	主要立体仓库供应商
烟草行业	昆船、今天国际
医药行业	北起院、昆船、北自所、太原刚玉
汽车行业	各企业水平相当
军事行业	北起院、高科物流、昆船
食品行业	北起院、太原刚玉

来源：广发证券发展研究中心。

针对我国物流仓储装备产业的崛起，先进国家的同行最直接有效的做法是充分利用他们自身的优势提升装备制造能力。在表 4-5 中，三家欧美日物流仓储装备重点企业中，日本大福、范德兰德创办于 20 世纪早期，德马泰克成立于 1819 年，都积累了很多产品开发制造及工程实施经验，拥有一大批非常成熟的生产工艺和生产人员，并且在成千上万个世界级的工程项目中不断完善和成长，而这点是国内企业不具备的；其次，在企业发展进程中，不断地创造出其所在国家甚至是世纪级的首创研发成果，他们非常重视技术革新，以持续的技术积累实现产品模块化、系列化和通用化，以提高制造效率和降低制造成本为目的，对输送设备、堆垛机等产品实施持续改进，其生产规模和效率远远高于国内厂家；此外，他们还积累了许多世界级的优秀客户群体，为了满足客户需求，这些企业在全球范围内新增了多个工厂和大量生产技术人员，大幅度提高了研发和生产能力。目前这些知名企业基本已在中国建立分支机构，甚至是开办生产基地，直接与国内物流仓储装备企业同台竞争。所以，在这种市场争夺战中，我国物流仓储装备企业不能仅仅满足单产品生产量的增量变化，更需要在先进技术方面紧跟国际步伐，甚至需要结合自身条件研究专业化和产业化技术，以适应国内物流装备市场转型升级需求。

近几年，国内外物流装备市场的竞争又出现新变化，由于这些先进国家物流装备企业在中低端市场已不占明显优势，故逐步撤出，前往高端市场开拓领地。我国的自动化物流装备制造企业已认识到这种变化，技术在逐步完善，如上海东方精工于 2014 年 6 月通过收购嘉腾机器人 20% 股份，开始布局智能物流系统业务，此后又在 2015 年 4 月与意大利弗兰度集团签署了合作意向书，以控股方式和其共同设立广东弗兰度智能物流系统有限公司，进一步搭建智能仓储物流整体解决方案；东杰智能率先在国内研发出速度达到 20 000 件 /h 的高速分拣线，等等。

但总体上，在高端产品研发生产和创新性集成应用等方面还不能满足市场需求[5]。

表 4-7 为高端物流装备制造能力指标，选用该指标来分析国内外产业差异。近年来，节能减排已成为整个物流仓储装备行业的共识，绿色节能技术、能量回收技术等已被先进国家广泛落实到设备开发和应用中，如多层穿梭车比传统堆垛机更加轻量化、AGV 系统调度采用最短路径规划达到最低能耗等，目前国内已经开始把节能减排作为装备设计的重要标准。高效在自动化仓储装备中是通过高速来体现，如国外有公司采用滚轮链板设计使分拣中的合流系统最高能力提高到 10 000 件 /h；智能化技术可以让 AGV 与其他设备之间自动交换信息，自主完成任务分配和路径选择，欧美国家尤为重视这种技术。高可靠性和快速维修是自动化设备高品质和高质量的重要特性，欧美日物流仓储装备企业持续改进制造工艺，从而保持其品质，这也是国内外物流仓储装备品质存在差距的原因之一。国内企业还需技术积累，实现产品模块化、系列化和通用化，以提高制造效率和降低制造成本，持续改进各种物流仓储装备产品。在物流仓储装备产品的应用层面上，还需进一步提高应用的广泛性，如冶金、化工等行业更看重 AGV 的载重能力和复杂路径规划能力，而这种控制技术国内企业还在进一步研究过程中。在技术层面上，单机设备与系统的划分界限逐渐模糊，近年来欧洲和日本厂商更重视通过流程设计和完整系统的解决方案，来扩展设备的应用范围。

表 4-7 高端物流装备制造能力指标

指标	特征
绿色节能	绿色节能技术
高能力、高效率	高速
智能化	系统自动感知
高品质、高质量	制造工艺持续改进
技术专业化、产品产业化	提高制造效率、降低制造成本
应用行业领域更加广泛和深入	系统的控制技术、调度技术
设备和系统功能多样化	重视流程设计和完整系统的解决方案

4.1.4 物流系统集成能力比较

一体化服务、交钥匙工程正逐渐成为物流仓储装备企业的重要追求“对象”，而对于客户来讲，更需要的是一以贯之的、更加优化的服务。鉴于此，一体化物流系统集成商解决方案自然成为物流仓储装备企业和广大客户的共同选择。

集成化技术水平高是国外物流仓储装备产业制造的一大优势，集成化的背后是信息化和智能化，而这些领域正是整个物流仓储装备制造中心利润率最高的地方，同时也是一个行业核心竞争力所在。当前用户企业对自动化技术和售后支持方面的需求不断提高，使得全球物流仓储系统集成商的增长势头强劲。美国《现代物料搬运》杂志 2016 年 5 月刊发布了“2014—2015 年全球物流系统集成商 20 强榜单”，如表 4-8 所示。

表 4-8　2014—2015 年全球物流系统集成商 20 强榜单

2015 年排序	2014 年排序	公司名称	2015 营业收入（百万美元）	2014 营业收入（百万美元）	所属国家
1	1	Daifuku Co.,LTD.	2 726	2 536	日本
2	2	Schaefer Holding international GmbH	2 595	2 487	德国
3	3	Dematic	2 000	1 600	美国
4	4	Murata Machinery,LTD.	1 250	1 009	日本
5	5	Vanderlande industries B.V.	988	1 051	荷兰
6	6	Mecalux,S.A.	952	952	西班牙
7	7	Beumer Group GmbH	788	902	德国
8	10	Intelligrated	760	627	美国
9	8	Fives Group	721	721	法国
10	9	Swisslog AG	688	712	瑞士
11	11	Knapp AG	640	620	奥地利
12	13	TGW Logistics Group GmbH	525	525	澳大利亚
13	14	Grenzebach Maschinenbau GmbH	477	477	德国
14	15	Witron Logistik+Informatik,Gmbh	400	340	德国
15	12	Kardex AG	378	344	瑞士
16	19	Bastian Solutions	195	168	美国
17	17	System Group	155	174	意大利
18	18	Egemin Automation	145	170	比利时
19	16	Viastore Systems	140	130	德国
20	N/A	Dearbom Mid-West Company	125	125	美国

根据上表可知，这些著名物流仓储装备集成商主要分布在美国以及欧洲的德国、荷兰、意大利、法国等国家，亚洲的著名企业主要分布在日本、印度。Dematic 和 Murata Machinery 两家企业在 2015 年表现出了极快增长，增幅达到两位数。日本的 Daifuku 公司和德国的 Schaefer Systems International 公司引领了物

料搬运行业发展，两家公司在2015年的营业收入各自都超过了25亿美元。榜单排名前20的物流系统集成商营收增幅总计增长了6个百分点，榜单前5强的集成商总计增长了10个百分点。这个行情主要得益于全球市场对自动化物流系统的需求上升、电子商务的持续发展、全渠道销售的增长、海外仓储以及东西半球无障碍采购等因素。2015年全球物流系统集成商的总体收入增长超过2014年并不令人感到意外，同时也代表了行业未来10年的发展趋势[8]。

自20世纪90年代中期以来，我国通过引进外资独资或合资的形式，逐步开始引进国际上最先进的物流系统技术，为国内物流系统集成商的学习、模仿、技术革新与赶超国外同行创造了良好条件。此外，巨大的国内市场也为国内物流系统集成商积累成功案例经验和研发应用新的技术提供了广阔的平台。经过20年的发展，目前，我国市场上具有一定规模的主要物流仓储系统集成服务商已有20余家。总体而言，我国物流仓储系统集成行业呈现出充分竞争的态势，以北起院、昆船集团、新松机器人、北自所、太原刚玉等为代表的国内企业异军突起，在与国外先进的物流仓储系统集成商竞争中不断发展，在一些中低端项目中具备了较强的竞争优势，部分企业还成功进入了高端项目领域。目前，国内北起院、北京自动化所等系统集成商具有较好的技术储备，背靠国有大企业的昆船集团等企业也具有雄厚的基础条件与技术储备[9]。此外，国内的物流仓储系统集成商的服务领域基本覆盖各种行业。表4-9是我国物流仓储装备系统集成商基本情况，如表所示，国内著名物流仓储装备企业在其原有的业务（大多是立体化仓库或者输送装备）背景下，为了适应市场的需求，逐步转变成为物流仓储系统整体解决方案供应商，涉及食品、烟草、机械、药品等行业。

表4-9　我国物流仓储装备系统集成商基本情况

主要集成商	以前的业务	目前系统集成领域	营业规模（亿元/年）
北起院	起重运输机械	医药、食品、纺织、服装、国防、家电、家居、电商等	5
昆船	自动化物流仓储系统和分拣系统	烟草、军方、金融、医药、酒业、电力、食品、铁路、电商、家电、快消品、制造等	10
北自所	自动化设备	食品冷库、乳业、医药、金融、重工、化纤、玻纤、石化、烟草等	5
新松机器人	智能物流与仓储设备、装配检测自动化生产线、工业机器人	电力、电子、能源、交通、煤炭、机械制造、汽车、医药、纺织、造纸、食品、金融、卷烟、图书出版等行业	10

（续）

主要集成商	以前的业务	目前系统集成领域	营业规模（亿元/年）
音飞储存	货架	机械、食品饮料	0.2 ～ 0.3
东杰智能	输送设备、立体仓库	烟草	3
太原刚玉	立体仓库	机械、冷库、乳品	0.6
天奇股份	汽车输送设备、仓库	电商、冷库、医药	1
德迈科	电气控制	食品饮料行业、物流	1

注：后 6 个企业数据来源于《智能装备系列报告之五 智能物流装备》。

通过以上对比分析，目前国内物流仓储系统集成商与国外同行有很多相似点：绝大部分企业都是从物流仓储装备（如立体仓库、输送装备等）制造业务延伸出集成业务，且供应能力充足，都处在自动化和智能化物流仓储装备发展阶段，能针对各种行业的需求，为其定制物流仓储系统。然而，国内集成商在物流仓储装备自动化和智能化技术的掌握水平上与国外企业相比还是存在一定差距，表 4-10 所示是国内外领先的自动化物流系统集成供应商优劣对比。我国物流仓储装备企业目前的优势是同类产品价格较低，但在技术水平、产品质量、行业经验以及品牌知名度等方面还是处于劣势。

表 4-10 国内外领先的自动化物流系统集成供应商优劣对比 [10]

企业类型	优势	劣势
国外物流系统综合解决方案提供商	1. 产品技术水平高	1. 价格高
	2. 产品质量好	2. 实施周期长
	3. 行业经验丰富	3. 服务维护成本高
	4. 品牌知名度高	4. 服务响应速度较慢
国内物流系统综合解决方案提供商	1. 价格占据优势	1. 品牌知名度较低
	2. 熟悉国情，具有本地化优势	2. 技术积累不足
	3. 售后服务成本低	3. 规模小，资金不足
	4. 服务响应及时	

4.2 产品结构与产业发展规模比较

4.2.1 物流仓储装备产品结构比较

物流仓储装备是指用于储存、装卸搬运、运输、包装、流通加工、配送、信息采集与处理等物流活动的装备总称。物流仓储装备按功能可划分为储存设备、输送设备、分拣设备、搬运设备、拣选设备、信息系统六大类。从4.1部分的资料分析中可知，目前欧美日等发达国家物流仓储装备不仅研发能力强，而且其自动化程度也较高。我国物流仓储装备自动化程度落后于国外，虽然市场也具备多层次产品结构，但主要集中在中低端市场，高端物流仓储装备产品仍主要靠进口。表4-11为2013年日本物流仓储装备产品结构以及销售情况[11]，用此表进行国内外产品结构比较。

表4-11 2013年日本物流仓储装备产品结构及其销售情况

产品名称		销售量（件）	销售额（百万日元）	出口金额（百万日元）
自动仓库	托盘自动仓库（整体式）	1 133	496 320	6 643
	托盘自动仓库（分离式）	90	3 190	1 424
	箱盒自动仓库（分离式）	89	32 483	26 224
输送机	托盘输送机	27 949	80 931	12 903
	箱盒输送机	452	2 988	138
	悬挂输送机	815	13 149	7 178
台车类	高空运行台车	454	24 160	9 749
	有轨台车系统	20	331	28
	无轨台车系统	128	37 558	33 410
分拣机	分拣机	719	21 721	640
拣选机	拣选台车	1 464	7 592	671
货架	重力式货架	74 496	30 733	0
	移动式货架	2 304	13 208	38
	回转式货架	80	1 774	90
码/拆垛机	托盘码垛机/托盘拆垛机	322	11 632	2 205
垂直搬送机	托盘垂直搬送机	281	6 684	692
	箱盒垂直搬送机	134	3 129	260
计算机	计算机（硬件+软件）/WMS	2 872	20 755	2 987
其他	其他设备	11 628	16 454	5 683

日本物流仓储装备产业生产的产品结构中包含储存、装卸搬运、运输等物流活动所需的各种设备。从设备的数量上可以看出，市场需求较大是托盘自动仓库、托盘运输机、分拣机、高密度的重力式货架和计算机（硬件 + 软件）/WMS 等，这些产品主要满足大规模分拣、出入库和自动仓储管理需求，整个产品结构符合日本整体制造业和物流业的现状：日本土地和人员成本较高，各企业都会在物流过程中采用自动化设备来代替人工，利用纵向空间来减少对土地的依赖。

表中的最后一栏“出口金额”表示日本以外的用户对该国物流仓储装备产品的需求情况，出口物流仓储装备产品结构主要集中在自动仓库、托盘输送机、悬挂输送机、高空台车、无轨台车、码 / 拆垛机、计算机（硬件 + 软件）/WMS 等。其中，分离式的托盘自动仓库和分离式的箱盒自动仓库、托盘输送机和高空输送机、无轨和高空台车系列等出口比例相对较高。值得一提的是，这些产品在物流仓储装备产品中最能体现自动化和智能化技术水平。从这个出口产品结构可以看出，其他国家的用户对于日本物流仓储自动化装备产品技术水平及其集成能力是非常认可的，也说明日本在这些产品上与其他欧美国家同类产品保持较好的竞争力。

4.1.1 节中的分析结果说明，目前我国物流仓储装备企业生产的产品主要满足国内市场的需求，它们的产品结构和产品层次与当前我国各行业的现实需求密切相关。2013 年，中国物流技术协会信息中心和广发证券发展研究中心针对全国物流仓储装备产品结构和销售情况共同开展了一次调研和统计，如表 4-12 所示为 2013 年和 2014 年自动化物流装备在中国的发展现状。可以看出，我国所生产的物流仓储装备产品结构与日本接近，主要有自动化仓库、自动输送机、自动分拣设备、自动搬运设备和对应的计算机软硬件等。但从整个物流仓储装备销售总额来看，与日本差距非常悬殊；从各种产品销售额比重上看，我国生产的普通货架的比重较高，而日本主要采用自动仓库来满足物流仓储需求。

表 4-12　2013 年和 2014 年自动化物流装备在中国的发展现状

分类	2013 年市场总额（亿元）	比重（%）	2014 年市场总额（亿元）	比重（%）	增速（%）
自动化仓库	80.46	22	101.38	23.87	26
自动搬运设备（台车、AGV）	24.73	7	27.20	7.57	30
自动分拣系统	36.75	10	49.61	11.68	35

（续）

分类	2013 年市场总额（亿元）	比重（%）	2014 年市场总额（亿元）	比重（%）	增速（%）
电脑软硬件	40.68	11	52.88	12.45	3
自动输送机	85.96	24	116.05	27.32	35
货架	46.29	13	57.86	13.62	25
其他	45.10	13	58.63	13.80	30

来源：中国物流技术协会信息中心，广发证券发展研究中心。

这种现象说明，我国的物流仓储装备产业虽然已开始拓宽自动化仓库和自动化分拣输送等高端市场领域，但相对市场占有率还是比较低的。这种现象从客观上与 4.1.2 ～ 4.1.4 节中的分析结论相符，虽然我国的物流仓储装备行业也已进入自动化和智能化阶段，但毕竟制造和研发的底子还是有差距的，还需要较长时间赶超。从主观上来讲，与我国工业整体还是比较粗放，还是依靠人力和土地资源有关，这点从日本与我国货架产品的种类和比重得到验证：日本市场需求最大的货架主要是重力式货架、移动式货架和旋转式货架等，这些货架的共同特点是能比传统的货架大大提高场地利用率，比如移动式货架可以让场地利用率从原来的 50% 提高到 85% 以上；而我国货架主要集中在这三类[12]：第一类是高位立体仓库货架（高度普遍在 20m 以上），大约占货架需求总量的 10% ～ 15%；第二类是阁楼平台类，大约占 10%；第三类是托盘货架和轻中型货架，占货架市场需求量最大，这类货架对占地空间有较高要求，且向上空间利用率也非常低。

当前，我国已进入经济转型升级的新常态，电子商务的快速发展对原有的生产制造格局冲击巨大。在这样的背景下，生产制造企业必然会考虑各种资源的利用率问题，不能像以往过度依赖土地和人力资源要素，市场对物流仓储装备产业在自动化和智能化方面也会提出更高的要求，要按照“中国制造 2025”提出的要求，发展智能物流，同时布局物流设备、物流系统解决方案和物流软件三大市场领域。当前，迫切需要解决传统和低端物流仓储装备产业同质竞争问题，鼓励和支持这些企业转型升级，让有实力企业发展自动化和智能化设备。

4.2.2 产业发展规模比较

物流仓储装备产业的发展与经济发展需求成一定的正相关性，欧美日等国家在经济发展水平上更加先进，自动化和智能化技术含量高，对物流仓储装备产品需求规模也相对更大，根据表 4-11 所示，日本 2013 年的整体物流仓储装备产业，销售金额高达 8 247.92 亿日元，折合人民币为 476.49 亿元（以 2013 年 12 月 31 日人民币汇率中间价计算：100 日元对人民币 5.7771 元）。然而，根据表 4-12，2013 年我国主要物流仓储装备产业的市场规模为 359.97 亿元，是同年日本的 75.54%，作为世界第二大经济体和世界制造中心，这个销售总额与发达国家还是有比较大的差距。2014 年我国物流仓储装备行业规模约 425 亿元，自动化仓库、AGV 和自动化分拣、输送系统增速较快。水清木华研究中心发布《2016 年—2020 年中国自动化物流装备行业研究报告》，认为 2015 年中国自动化物流装备系统市场规模约为 583 亿元，其中自动化输送 + 自动化分拣设备的市场规模约为 216.2 亿元，约占 37.1%。该机构预计，受中国工厂自动化的兴起，以及第三方物流、电子商务等新兴物流方式快速发展的拉动，到 2020 年我国自动化物流装备系统市场规模约为 1745 亿元，其中自动化输送 + 自动化分拣设备的市场规模约为 689.3 亿元。此外，根据中国物流信息中心的数据，2014 年自动化立体仓库的市场规模约 94 亿元，到 2018 年行业规模有望达到 200 亿元，年复合增速有望达到 20%。

随着国内企业转型升级的步伐加快，各行业对物流仓储装备的需求也在不断地加大，如图 4-1 所示，2007—2015 年我国物流仓储装备投入规模也是逐年上升，由 2007 年的 25 亿元增长到 2015 年的 453 亿元，年均复合增长率高达 43.64%。据国家统计局统计，2012 年至 2014 年的物流仓储业固定资产投资保持了 28.58% 的年均复合增长率。从以上可以看出我国物流仓储装备的需求总量还有很大的市场空间，国内各物流仓储装备企业应该抓住机会，明确定位，建立自身优势，积极参与竞争。

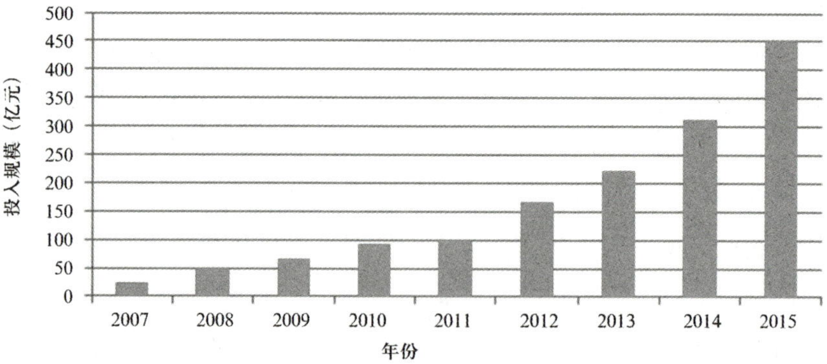

图 4-1　2007—2015 年我国物流仓储装备投入规模

来源：中国产业信息网、物流指闻。

从单个企业来看，如表 4-8 所示，日本大福、德国胜斐迩的收入规模均超过了 20 亿美元，其中日本大福公司 2015 年销售收入最高，达到 27.26 亿美元，折合人民币约为 177.02 亿元（按 2015 年 12 月 31 日银行间外汇市场人民币汇率中间价换算：1 美元对人民币 6.4936 元）。进入 21 世纪以来，这些物流设备企业逐步加快海外市场扩张的步伐，如日本大福公司除了日本本土的生产基地——滋贺事业所外，分别在北美、亚太和欧洲地区分别投建了 4 个、8 个和 1 个工厂；胜斐迩集团属下的 50 多家分支机构分布于全球四大洲的 50 多个国家。

表 4-13 为我国物流仓储装备重点上市企业市场规模，2015 年销售收入最多的企业是安徽合力，销售金额为 56.86 亿元，超过 10 亿元的还有东方精工、诺力股份、科捷自动化、天奇股份、太原刚玉和新松机器人 5 家企业。从金额绝对数上来看，日本大福公司 2014 年营业收入约是安徽合力公司的 2.32 倍，而 2015 年度是 3.11 倍，说明差距进一步拉大。这种差距可能与安徽合力公司产品种类较少，且专注输送环节有关，而日本大福公司则是综合性企业。此外，还有一个现象值得注意，我国这些重点企业之间的销售收入差异远远大于外国这些企业之间的差异，2015 年营业收入最高的日本大福公司和最低的美国 Dearbom Mid-West Company 的全球收入比是 21.81，而同年安徽合力公司与收入最低的东方精工收入比是 26.57，这种差异背后说明我国的物流仓储装备产业发展还很不完善，部分企业优势非常明显，甚至形成了行业垄断的局面。如在 4.2.1 节中提到，我国货架制造企业的产品基本上集中在第一类和第二类，但这两类货架市场基本由少数几个大型货架企业垄断，中小型企业很难发展，虽然第三类货架占市场需求份额最大，但是由于该类货架生产难度低、易于仿造，所以行业竞争也多集中在这类货架，造成进入企业数量过多，直接导致当年这些产品的产能严重过剩。

表 4-13　我国物流仓储装备重点上市企业市场规模

公司	2015 年营业收入（亿元）	2014 年营业收入（亿元）	2015 年利润（亿元）	业务领域	净利率（%）
东杰智能	3.66	3.96	0.36	分拣 + 输送 + 仓储	9.84
东方精工（收购嘉腾）	12.95	0.45	0.65	输送	5.02
新元科技	2.14	1.92	0.25	输送	11.68
德马科技	4.01	3.6	0.27	输送	6.73
诺力股份	11.49	12.06	1.07	输送	9.31
科捷自动化（软控股份）	25.16	29.5	2.10	输送 + 仓储	8.35

（续）

公司	2015 年营业收入（亿元）	2014 年营业收入（亿元）	2015 年利润（亿元）	业务领域	净利率（%）
今天国际	5.07	4.92	0.62	分拣 + 输送 + 仓储	12.22
音飞储存	4.64	4.74	0.68	仓储	14.66
永利股份	9.28	3.99	0.94	输送	10.13
天奇股份	21.75	10.31	0.99	分拣 + 输送 + 仓储	4.55
山东威达（收购德迈科）	8.28	1.24	0.80	分拣 + 输送 + 仓储	9.66
安徽合力	56.86	67.01	3.97	输送	6.98
太原刚玉（股票：英洛华	11.27	0.64	-0.58	分拣 + 输送 + 仓储	-5.06
新松机器人（股票：机器人）	16.85	4.42	3.95	分拣 + 输送 + 仓储	23.44

来源：Wind、天星资本研究所。

当前，随着国家经济进入转型升级阶段，土地人工等成本不断上升，靠低成本来扩大销售更难获得利润，机械自动化、物流自动化必将作为降本增效新的利润增长点，物流仓储装备产业战略地位将得到凸显。2013 年我国物流仓储装备各部分市规模如图 4-2 所示。目前国内市场主要的物流装备包括自动化立体仓库、分拣设备、AGV、叉车、码垛机器人、信息软件系统等。

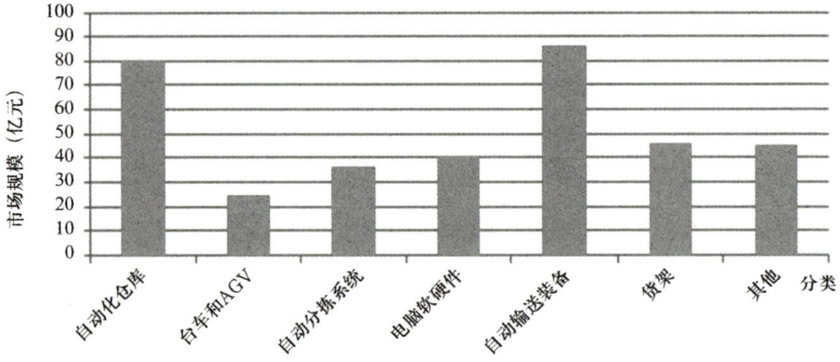

图 4-2　2013 年我国物流仓储装备各部分市场规模

来源：广发证券发展研究中心。

从单项产品在市场所占比重情况来看，自动化仓库和自动输送设备在国内占有相当大的市场规模。资料显示，截至 2014 年年底，全国累计建成的自动化立体仓库已经超过 2 500 座，分布在电子、烟草、医药、化工、机电、印刷等行业领域，其中汽车、医药、烟草三个行业由于盈利能力强、对自动化管理的要求高，占到总需求的约 1/3。汽车、烟草、医药行业的仓储自动化普及率分别是 38%、46%、42%[13]。中国物流协会和东方证券研究所统计数据显示，发达国家仓储自动化的普及率高达 80% 左右，而我国仅为约 20% 根据日本物流协会的统计，日本自动化物流系统的市场规模约为 3 000 亿～ 4 500 亿日元，约合 160 亿～ 240 亿元人民币。所以，在仓储自动化装备领域，我国还是有巨大增长空间的。中国物流与采购联合会预测了未来的行业物流自动化改造空间：医药、乳业、纺织服装、轮胎、汽车等行业分别为 600 亿元、100 亿元、200 亿元、300 亿元和 120 亿元。未来几年我国物流仓储自动化还有很大的发展空间，就单个自动化立体仓库市场规模预计，可以为 150 亿～ 200 亿元 [14]。

4.2.3 产业增长趋势比较

由于整个产业已经进入成熟阶段，未来的发展趋势是，国外物流仓储装备巨头继续保持规模化和稳定性，如表 4-8 中的 2015 年全球排名前 20 的物流仓储装备企业，不仅全球营业收入高，而且 2014 年至 2015 年保持着稳定增长的速度，平均增长了 6.25%。从单个企业讲，增长最快的是荷兰的范德兰德公司，这两年增速高达 25%，大部分企业增速达到两位数。此外，这些物流仓储装备企业巨头 2014 年至 2015 年的全球营业收入大部分呈现上涨趋势。这也凸显出全球排名靠前的物流仓储装备产业已形成规模化和发展过程稳定性。

表 4-13 同样也给出了从 2014—2015 年我国各物流仓储装备重点企业的销售增长情况，平均增长了 30%。从单个企业来看，除去几个由于收购新企业后销售总量大增的企业外，增长最快的是新松机器人公司，两年增幅 2.8 倍；其次就是德玛科技公司增长 11.39%，有 5 家企业出现负增长。从国内外这些重点企业的增速数据对比中可以发现，还是欧美日老牌物流仓储装备企业保持较好的增长势头，我国只有少数几个企业保持了两位数以上的增速业绩。

从具体的物流仓储装备产品来看，我国物流仓储装备发展迅速，尤其在 2003—2006 年间增长最快。从 2011 年开始，以自动引导车、自动化立体仓库等为代表的设备引导整个行业进入自动化阶段，2013 年以后的市场驱动主体逐步更换为智能穿梭车、智能机器人、输送分拣系统、自动感知与识别系统等智能物流设备，这种转换在 2014 年之后更为明显。图 4-3 展示了 2014 年国内物流仓储装备增速情况。其中，作为传统的物流仓储装备代表产品 —— 叉车、托盘的增速分别在 9%、10%，低于行业平均增速 10 个百分点，这也证明了我国低端物流装备市场出现饱和的事实。叉车、托盘等传统物流装备所占的市场份额较少，主要是因为叉车市场和托盘市场从2010年后经历换挡期，增速下滑明显，说明“叉车+托盘”的时代已经过去。目前，国内新型电动叉车所占比例为22.3%，低于世界平均水平53%，仓储叉车比例12%，低于世界平均水平40%。随着物联网、机器视觉、仓储机器人、无人机等新技术的应用，物流仓储自动化技术正快速发生变革，自动化立体仓库、自动化输送分拣系统和AGV等新兴智能物流仓储装备已迎来快速成长期。图4-4的我国叉车市场销量及增速和图4-5的我国托盘保有量及增速换档情况也很好的验证了以上结论。

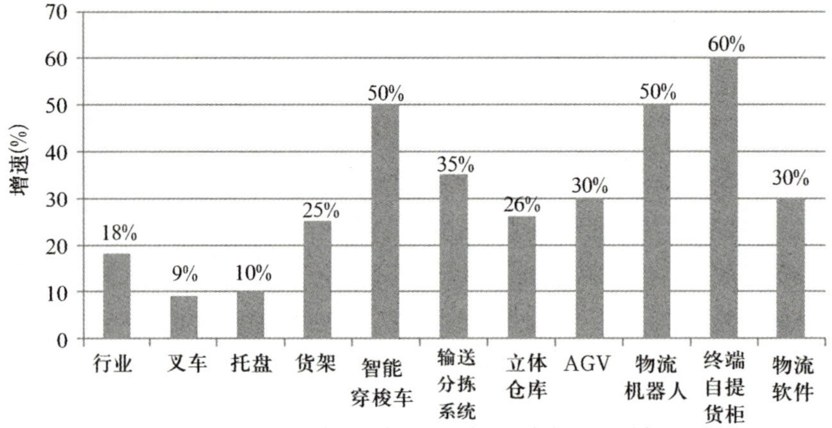

图4-3　2014年国内物流仓储装备增速情况

来源：物流信息与技术，广发证券发展研究中心。

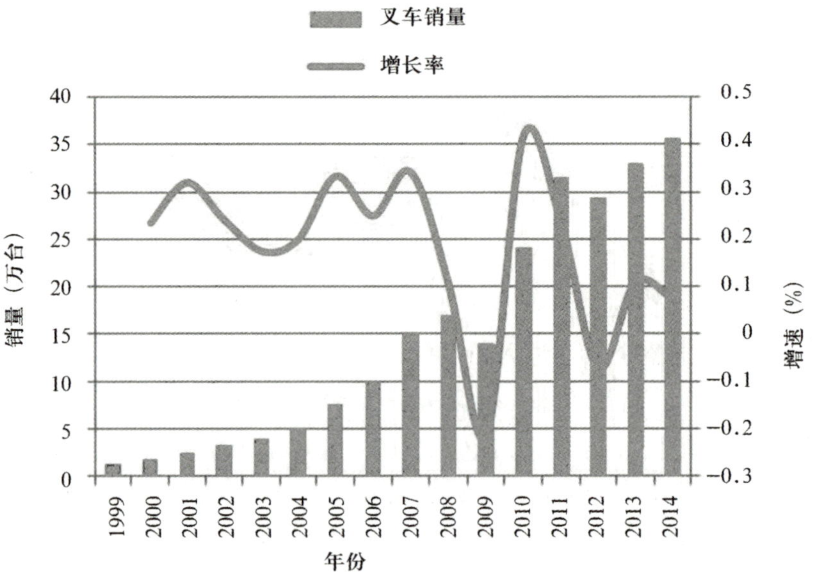

图4-4　我国叉车市场销量及增速

来源：物流信息与技术，广发证券发展研究中心。

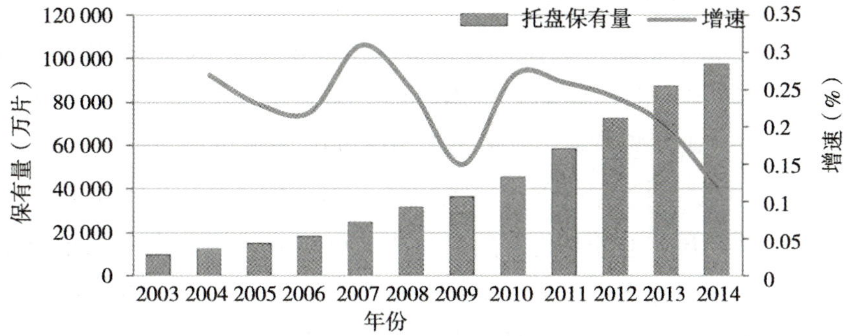

图 4-5　我国托盘保有量及增速换档情况

来源：物流信息与技术，广发证券发展研究中心。

此外，在物流仓储装备自动化和智能化时代，智能穿梭车与密集型货架相结合可以提高仓储设施的空间利用率和出入库效率，目前这种新技术已得到普及应用，如图 4-3 所示，国内智能穿梭车增长速度在 50% 以上。除智能穿梭车之外，立体仓库、AGV、物流机器人、拣选系统、物流软件等，增速都在 30% 以上。这些数据说明对于物流仓储装备行业而言，自动化、智能化技术已成为市场需求的主流。在这些产品中，AGV 虽然只是仓储装备中比重较小的输送装备，但却是仓储智能化非常关键的设备，故增速仍然较高，如图 4-6 所示我国 AGV 每年新增装机量及其增速预测，2014 年 AGV 市场新增量为 3150 台，同比增加接近 30%，2015 年 AGV 新增规模达 4300 台，增幅超过 36%，其中超过 70% 是来自国产品牌，据专家预测，未来物流仓储领域对 AGV 需求将有突破性的进展，增长速度将超过 45%。

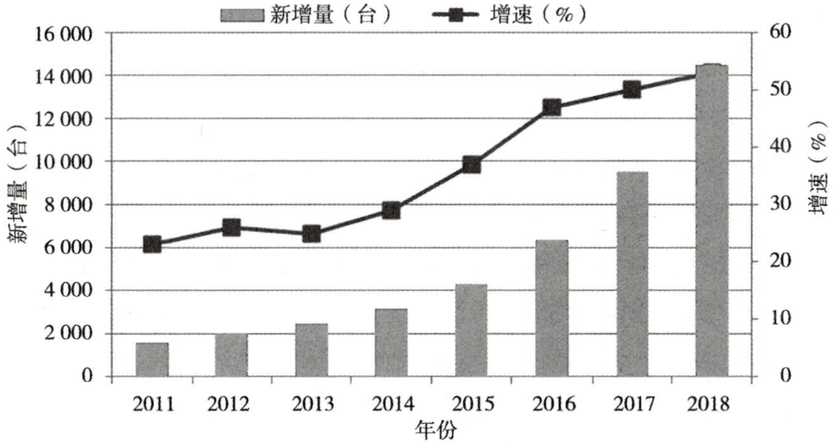

图 4-6　我国 AGV 每年新增装机量及其增速预测

来源：广发证券发展研究中心。

虽然目前我国物流仓储装备企业大部分集中在技术水平较低的市场中，但根据中国物流技术协会信息中心的调查统计，2000 年至 2013 年我国物流自动化系统市场需求增长情况如图 4-7 所示平均增长速度在 20% 左右。专家预测，比物流自动化要求更高的智能物流系统国内市场规模将从 2014 年的 425 亿元增长到 2018 年的 1 000 亿元左右，年复合增速达 25% 左右。物联网系统作为目前国际智能物流系统的主流，应用最普遍的是物联网感知技术和 RFID 技术，然而目前 RFID 仍然处在“供方热情，需方谨慎”的窘境，普及率不及 20%[15]。这些数据表明，在国内经济正常发展情况下，物流仓储装备的自动化高端市场需求将会是逐年稳定增加的，我国企业应加快研发和技术引进，迅速掌握相关技术，逐鹿这片市场空间。

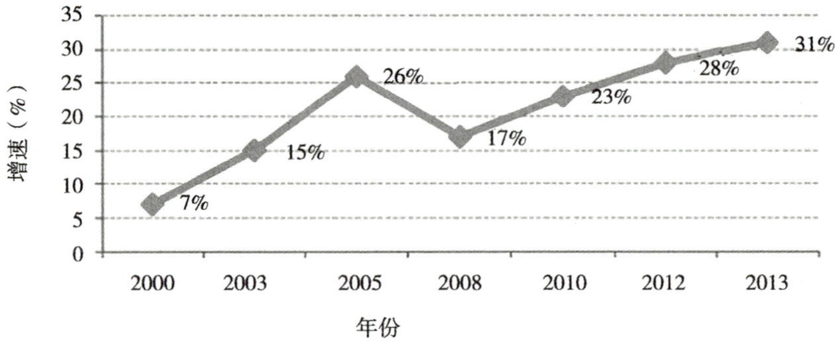

图 4-7　2000—2013 年我国物流自动化系统市场需求增长情况

4.3　产业标准和规范比较

不言而喻，物流仓储装备产业的相关标准和规范对于其自身的稳健发展是至关重要的。在该产业充分推广标准化的前提下，所有相关企业就会专注产品本身和服务质量，而不是简单地依赖低价来赢得市场和客户，因为谁最新开发出更优产品，谁就会成为这个产品标准的制定者，拥有标准的企业和国家可以走在这个产业的世界前列。政府和整个产业应该鼓励企业投入资金和精力创新，最终为整个行业创建公平竞争的健康环境。

在文献 [6] 中的物流仓储设备标准体系表基础上，通过对物流仓储装备中的立体仓库、单元化集装器具与设备、货架、自动货柜、巷道堆垛搬运设备、单元货物连续输送设备、单元货物搬运设备、分拣设备、拣选设备、立体仓库监控与信息管理系统等所涉及的国际通行标准和我国相关标准进行收集和整理，可以梳理出在物流仓储装备产品中国外和我国各种标准和规范制定情况。

标准涉及的内容包括一般机械、材料、汽车、业务执行质量规范等方面。

由于各个国家都会根据国内企业生产的需求，制定各自的国家标准，只有部分的标准成为各国使用的国际标准。这些标准可以反映出各国在物流仓储装备产业的发展实力。这里只是分析各个国家或地区的标准上升为全球各国公认的标准。表4-14为国内外通行的物流仓储装备标准制定情况，包括主要物流仓储装备相关标准中，制定标准的国家、标准数量及制定的时间范围。

表 4-14　国内外通行的物流仓储装备标准制定情况

制定标准国家	标准代码	主要涉及领域	制定时间范围	数量（项）
日本	JIS（日本国家标准）	立体仓库 单元化集装器具与设备 货架 巷道堆垛搬运设备 单元货物连续搬运设备 单元货物搬运车辆 分拣设备	1980—2004年	22
美国	ANSI/ASME（美国国家标准学会/美国机械工程师协会标准）	单元化集装器具与设备 巷道堆垛搬运设备 单元货物连续搬运设备	1989—2004年	5
德国	VDI(德国工程师协会标准) DIN(德国标准化学会)	立体仓库 巷道堆垛搬运设备 单元货物连续搬运设备 单元货物搬运车辆 拣选设备 立体仓库监控与信息管理系统	1983—2006年 1985—1993年	29 6
俄罗斯	ΓOCT（俄罗斯联邦标准化规范文件：部标准）	货架 单元货物连续搬运设备	1981—1999年	9
英国	BS EN(英国标准协会)	单元货物搬运车辆	1998年	1
澳大利亚	AS(澳大利亚国际标准公司：澳大利亚唯一的标准认证机构)	货架 巷道堆垛搬运设备	1993—1995年	2
欧洲	EN（CENELEC和CEN以及他们的联合标准制定，共19个成员国）	立体仓库 单元化集装器具与设备 巷道堆垛搬运设备 货架	1996—1997年	2
	FEM（欧洲物料搬运协会标准，一家非营利机构）			

（续）

制定标准国家	标准代码	主要涉及领域	制定时间范围	数量（项）
	FEM（欧洲物料搬运协会标准，一家非营利机构）	巷道堆垛搬运设备 单元货物搬运车辆 立体仓库监控与信息管理系统	1979—2001 年	16
全球	ISO(国际标准化组织)	单元化集装器具与设备	1988—1991 年	2
中国	GB/T(国家推荐性标准)	以上所有领域	2008—2012 年	6
	JB/T(机械部推荐标准)		2004—2012 年	70

欧美日制定标准的颁布机构有所不同，欧洲与美国主要由一些相关的学会、协会或非营利机构制定和发布标准，这与这些国家工业发展历史长、整个工业体系完善有关。这些协会机构与工业实体联系紧密，一般由该行业的企业组成，所以非常活跃，且具有很高的权威性和严谨性，故由这些机构发布的标准会得到会员企业的大力支持和拥护，这些标准自然也会得到会员所在国广泛遵守，甚至升至国家标准层次——行业标准和国家标准。值得注意的是，有一些标准其他国家也在使用，实质上已经上升到国际标准，如德国工程师协会标准，由于制定非常严格，而且在政治上处于中立，所以很多国家也采用它发布的标准。这也是很少由区域或全球的机构直接颁布标准的原因，如欧盟颁布了 16 条，国际标准化组织只颁布了 2 条。我国虽然也建立了很多协会，如机械工程协会（内部设有物流工程分会）等，但这些协会绝大部分成立时间晚于欧美国家，且主要成员以科研院所居多，社会企业参与度还不是很高，导致很难由协会组织制定相关标准，故物流仓储装备产业所适用的标准基本上是以国家层面或机械部层面颁布的标准为主。

在国外民间机构制定行业标准是非常活跃的，而且由于这些机构有很多行业领头企业加入，社会认可度很高，故他们制定的标准会被社会认可，并逐步上升为国际标准。而我国基本采取顶层设计，自上而下，我国制定的标准主要先由国家发展及改革委员会、全国物流标准化技术委员会等提出制定需求，下属的各专业委员会征询各成员单位意见，确定物流装备行业需要制（修）订的国家或行业标准项目，再通知成员以承接项目的形式进行申报。如国内最大的仓储设备供应商之一，音飞储存公司主导参与了《工业货架规格与额定载荷》《组合式工业货架设计与计算》等 6 项国家标准，以及《货架分类及代号》《货架术语》《托盘货架》《贯通式货架》等 13 项行业标准的起草和制定工作。

此外，各个先进国家制定标准的重点领域也各有侧重点，往往与该国在这个领域的工业实践技术发展和应用成熟程度有直接相关性，如德国体现自动化，德国工程师协会主要在搬运、分拣、立体仓库等方面的自动化引导、传感、互换性、数据流程等方面制定标准；俄罗斯工业以重工业见长，制定的标准主要针对货架、桥式或巷道起重机等设备基础计算和技术条件、规范等；社会物流非常发达的美国制定的标准主要集中在托盘种类和尺寸互换、自动导向工程车辆和起重机的安全标准等。

从标准制定的时间范围可以看出，欧美日这些发达国家很早就非常重视物流仓储装备产业发展，在 20 世纪就开始制定该产业相关标准。如，日本早在 20 世纪就开始制定，而且主要在 90 年代期间颁布最多；德国被国际各国认定的标准最多，一部分原因是该国 20 世纪 80 年代开始在物流仓储装备行业中大力推进标准；同样俄罗斯和欧盟制定的标准也被国际认可推广。当然，这些标准之所以被广泛认可，除了这些国家工业发展的优异表现外，也与其较早制定和实践标准有关。

而我国标准有的是针对国际上未统一标准的领域而制定的，有的是对已有的国际标准进行本土化，利于国内应用。这些标准分为国家标准和原机械部标准，其中国家标准主要涉及自动化存储系统、货架、巷道堆垛起重机等术语和设计规范；原机械部标准涉及立体仓库、单元化集装器具与设备、货架、自动货柜、巷道堆垛搬运设备、单元货物连续输送设备、单元货物搬运设备、分拣设备、拣选设备、立体仓库监控与信息管理系统等等，这些标准很少上升为国家标准。这些标准制定的时间明显延后于这些国家和地区，颁布时间主要是近 10 年。在内容上，我国国家标准和原机械部标准一般是在这些国际或国家标准的基础上形成的，如我国目前制定的叉车国家标准有 14 项，等效采用国际标准的有 13 项，占标准总数的 92.9%；国家标准 GB/T 5141—2005《平衡重式叉车 稳定性试验》规定了平衡重式叉车的稳定性试验方法，等同采用 ISO 1074:1991《平衡重式叉车 稳定性试验》；国家标准 GB/T 5142—2005《前移式和插腿式叉车 稳定性试验》规定了平衡重式叉车的稳定性试验方法，等同采用 ISO 3184:1998《前移式和插腿式叉车 稳定性试验》[17]。

按标准的类别分，国内外针对该产业建立的标准主要包括通用基础、通用方法、通用安全、产品基础、产品方法、产品安全、产品等 7 项。表 4-15 所示为国外标准与我国标准数量比较，从表中可以看出，先进国家和地区主要推行各装备的通用基础、产品基础、产品安全等标准，强调装备生产和设计的基础约定和使用安全。我国主要推行通用基础、产品基础和产品的标准，其中通用基础标准主要目的是将国际标准进行本土化转换，且绝大部分是具体产品的标准（有些标准是国外已有的，有些是国内独立制定的）。可以看出，欧美日发达国家制定的物流仓储装备标准更关注底层设计和安全保障，而我国更关注产品本身。

表 4-15　国外标准与我国标准数量比较

标准类别	国外标准数量（项）	我国标准数量（项）
通用基础	11	11
通用方法	2	2
通用安全	0	1
产品基础	44	13
产品方法	4	0
产品安全	11	4
产品	22	45
共计	94	76

从我国来看，物流装备标准化工作开展时间相对较晚，且基本上是推荐使用标准，而有些非强制标准并未得到广泛应用和遵守对行业发展造成一系列不良的影响。首先，在不强制标准使用的情况下，客户用最低价格采购的物流仓储装备往往经不起时间和性能的考验，客户逐步开始质疑国内企业的产品质量，在一定程度上使该产业的发展进入“劣品驱逐良品”的经济怪圈。其次，随着用户业务规模或业务流程的变化，可能需要对原仓储系统进行调整、扩建或重组，如果在缺失标准的情况下，其他设备供应商很难在原有系统基础上，直接更新或改造，最后只能重建，这就给整个社会发展带来巨大浪费，也增加了用户的经济负担。再次，这种标准的缺失也会导致物流仓储装备供应商和监管部门无法达成一致条件，如质监局把“提升输送机”当作电梯来处理，用电梯的标准去要求它，从而影响用户设备的正常验收。为了消除这些影响，有关部门和行业组织结合我国经济社会发展的需求，积极借鉴和采用国际和国外先进标准，注重加强国际合作与交流。我国已在托盘领域开展与日、韩的合作，并由中、日、韩三国发起成立了亚洲托盘系统联盟，提升我国物流装备产业的国际竞争力。此外，鼓励更多的企业参与到物流标准制定工作中，让企业更多地了解物流标准化进展，主动使用标准规范企业运作。总之，物流仓储装备标准化工作是一项长期、基础性的工作，

虽然这条路过程比较曲折，但是我们要逐步完善物流仓储装备标准，不断满足市场的需求，引导企业规范经营，促进物流仓储行业健康有序发展[18]。

4.4 政府与民间在产业发展中的作用比较

4.4.1 产业政策引导作用比较

从本质上讲，物流仓储装备产业归属于制造工业大类，针对制造业的政策同样将直接影响该产业。如美国 20 世纪 80 年代为了开拓美国产业的出口空间，实施了《贸易政策行动计划》《综合贸易与竞争力法案》《国家贸易政策纲要》等，特别是 2008 年的金融危机以来，美国政府提出了一系列措施和计划包括《重振美国制造业政策框架》《美国先进制造业的领先地位计划》《先进制造业国家战略计划》等，以帮助美国制造业在逆境中实现升级，同时贯彻《产业保持优势战略》。这些产业战略政策也推动了美国物流仓储装备制造业发展。

此外，物流仓储装备产业最大的市场——物流产业属于服务业大类，所以针对物流产业的软硬件设备和设施的政策也会间接影响或拉动物流仓储装备产业的发展。如早在20世纪70年代，日本国内生产企业和零售企业内部物流费用剧增，日本政府从提高物流效率、促进经济发展的愿望出发，采取了各种措施扶持企业进行物流设施建设。其中包括：统一规划城市中的仓储设施建设，修建“流通团地”，并且制定规划物流活动的法律、法规和颁布倡导企业革新物流技术、更新物流设备的优惠政策等。例如，引导中小物流业者为提高劳动生产率、节约劳动力和促进企业结构“高度化”而购置机电一体化设备(如自动分拣传送带、回转式分拣机、多用途货架、电子计算机等)，在第一年可进行特别折旧或减免税收，包括某些未用机械可进行特别折旧，物流业者的仓库、贮藏槽、露天货场等场地免征土地税，“仓库团地”的事业用地和建筑物向合作社成员转让时，可免征登记许可税等。这些政策的实施极大地拓宽了日本国内的物流仓储装备市场，为包括日本大福株式会社在内的物流仓储装备企业的高速发展提供了广阔市场空间。

我国政府针对物流业而制定的与物流仓储装备产业相关的政策有：2009 年 3 月，国务院颁布《物流业调整和振兴规划》，促进物流业调整升级，加强物流基础设施建设的衔接与协调，加强仓储设施建设，在大中城市周边和制造业基地附近合理规划、改造和建设一批现代化的配送中心；2011 年 3 月，商务部、国家发改委、供销总社组织编制印发《商贸物流发展专项规划》，提出发展现代商贸物流服务体系，立体仓库的总面积占仓库总面积要达到 40%，物流企业机械化、自动化、信息化水平显著提高；2014 年 6 月，国务院出台《物流业发展中长期规划（2014—2020 年）》，促进产业结构调整，转变发展方式，推进物流技术装备现代化，加强物流核心技术和装备研发，推动关键技术装备产业化，鼓励物流企业采用先进适用技术和装备，吸收引进国际先进物流技术，提高物流技术自主创新能力，支持货物跟踪定位、无线射频识别，研发推广高性能货物搬运设备和快速分拣技术；2016 年 7 月，发改委发布《“互联网 +”高效物流实施意见》，明确提出将鼓励物流机器人技术开发，促进机器人在物流业的应用，重点突破的领域包括机器人影像识别拣选、高密度存储机械臂拣选、语音拣选等技术，开展仓内机器人多模式应用，分拣、包装、配送、仓储的智能化升级将加快进度；2016 年 9 月，国家发改委发布《物流业降本增效专项行动方案 (2016—2018 年)》，其中特别强调“国内物流市场规模庞大，效率低下，智能物流大有可为”。这些政策促进了物流仓储装备需求增速加快，给物流仓储装备企业带来了巨大商机。

物流仓储装备产业作为整个制造业的重要部分，我国针对制造业制定的政策也直接影响它的发展，具体政策包括：国务院颁布的《装备制造业调整和振兴规划》(2010 年)，提出保持装备制造业平稳较快增长，并着力解决制约我国装备制造业发展的结构性问题，全面提升装备制造业生产要素的质量和水平；在中国制造业掀起“机器换人”的发展浪潮中，智慧物流是其中的一个重要方向，从长远发展来看，自动化物流装备能给企业带来人力节省和效率的提升，因此智慧物流必将成为智能制造的一个重要方向，必将要求物流仓储装备产业科研和制造实力升级，使更多已经具备了信息化、数字化、网络化、智能化功能的现代物流系统，借助于最新的红外、无限、自动识别、卫星定位等高新技术实现真正的智慧化；2015 年 5 月全国两会颁布的《中国制造 2025》方案同样也给物流仓储装备产业带来机遇和挑战，提出要顺应“互联网 +”的发展趋势，以信息化与工业化深度融合为主线，强化工业基础能力，提高工艺水平和产品质量，推进智能制造、绿色制造。

民间机构基于多年扎根市场，全面了解行业市场现状及发展前景，能更好地把握市场变化和行业发展趋势的优势，一般为政策的制定提供前期准备工作，如提供市场调研、专家咨询、分析和建议等工作。民间机构包括咨询公司、行业协会、专业信息服务商（杂志期刊出版商、专业网站）等，往往注重协助决策者和政策制定者了解该行业整体发展态势及经济运行状况，提供建议和基础分析报告，确保决策方向的正确性和科学性：中商产业研究院的资深专家和研究人员通过周密的市场调研，参考国家统计局、政府部门机构发布的最新权威数据，并对多位业内资深专家进行深入访谈的基础上，通过相关市场研究的工具、理论和模型撰写了《2016—2020 年物流装备行业发展机遇及“十三五”战略规划指导报告》；专业市场研究机构——前瞻信息研究院发布了《2014—2018 年中国物流装备业市场前瞻与投资战略规划分析报告》《2015—2020 年中国物流装备行业深度调研与投资战略规划分析报告》和《物流装备制造业分析报告》，客观地剖析了中国当前物流装备制造产业的发展现状、竞争状况、政策环境和发展重点，对物流装备制造产业未来的发展趋势做出审慎分析与预测；水清木华研究中心着重研究了中国自动化物流装备系统市场规模、产品结构、需求结构、竞争格局等之后，撰写了《2016—2020 年中国自动化物流装备行业研究报告》；中国调研网发布的《2015 年中国物流装备行业现状调研及发展趋势预测报告》和《全球及中国自动化物流装备行业发展调研与市场前景预测报告（2016 版）》对物流装备行业相关因素进行具体调查、研究、分析，洞察物流装备行业今后的发展方向，提出建设性建议，为物流装备行业政策制定者提供参考依据；中国产业信息网发布的《2017—2022 年中国物流装备市场研究及投资前景预测报告》，分析了物流装备行业的环境、行业结构、行业市场和行业企业。

4.4.2 创新引导和评估作用比较

对于物流仓储装备产业而言，创新是至关重要的，是企业树立品牌的保证，也是我国该产业能与先进国家同行争夺市场的制胜法宝，所以在我国，从国家层面到企业层面都非常重视创新，两者也采取各种措施支持创新，支持企业完善技术创新体系，增强自主创新能力。相对来说，国外先进国家对于企业创新的引导和评估机制要比我国完善，而且科技创新和投资市场非常活跃。

美国科技服务业的突出经验是，要想充分发挥企业作为创新主体作用，政府仅需要进行必要的干预。美国政府非常重视科技服务业的发展，但只从供给、需求和环境保障等几个方面实施一些有利于企业创新的措施，促进美国国内技术创新活动的开展。先进国家深知人才、技术、知识产权在经济发展和国际竞争中的空前重要性，不断加强研究开发投入，以占领技术领域的战略制高点。其研究开发投入占 GDP 比重一般都在 2% 以上甚至接近 3%，美国联邦政府对研究开发的拨款仅次于国防开支，在联邦各项支出中居第二位。跨国公司特别是高技术领域的跨国公司研究开发投资规模动辄数以十亿甚至百亿美元计，占销售额比重一般超过 5%，有的高达 15% ～ 20%。许多公司拥有数以千计的专利，有些甚至拥有几万项专利。除直接拨款外，为鼓励研究开发投入，先进国家政府采取的主要措施有：一是为企业研究开发活动提供资助或补贴。美国政府通过大量的政企合作专项计划，如先进技术计划等，为企业研究开发活动提供财政资助、补贴。二是实行税收优惠政策，美国政府对企业在任何一年的支出超过前三年研究开发平均金额的部分实行 20% 的优惠税率。日本则规定，任何一年的研究开发经费如果超过以往年度的最高金额时，可从企业的法人税或所得税中扣除相当于超额部分 20% 的金额，对中小企业可免收研究开发经费增加额的税。三是实施严格的知识产权保护政策，提高企业研究开发投资的积极性。

德国在重视发挥市场作用的同时，也十分重视政府政策的引导作用。战后德国政府在限制垄断、保障市场机制发挥作用的同时，加大了对关键领域的技术研究和开发的支持力度，促进了科技创新能力和工业竞争力的提高。同时德国政府采取多种措施支持中小企业发展，尤其是支持中小企业研发活动，有力促进了中小企业技术改造和创新。

日本的产业政策是政府调控促进产业升级的典范，通过政府在产业发展方向上的计划与指导，日本较好地实施了国家能源战略，并对有发展潜力和战略意义的行业提供了大力扶持，通过增加资本、技术的投入，促进其迅速发展；同时日本通过立法等方式，为促进产业升级营造公平、公正、公开的市场环境。

为了创新能在公平、公正环境中开展，各国都建立了评估机构，做法十分详细和明确。先进国家评估活动内容丰富，形式多样，科技评估的政策体系和管理办法也相对成熟和完善。美国科技评估机构大致分为三个层次：一是国会科技评估机构，二是州政府科技评估机构，三是大专院校和科研院所的科技评估机构。英国科技评估主要是对科技计划或项目实施效果进行检查和评价，其机构有三级系统，第一级是英国中央政府，第二级是议会、议会委员会和国家审计署，第三级是地方政府和地方评估机构。日本科技评估组织机构大致分为三个层次：综合性科技评估机构，由国家直接管理开发的事业评估机构附属首相府，科学技术会议政策委员会；专业性评估机构附属各产业部门，如通产省的产业构造审议会；企业性评估机构，如富士通公司评估机构。

先进国家与我国科技计划项目的结题验收方式基本相同，分为三种方式：鉴定、验收和总结，以验收为主。在验收的组织方式上有一些差异，先进国家政府通常不是直接的项目结题验收组织者，而是资助社会咨询评估机构或独立的中介机构来组织。此外，这些国家十分重视科研项目评价的严谨性和可靠性，会针对不同项目建立合理的评价指标体系，这样无论由哪个机构来评估都保证客观性。为了保证公开透明，日本、英国等国家政府会及时在互联网上公布项目的评估程序、评估结果和项目研究相关内容和结果。

我国很多物流仓储装备企业也会积极申报国家及省级以上技术改造、经济增长点、民营经济发展资金、火炬计划、星火计划、攻关计划、高新技术产业化、国家重点新产品等专项计划，政府在以上企业科技创新过程的前期、中期和后期，一般都要采取评估和评定工作，目的是确认资助对象是否达到资助要求，确定是否立项和资助等级。这种评估一般由政府职能部门主导组织，如国家或地方发改委、科技局等部门确定当前资助企业类型和资助要求，然后由各个企业或个人根据申报要求填写和递交申报材料，最后由主管部门组织评定机构和组成人员，这里包括政府官员、行业专家等，有的直接委托第三方独立机构评估。同样，在资助项目到期完成后，成果和效果评定也会采取类似评估过程，最终确定项目完成的情况和水平。

4.4.3 投资和融资作用比较

先进国家政府非常支持物流业发展，把物流和商贸流通基础设施作为市政基础设施来投资兴建。日本不论是大型流通基础设施还是基地建设，都由政府直接给予资金支持，国家、都道府县、市町村按照 5 ∶ 2 ∶ 3 的比例来负担公共基础设施的建设资金，政府对市场功能改善以及改建、扩建等项目也会给予资金扶持。在基础设施等外部条件方面，欧洲国家制定各种政策措施，促进大型货运枢纽、物流基地、物流中心和公共配送中心等新型物流基础设施的发展。如，荷兰政府对建立物流配送中心的企业给予选址、规划及经营方面的指导，并给予一定比例资金支持或贷款贴息；2010 年德国政府直接出资 1 亿欧元支持德国物流研究院，打造鲁尔区的物流高地。

我国政府对物流业发展所需的投融资需求也非常重视，有的采用直接投资，如 2014 年 10 月，国务院发布《物流业发展中长期规划（2014—2020 年）》，在拓宽投融资渠道中，提出继续通过政府投资对物流业重点领域和薄弱环节予以支持；有的制定政策，进一步加大对投资物流领域的支持力度，如 2016 年 7 月，在国家发改委印发的《“互联网+”高效物流实施意见》中，提出配套的保障措施——从资金、土地、税收、金融等方面都将加大力度，包括物流项目的用地审批，中央和地方财政积极支持符合条件的智能仓储配送设施建设，银行业等金融机构对物流企业加大信贷支持力度等。有的直接鼓励和引导民间进入物流领域投资，构建民间投融资环境，如国务院 2014 年 10 月发布的《物流业发展中长期规划（2014—2020 年）》，以及国家发改委、公安部、财政部等 12 个部委机关 2012 年 5 月出台的《关于鼓励和引导民间投资进入物流领域的实施意见》都提到多渠道增加对物流业的投入，鼓励民间资本进入物流领域，支持符合条件的物流企业通过发行公司债券、非金融企业债务融资工具、企业债券和上市等多种方式扩宽融资渠道。

一般企业实现资本运作战略途径有两点：推动自身上市，企业不挂牌是靠盈利积累财富，挂牌以后则靠市值管理来积累财富；寻找融资模式，如发行股票、私募融资、租赁、海外信托、发债等等。物流仓储装备企业如果要走市场化、品牌国际化道路，以上是不可回避的战略选择，世界20强物流仓储装备企业基本上在所属国家或国外证券交易所挂牌上市。我国规模较大的物流仓储装备企业基本也会在国内的两大股票交易所挂牌上市，通过上市实现融资目的，如表4-13中的14家国内企业中，南京音飞储存设备股份有限公司在2015年6月登陆上海主板市场，股票代码603066；2015年6月30日，山西东杰智能物流装备股份有限公司在深圳证券交易所创业板挂牌上市，股票代码300486，股票简称“东杰智能”； 新松机器人2015年11月成功实现定向增发30亿元，未来将继续完善在上海、青岛、杭州、重庆等区域布局，并在全球范围内整合创新资源，通过兼并重组，实现跨越式发展。

此外，我国物流仓储装备企业也开始通过其他途径融资，如天奇股份进行了智能物流产业链建设的资本运作，参投百亿级国内最大民营投资集团“苏民投”，利用资金加快其智能物流装备发展和开拓海外市场；由德马科技与棋盘资本、斐君资本合作的中国第一支智能物流产业投资基金“万漉鼎业基金”正式启航，这是企业借助资本市场发展壮大的一种有益尝试。

与债券市场的发展相适应，公开信用评级制度应运而生。良好的信用评级服务增加投资者的信心，增加社会资金对债券的需求，从而进一步刺激债券市场的发展。先进国家风险投资发达的基础是民间机构提供的信用评级信息，信用评级是资本市场体系中不可或缺的组成部分，其评级对象既包括国家和企业等融资主体，也包括债权、基金、商业票据等金融产品。美国是当今世界上信用体系最发达的国家，具有完善的管理体制和一批独立、市场化运作的信用服务主体，美国的三大评级公司包括穆迪投资者服务有限公司、标准普尔公司和惠誉国际信用评级有限公司。英国评级制度主要表现为两大特点：对“企业财务经营状况”和“公司债券信誉情况”分别进行单独评价而不进行两者的综合评价，其理由是英国的评级目的仅仅在于对投资者的有价证券投资组合提供信息，至于是根据企业等级选择投资对象还是根据债券等级选择投资对象，则由投资者自己做出决定；英国评级制度排除分析人员的主观判断，完全依靠客观因素进行评价。因此，只要能够得到有关评级资料，便可以机械地进行评级，无论任何人进行评级，结果都是相同的。与此相反，美国式的评级制度尽管同样重视客观因素，但最终结论还是依靠分析人员的主观判断，并由评级委员会投票决定。

与先进国家相比，我国以大公国际资信评估有限公司为代表的信用评级机构体系较为薄弱，为了鼓励和保障物流仓储装备企业以各种方式向社会融资，还需要整个信用环境进一步培养，建立完善整个社会信用基础。

4.4.4 规划和咨询作用比较

美国、德国等先进国家非常重视制造业规划，包括物流仓储装备产业规划，采用科学、系统的规划方法，根据发展基础和社会需求合理超前规划，理清产业发展方向和产业结构，整合资源，推动产业不断优化，保持持续发展。美国一般由政府、大学和企业民间机构等三方机构来研究产业现状，做出调整产业发展方向和结构决策。德国主要采用政府总体规划和指导产业发展为主德国在物流规划方面非常注重科学性、系统性、严谨性和发展性，坚持科学的顺向规划原则，先把业务流程和战略考虑清楚，然后考虑工艺，最后考虑建筑。如德国多特蒙德高端物流产业园，位于鲁尔区东部，以技术研发为核心，率先引入德国物流研究院；重视研发和人才培养，在多特蒙德大学等多所大学设有物流专业，成立德国第一家物流研究生院，启动欧洲最大的物流人才基地；在政府支持下，成立物流技术创新管理与测试中心，引入知名企业与孵化技术型小微企业相结合。

我国政府也十分重视制造业规划，在规划仓储物流装备产业方面，重点考虑产业定位、产业布局以及与产业发展所需的配套设施、招商引资、资金和土地政策等。首先产业定位清晰，组织研究全球经济形势和物流仓储装备产业规模需求，如在2014年湖州南太湖高新技术产业园区（即湖州现代物流装备高新技术产业园）委托著名的德国弗劳恩霍夫物流研究院进行园区的规划，该研究院为物流装备产业提供专题研究和咨询报告。然后，政府顺应社会对该产业发展需求，梳理发展思路、发展方向和目标，优化和整合现有资源，引导企业聚集，开拓新的发展方向；在企业引进方面，一般重点考虑现代物流装备产业链和价值链高端的企业，如日本的大福株式会社、美国的德马泰克公司、德国的胜斐尔公司等全球著名物流仓储装备制造商和仓储系统方案提供商。在研发方面，也十分重视与科研院所的合作，如浙江湖州现代物流装备高新技术产业园与浙江工业大学合作成立了浙江省现代物流装备与技术研究院、浙江工业大学湖州物流装备与技术研究院、浙江汇智物流装备技术有限公司等，为当地企业提供物流装备与技术等方面的服务。

参考文献

[1] 房殿军.学习发达国家经验，推进中国物流装备产业快速发展[J].物流技术与应用，2014，19(1):48-49.

[2] 孙玉凤，孙福田，邢嘉禄，等.现代物流仓储业的发展趋势及其优化策略研究[J].中国市场，2010，(10):20-21.

[3] 王继祥．中国物流装备业发展历程与发展规律 [J]. 物流技术与应用，2011（11）：34-36.

[4]冯影环．国内外物流技术装备发展情况对比[J]. 物流技术，2015,34(9):72-74.

[5] 甘仲平．自动化物流装备技术发展现状与趋势 [J]. 物流技术与应用，2012 (10):91-94.

[6] 德马科技有限公司现代物流技术研究院．编织智慧高效物联网 [J]. 今日科技，2014(8)（37）.

[7] 数据|智能物流装备行业报告：后周期的智能物流系统进入成长周期 [N]. http://mt.sohu.com/20160930/n469489417.shtml.

[8] 吴菁凡．对 2015 年全球物流系统集成商 20 强榜单的分析 [J]. 物流技术与应用 ,2016,21(6):166-169.

[9] 2013 年中国物流系统集成行业总体竞争情况 [R]. http://www.ibaogao.com/qingzheng/ 010G362a2014.html.

[10] 熊哲颖．智能物流崛起，看好智能物流系统集成商发展前景 [R]. http://www. soft 808.com/News/2016-2-18/D37FDKIF485100E3726.html.

[11] 胡贵彦 .2013 年度日本物流装备产销量统计 [J]. 物流技术与应用 ,2015,20(2):94-102.

[12]2013—2014 年物流装备行业回顾与展望 [R]. http://mp.weixin.qq.com/s? __biz=MjM5ODMzOTYyMw==&mid=200033370&idx=2&sn=fd4612cdd7ef-197155d18a9f3ef293dd.

[13] 2016 年智能物流是智能制造关键环节，中国物流装备行业提升空间巨大 [R]. http://www.chyxx.com/industry/201601/383303.html.

[14] 智能物流仓储逐渐步入飞速发展阶段 [R]. http://www.afzhan.com/news/detail/43843.html.

[15] 中国物流产业投资促进报告 2014-2015. https://www2.deloitte.com/cn/zh/pages/public-sector/articles/investment-promotion-report-of-china-logistics-industry-2014-2015.html.

[16] 物流仓储设备标准体系表 [Q].http://www.docin.com/p-397206635.html.

[17] 郭淑萍，张敖．国内外物流行业标准比对研究 [C]. 第 12 届中国标准化论坛论文集，北京，2015:956-959.

[18] 王锋．我国物流仓储设备标准化工作的实践与发展 [J]. 物流技术 ,2013(20): 26-28.

第 5 章

我国物流仓储装备产业发展环境、趋势与目标

5.1 我国物流仓储装备产业发展环境

物流仓储装备产业发展可以促进许多领域产业的发展，同时又受到许多因素的制约，特别与国家经济发展战略、产业发展战略以及物流发展战略密切相关。

5.1.1 我国经济发展战略

根据“十三五”发展规划，我国将按照创新、协调、绿色、开放、共享的发展理念，着力实施创新驱动发展战略，增强经济发展新动力，坚持新型工业化、信息化、城镇化、农业现代化同步发展；加快制造大国向制造强国转变，推动移动互联网、云计算、大数据等技术创新和应用；坚持绿色低碳发展，改善环境质量，建设天蓝、地绿、水清的美丽中国；坚持深度融入全球经济，落实“一带一路”倡议，以服务业为重点放宽外资准入领域，探索推行准入前国民待遇加负面清单的外资管理模式，营造高标准国际营商环境，打造利益共同体；坚持全面保障和改善民生，构建公平公正、共建共享的包容性发展新机制，使发展成果更多更公平惠及全体人民。

1. 新型城镇化战略

新型城镇化战略，既可最大程度释放农民工市民化的需求，也能提高城市现代化的水平。彻底改变城镇化以房地产化和土地城镇化为中心的旧发展方式，尽快推进户籍制度改革，化农民工为“完全市民”。新型城镇化不仅要积极“化人”，而且必须按现代化的规律建设城市，提高城市现代化水平，只有这样才能提高城市效率，提高城市对人口的容量。这一战略的关键是着力检讨我国城市规划和建设中的不协调问题，从治理“规划病”入手治理“城市病”，防止“城市病”全面蔓延，以“棚户区改造工程”为基础，实施大规模的城市更新升级规划，重新规划和整治城市基础设施，优化城市空间布局，加强城市地下管网建设，提高城市的综合承载力。

2. 扩大消费战略

经济政策更加重视扩大消费的作用，不仅要优化需求结构，扭转投资率过高、消费率偏低趋势，而且要显著提高民生福祉。投资是手段，消费是目的，市场经济是消费驱动的经济，是消费者主导的经济，扩大消费和消费结构升级，不仅能消化一些过剩产能，而且能促进技术创新和商业模式创新。人均消费水平是人的现代化的一个重要方面。

扩大消费，首先是释放农民的消费潜力，其次是促进消费结构升级，这两方面都可能扩大消费的空间，释放我国消费增长的巨大潜力。特别是要改变“以吃住为中心”的消费观，转为“玩乐为中心”的消费观，从需求上讲，“玩乐”弹性更大，开放性强，如文化娱乐、休闲旅游、教育等，具有无限性，也更有品位，需求品位高，就会驱动企业创新，从而有利于创新能力提高。因此，必须鼓励汽车消费、休闲旅游消费和文化消费。加强公共事业发展，提高公共教育、公共医疗水平，促进健康、养老事业发展。

3. 促进服务业发展战略

加快服务业发展，不仅能显著优化我国的产业结构，而且是扩大就业、缩小居民收入差异的重要渠道。服务业历来是就业的蓄水池，过去每逢经济周期性调整时，服务业发展都会比工业更快，对调整期的经济起重要支撑作用，这次也如此。但这次不仅是周期性的，而且是阶段性和趋势性的，服务业发展是产业升级的重要内容，这就要求服务业必须加快发展。服务业一直是我国经济的短板，目前发展速度仍偏低，主要是受到各种体制机制和政策的限制，必须从改革和开放两方面为服务业发展提供强劲推进力，促进服务业快速发展。各级政府要像过去抓工业一样抓服务业发展，把增加公共产品供给与促进服务业发展作为经济发展的重点。以实施大学生就业促进计划和大学生创业引领计划为重点，鼓励大众创业，万众创新。

4. 提升自主创新能力战略

加快建设创新型国家，核心是把创新驱动发展提升到国家战略的高度，将经济社会发展的动力从资源驱动、资本驱动转到更多依靠科技创新驱动上来。实施创新驱动发展战略，必须走中国特色自主创新道路，坚持自主创新、重点跨越、支撑发展、引领未来的方针，紧密围绕全面建成小康社会的战略需求，抓住新科技革命的战略机遇，大幅提升自主创新能力，推动科技与经济紧密结合，加强协同创新，加快建设中国特色国家创新体系。

大幅提升自主创新能力，支撑加快转变经济发展方式。加强重点产业关键核心技术、重大装备和关键产品研发，突破技术瓶颈，推动信息化和工业化融合，加快高新技术向传统产业特别是支柱性的制造业扩散转移，推动传统产业升级。

发展智能制造、绿色制造，高起点建设现代产业体系，提升产业层次，从根本上扭转重点产业核心技术严重依赖国外的局面。加快高新产业从低成本要素驱动型向技术创新引领型转变；从产业链低端向产业链高端延伸，实现从制造大国向制造强国转变。加强重大公益性科技创新，发展高产、优质、高效、绿色现代农业，研发预防诊断技术和重大创新药物，实现能源资源的清洁、高效和循环利用，解决生态环境方面存在的突出问题。加快推进国家科技重大专项，突出系统性和集成性，突破对产业竞争力整体提升具有全局性影响、带动性强的关键共性技术。加快培育和发展战略性新兴产业，掌握关键技术及相关知识产权，形成新的经济增长点，培育未来支柱性、先导性产业。

5. 新开放战略

开放既包括对外开放，也包括对内开放。对外开放，让外资进入，由此形成内资与外资竞争合作的局面，从而扩大投资、增加产出，满足人们的需求。对内开放就是许多产业和领域，通过降低市场准入的门槛，引入民间投资，形成国内有效竞争格局。新常态下的对外开放是一种升级版的对外开放，既包括一些行业特别是服务业要扩大对外开放，引进外资参与发展，也包括我们大规模的输出资本，直接参与国际竞争，从资本引入大国转向资本输出大国，这是一次重要的战略转变。新开放战略包括以下重要内容：

首先是开放促改革。建设一些可复制的自由贸易区，促进政府职能转变，建立负面清单和权力清单的新管理体制。从领域上讲，由制造业开放转向服务业开放，新开放战略的领域重点是服务业，借此打破制约服务业发展的体制机制障碍，促进我国服务业发展。

其次是实施全面的“走出去”战略。“走出去”不能再停留在寻找资源的初级阶段，而要进入到一个以产业输出和资本输出为先导，占领全球市场，与全球一流企业开展直面竞争的阶段。这里关键是学会“打客场”，竞争比赛不可能总是选择“打主场”，真正的国际竞争是“主客场都有的竞争”，最终确立资本输出大国、强国的地位，形成更加深入的全球影响力。加快实施“一带一路”战略，以此加强与周边以及全球经济的互通互联，加快区域一体化进程，降低我国对外投资和贸易的交易成本。

再次是打造我国产业经济新竞争优势的同时，通过对外的双重开放（引进来与走出去）实现金融竞争力的提升。其中最主要的任务是实现人民币的可兑换和国际化，显著提升我国的金融影响力。

最后是加强各类国际区域合作，参与和主导全球贸易、投资、安全规则的制定。贸易和投资与全球进行深入融合，形成“你中有我、我中有你”的新格局，谋求我国国际利益的最大化。

6. 新区域发展战略

改革开放30多年来我国走的是一条非均衡发展道路，通过沿海开放，让沿海先富起来。随着这一目标的实现，我国的区域发展战略需要做重大的调整，应把发展的重点放在促进中西部地区发展上，形成平衡发展格局。这一转变将产生一举多得的积极效果，既能通过形成新的区域增长点而扩大消费需求，又能通过缩小地区差距来缩小城乡差距和居民收入差距，从而提高中等收入者的比重。目前我国的发达地区人均GDP接近或超过1万美元，但多数中西部省市区人均GDP不超过5 000美元，有的地区才3 000多美元，地区发展差距巨大。这种差距也是潜力，缩小差距，就能释放出巨大的内需。

促进长江经济带升级发展，通过长三角的“龙头”作用，带动“龙腰”起舞、“龙尾”起飞，实现东中西协调发展，在沿江中上游形成许多新的区域增长点。加快京津冀一体化发展战略，通过基础设施和产业发展的统一布局规划，优化能源和产业结构，着力治理雾霾和大城市病这两大“顽症”。在广大的中西部地区乃至较发达地区的欠发达地区培育一批区域性增长点、带，这也应作为区域均衡战略的重要部分。

5.1.2 我国产业发展战略

从2009年起，我国已成为世界第一制造大国。世界500种主要工业品中，我国有220项产品产量居全球第一。我国已形成了完整的工业体系，拥有联合国产业分类规定的39个大类、191个中类、525个小类。我国是世界第一农业大国，粮食、油料、蔬菜、水果、肉类、禽蛋和水产品等产量连续多年居世界第一。2013年，我国已成为世界第一货物贸易大国和世界第三服务业大国。

我国产业发展的使命是：“造福于民、强大我国、繁荣世界”。我国产业中长期发展目标是：到2030年，实现“强、绿、智、联、特”。“强”：全面掌握关键领域的核心技术，自主生产关键核心零部件；拥有大批世界水平的跨国企业群体、自主知识产权的关键产品和国际知名品牌，产品附加值高；具有国际规则和标准制定话语权，对全球供应链拥有控制力。“绿”：产业单位增加值能耗、水耗、资源综合利用率和废气减排达到世界先进水平；产品质量和生产流通安全有保障；产品符合消费者审美情趣。“智”：产业发展更多基于科技、知识、信息和创新，数字化、网络化、信息化和高技术化程度高。“联”：一、二、三产业联动；东、中、西地区产业联动；工业化与信息化联动；产业与社会、地区良性互动；产业与文化融合发展；产学研用紧密衔接；产业链、产业间、企业间分工协作；基础设施互联互通，物物相联、服务相联。“特”：中小企业专业化、精细化和特色化；区域性和本地化产业特色鲜明。

为有效解决问题，应对挑战，抓住机遇，我国产业中长期发展将满足需求作为产业发展的出发点和落脚点，以创新作为满足需求、由大变强的关键手段，通过协调来校正产业发展的不平衡，用灵活变化对创新和协调进行战略补充，从全球范围谋划产业战略布局，实施“需求导向、创新驱动、协调发展、灵活变化和植根世界”五位一体的战略。

1. 需求导向战略

需求是产业发展的原动力。产业发展要以需求为导向，从体系、结构、布局、品种、数量、品质、价格、服务等方面满足不同层次、不同维度的需求，使产业体系与我国战略需求相吻合，产业结构与需求结构相匹配，产业发展与国内需求条件相适应，产业能力与需求质量相符合。针对不同的需求提供不同的产品、服务和解决方案，以持续提升的价值来适应、引导和创造需求。

2. 创新驱动战略

创新既是满足需求的重要手段，又是解决问题、应对挑战、提升效率和生产力、提高资源综合利用率、改变核心技术受制于人的局面、实现从“依附跟进”到“跨越发展”、从“中国制造”到“中国创造”的关键举措。构建由技术创新、商业模式创新、管理创新、制度创新、产品创新、服务创新、流程创新、营销创新、组织创新、品牌创新和市场开拓等组合的多维度多层次创新体系。

3. 协调发展战略

从我国发展最佳效率和效果的角度，完善和优化产业体系与结构，协调产业内、产业间、产业体系与外部的关联因素。从产业各自分散发展向多产业联动转变，实现工业、农业和服务业协调发展，产业发展统筹国内和国际、城市和农村、民用与军工、基础和应用、实体与虚拟、重点与非重点、短期与长期；统筹产业与生态、环境、社会、贸易、宏观经济的关系；统筹传统、新兴和未来产业发展；统筹陆地、海洋和空天产业发展；统筹高增长、中增长和低增长产业发展；统筹劳动密集、资本密集、技术密集和知识密集型产业发展；统筹上下游、大中小企业发展。

4. 灵活变化战略

产业发展不能墨守成规、机械教条、一成不变，而以灵活、混合、变化的方式去适应时代变迁和应对可能的不确定性，不同地区、行业和企业根据实际差别化发展。竞争力强的产业和企业实施“大规模作战”，竞争力弱的产业和企业进行“游击战”，做到“攻守兼备、内外兼顾、形式多样、灵活自如、游刃有余”。

5. 植根世界战略

“根深才能叶茂”。我国产业要深植于世界的资源、生产、研发设计、创新、贸易、流通、金融、运输、物流、营销、信息和知识等体系。加强国际合作交流，以高度开放和对外连接的国内市场，集结全球资源和要素，兼收并蓄，多元融合。构建多元化国际市场，稳定扩大传统市场，积极开拓新兴市场，努力发展潜力市场。根据国际化能力、目标市场和可能的风险，分产业确定国际化战略和策略，既反映国内需要，又顺应世界潮流，“利他共生、共创共享、互利共赢、文化融合”，形成“中国与世界共同成长，中国与世界良性互动”的格局。

5.1.3 我国物流业发展战略

物流业是融合运输、仓储、货代、信息等产业的复合型服务业，是支撑国民经济发展的基础性、战略性产业。随着我国国民经济进入“新常态”，物流业发展也呈现一些新的特点。从增长速度看，物流业结束了过去十多年２０％以上的高速增长，总体运行步入温和增长阶段，长期掩盖在高速增长下的问题开始显现，粗放式运行方式难以为继。从需求结构看，与内需相关的社会物流需求继续保持高速增长，中西部以及农村物流需求增速加快。从资源条件看，物流基础设施网络日趋完善，对物流运作的“硬约束”开始减缓，但要素成本、资源环境负担进一步加重。从增长动力看，新技术、新模式不断出现，整合优化、创新驱动成为“新常态”下物流业发展的动力源泉。从经济发展趋势看，中国特色新型工业化、信息化、城镇化、农业现代化，以及打造国际竞争新优势，都对物流业发展提出了新要求。

2014 年 6 月，李克强总理主持召开国务院常务会议，讨论通过《物流业发展中长期规划》。在对我国物流业发展现状、问题和面临形势深入分析的基础上，提出了指导思想、目标和原则、主要任务和重点工程。

1. 物流业发展的战略目标

到 2020 年，基本建立布局合理、技术先进、便捷高效、绿色环保、安全有序的现代物流服务体系。物流的社会化、专业化水平进一步提升。物流业增加值年均增长8%左右，物流业增加值占国内生产总值的比重达到7.5%左右。第三方物流比重明显提高。新的物流装备、技术广泛应用。物流企业竞争力显著增强。一体化运作、网络化经营能力进一步提高，信息化和供应链管理水平明显提升，形成一批具有国际竞争力的大型综合物流企业集团和物流服务品牌。物流基础设施及运作方式衔接更加顺畅。物流园区网络体系布局更加合理，多式联运、甩挂运输、共同配送等现代物流运作方式保持较快发展，物流集聚发展的效益进一步显现。物流整体运行效率显著提高。全社会物流总费用与国内生产总值的比率由2013年的18%下降到16%左右，物流业对国民经济的支撑和保障能力进一步增强。

2. 物流业发展的主要任务

大力提升物流社会化、专业化水平 鼓励制造企业分离、外包物流业务，促进企业内部物流需求社会化。优化制造业、商贸业集聚区物流资源配置，构建中小微企业公共物流服务平台，提供社会化物流服务。着力发展第三方物流，引导传统仓储、运输、国际货代、快递等企业采用现代物流管理理念和技术装备，提高服务能力；支持从制造企业内部剥离出来的物流企业发挥专业化、精益化服务优势，积极为社会提供公共物流服务。鼓励物流企业功能整合和业务创新，不断提升专业化服务水平，积极发展定制化物流服务，满足日益增长的个性化物流需求。进一步优化物流组织模式，积极发展共同配送、统一配送，提高多式联运比重。

进一步加强物流信息化建设 加强北斗导航、物联网、云计算、大数据、移动互联等先进信息技术在物流领域的应用。加快企业物流信息系统建设，发挥核心物流企业整合能力，打通物流信息链，实现物流信息全程可追踪。加快物流公共信息平台建设，积极推进全社会物流信息资源的开发利用，支持运输配载、跟踪追溯、库存监控等有实际需求、具备可持续发展前景的物流信息平台发展，鼓励各类平台创新运营服务模式。促进物流信息与公共服务信息有效对接，鼓励区域间和行业内的物流平台信息共享，实现互联互通。

推进物流技术装备现代化 加强物流核心技术和装备研发，推动关键技术装备产业化，鼓励物流企业采用先进适用技术和装备。吸收引进国际先进物流技术，提高物流技术自主创新能力。

加强物流标准化建设 加紧编制并组织实施物流标准中长期规划，完善物流标准体系。完善我国物流标准体系框架，加强通用基础类、公共类、服务类及专业类物流标准的制定工作。注重物流标准与其他产业标准以及国际物流标准的衔接，科学划分推荐性和强制性物流标准，加大物流标准的实施力度，努力提升物流服务、物流枢纽、物流设施设备的标准化运作水平。加强物流标准的培训宣传和推广应用。

推进区域物流协调发展　落实我国区域发展整体战略和产业布局调整优化的要求，继续发挥全国性物流节点城市和区域性物流节点城市的辐射带动作用，推动区域物流协调发展。按照建设丝绸之路经济带、海上丝绸之路、长江经济带等重大战略规划要求，加快推进重点物流区域和联通国际国内的物流通道建设。物流节点城市是区域物流发展的重要枢纽，要根据产业特点、发展水平、设施状况、市场需求、功能定位等，加强物流基础设施的规划布局，改善产业发展环境。

积极推动国际物流发展　加强枢纽港口、机场、铁路、公路等各类口岸物流基础设施建设。以重点开发开放试验区为先导，结合发展边境贸易，加强与我国周边国家和地区的跨境物流体系和走廊建设，加快物流基础设施互联互通，形成一批国际货运枢纽，增强进出口货物集散能力。积极构建服务于全球贸易和营销网络、跨境电子商务的物流支撑体系，为国内企业“走出去”和开展全球业务提供物流服务保障。支持优势物流企业加强联合，构建国际物流服务网络，打造具有国际竞争力的跨国物流企业。

大力发展绿色物流　优化运输结构，合理配置各类运输方式，提高铁路和水路运输比重，促进节能减排。大力发展甩挂运输、共同配送、统一配送等先进的物流组织模式，提高储运工具的信息化水平，减少返空、迂回运输。鼓励采用低能耗、低排放运输工具和节能型绿色仓储设施，推广集装单元化技术。鼓励包装重复使用和回收再利用，提高托盘等标准化器具和包装物的循环利用水平，构建低环境负荷的循环物流系统。

3. 物流业发展的主要战略

网络化战略　根据经济社会发展要求，完善和优化我国物流基础设施网络、组织网络、运营网络和信息网络，构筑统筹国际国内、东中西、沿海和内地、城市与农村、社会化与自营的不同层级、不同功能、有效衔接的我国物流系统。

联动战略　着眼于物流业服务生产、流通和消费的内在要求，加强物流自身资源和供应链整合，提升物流服务和供应链管理能力，增强物流业与各次产业、地区经济协同和互动发展，充分发挥物流业在国民经济中的桥梁、纽带、助推器等作用。

全球化战略 把握全球化和国际贸易格局变化的新特点，深化国际合作，提升物流业国际竞争力，融入世界物流市场，利他共生，共创共享，互利共赢。

可持续战略 着眼于生态文明、环境友好、资源节约和安全等，实现土地、能源、资源的集约和节约，减少污染、降低排放，最大程度减少物流活动的负面影响。

智能化战略 把握新科技革命和新产业革命的重大机遇，抢占物流业未来发展的制高点。应用感知、识别、信息处理、实时跟踪等技术，实现安全、高效、灵敏、实时、可控、人性的物流服务。

创新战略 通过理念、制度、服务模式、组织、管理和技术等创新，推动物流业创造更多更好的价值来满足经济社会发展需要。

4. 物流业发展的重点工程

多式联运工程 加快多式联运设施建设，构建能力匹配的集疏运通道，配备现代化的中转设施，建立多式联运信息平台。

物流园区工程 在严格符合土地利用总体规划、城市总体规划的前提下，按照节约、集约用地的原则，在重要的物流节点城市加快整合与合理布局物流园区，推进物流园区水、电、路、通信设施和多式联运设施建设，加快现代化立体仓库和信息平台建设，完善周边公路、铁路配套，推广使用甩挂运输等先进运输方式和智能化管理技术，完善物流园区管理体制，提升管理和服务水平。

农产品物流工程 加大粮食仓储设施建设和维修改造力度，满足粮食收储需要。引进先进粮食仓储设备和技术，切实改善粮食仓储条件。积极推进粮食现代物流设施建设，发展粮食储、运、装、卸“四散化”和多式联运。推进棉花运输装卸机械化、仓储现代化、管理信息化，加强主要产销区的物流节点及铁路专用线建设，支持企业开展纺织配棉配送服务。加强鲜活农产品冷链物流设施建设，支持“南菜北运”和大宗鲜活农产品产地预冷、初加工、冷藏保鲜、冷链运输等设施设备建设，形成重点品种农产品物流集散中心，提升批发市场等重要节点的冷链设施水平，完善冷链物流网络。

制造业物流与供应链管理工程 支持建设与制造业企业紧密配套、有效衔接的仓储配送设施和物流信息平台，鼓励各类产业聚集区域和功能区配套建设公共外仓，引进第三方物流企业。鼓励传统运输、仓储企业向供应链上下游延伸服务，建设第三方供应链管理平台，为制造业企业提供供应链计划、采购物流、入厂物流、交付物流、回收物流、供应链金融以及信息追溯等集成服务。

资源型产品物流工程 依托煤炭、石油、铁矿石等重要产品的生产基地和市场，加快资源型产品物流集散中心和物流通道建设。统筹油气进口运输通道和国内储运体系建设，加快跨区域、与周边国家和地区紧密连接的油气运输通道建设，加强油气码头建设，鼓励发展油船、液化天然气船，加强铁矿石等重要矿产品港口（口岸）物流设施建设。

城乡物流配送工程 加快完善城乡配送网络体系，统筹规划、合理布局物流园区、配送中心、末端配送网点等三级配送节点，搭建城市配送公共服务平台，积极推进县、乡、村消费品和农资配送网络体系建设。发展智能物流基础设施，支持农村、社区、学校的物流快递公共取送点建设。

电子商务物流工程 建成一批区域性仓储配送基地，吸引制造商、电商、快递和零担物流公司、第三方服务公司入驻，提高物流配送效率和专业化服务水平。探索利用高铁资源，发展高铁快件运输。结合推进跨境贸易电子商务试点，完善一批快递转运中心。

物流标准化工程 重点推进物流技术、信息、服务、运输、货代、仓储、粮食等农产品及加工食品、医药、汽车、家电、电子商务、邮政（含快递）、冷链、应急等物流标准的制修订工作。支持仓储和转运设施、运输工具、停靠和卸货站点的标准化建设和改造，制订公路货运标准化电子货单，推广托盘、集装箱、集装袋等标准化设施设备，建立我国托盘共用体系，推进管理软件接口标准化，全面推广甩挂运输试点经验。

物流信息平台工程 整合现有物流信息服务平台资源，形成跨行业和区域的智能物流信息公共服务平台。加强综合运输信息、物流资源交易、电子口岸和大宗商品交易等平台建设，促进各类平台之间的互联互通和信息共享。建设智能物流信息平台，形成集物流信息发布、在线交易、数据交换、跟踪追溯、智能分析等功能为一体的物流信息服务中心。

物流新技术开发应用工程 支持货物跟踪定位、无线射频识别、可视化技术、移动信息服务、智能交通和位置服务等关键技术攻关，研发推广高性能货物搬运设备和快速分拣技术，加强沿海和内河船型、商用车运输等重要运输技术的研发应用。完善物品编码体系，推动条码和智能标签等标识技术、自动识别技术以及电子数据交换技术的广泛应用。推广物流信息编码、物流信息采集、物流载体跟踪、自动化控制、管理决策支持、信息交换与共享等领域的物流信息技术。鼓励新一代移动通信、道路交通信息通信系统、自动导引车辆、不停车收费系统以及托盘等集装单元化技术普及。推动北斗导航、物联网、云计算、大数据、移动互联等技术在产品可追溯、在线调度管理、全自动物流配送、智能配货等领域的应用。

再生资源回收物流工程 加快建立再生资源回收物流体系，重点推动包装物、废旧电器电子产品等生活废弃物和报废工程机械、农作物秸秆、消费品加工中产生的边角废料等有使用价值废弃物的回收物流发展。加大废弃物回收物流处理设施的投资力度，加快建设一批回收物流中心，提高回收物品的收集、分拣、加工、搬运、仓储、包装、维修等管理水平，实现废弃物的妥善处置、循环利用、无害环保。

应急物流工程 建立统一协调、反应迅捷、运行有序、高效可靠的应急物流体系，建设集满足多种应急需要为一体的物流中心，形成一批具有较强应急物流运作能力的骨干物流企业。加强应急仓储、中转、配送设施建设，提升应急物流设施设备的标准化和现代化水平，提高应急物流效率和应急保障能力。建立和完善应急物流信息系统，规范协调调度程序，优化信息流程、业务流程和管理流程，推进应急生产、流通、储备、运输环节的信息化建设和应急信息交换、数据共享。

5.2 我国物流仓储装备产业市场需求

物流仓储装备是支撑物流业发展的技术基础，伴随着我国经济的高速发展，制造业的技术进步，我国物流仓储装备产业也取得了巨大的进步。面向未来，物流仓储装备产业有新的市场需求。

5.2.1 市场需求特点

根据我国经济发展战略、产业发展战略和物流发展战略，以及我国装备制造业的实际水平，我国物流仓储装备在未来将有下列需求特点：

1. 推动仓储业转型升级，提高仓储装备的适应性

推动仓储业转型升级，主要是解决仓储基础设施供给规模、布局和供给质量方面的问题。首先，随着城镇化的进一步推进，如何保证仓储用地供应，仓储基础设施如何满足市场需求并得到高效利用，需要规划引导、合理布局、加强建设；仓储已经成为物流系统核心环节和运营中心，要降低无效库存，实现快速周转，但这不仅不会降低对仓储设施的需求，还会促进高标准仓库的建设投资。因此，需要在解决仓储设施不足问题的同时，提高仓储业供给质量，大力发展高标准高水平的仓储设施。第二，调整优化仓储业供给结构。我国仓储业结构失衡主要体现在低端供给较多，技术水平不高。根据市场需求，灵活调整仓储供给结构，是仓储业供给侧改革的重要内容，大力发展专业化和标准化的现代仓储设施也是目前世界仓储业发展趋势。第三，开展仓储业服务创新。引导仓储企业由传统仓储服务向多功能、一体化的综合物流服务商转变，由仓库出租向仓储管理、库存控制、加工包装、分拣配送、质押监管等多功能增值服务方向发展，由分散、粗放式经营向精益化、标准化与信息化方向发展，全面提升仓储业服务供给质量。第四，引导仓储业仓储资源共享。物流资源配置不合理已经成为业内企业普遍面临的问题，如何破解难题，需要全社会共同努力。要改变经营理念，倡导企业自用的物流资源对社会开放，改变企业经营"大而全、小而全"思想，要通过信息技术将分散的物流资源进行整合。

据资料统计，经过近十年的快速发展，我国营业性通用仓库面积已接近 10 亿 m^2，其中立体仓库接近 30%，自动化立体仓库不足 5%。参照先进国家经验，营业性通用仓库面积增加速度将与 GDP 增速接近，其中立体仓库接近 40%，自动化立体仓库接近 10%。

根据我国经济发展水平和物流业的特点，到 2020 年，我国仓储装备水平以中低端需求为主，少数行业有中高端需求；到 2030 年，我国仓储装备整体水平仍以中低端需求为主，部分行业将有中高端需求。

2．以标准化为中心，提升仓储物流系统效率

在仓储系统方面，托盘标准规格不统一，物流系统难以互联互通，物流作业效率低下，成为物流成本高的主要原因；在仓储设施方面，标准化水平较低，缺乏物流建筑的标准规范；仓储服务方面缺乏相关的服务标准；仓储装备行业标准化水平和国外先进国家相比，还有差距。

近年来，商务部会同有关部门大力推进商贸物流标准化工作，在全国选择部分区域、部分企业予以重点推进，以标准托盘应用和循环共用为切入点，带动上下游相关设施设备的标准化，以及物流服务的标准化，从而提高整个商贸物流的标准化水平，取得了较好的经济和社会效益。

中国仓储协会制定了《通用仓库等级》《现代通用仓储及库存规划设计基本参数》和《仓储服务质量要求》等系列标准，组织开展标准宣贯和认证工作，提升了我国仓储设施标准化和仓储企业服务水平。国家标准《物流建筑设计规范》正式发布，是仓库设计标准化、仓储设施标准化的重要进展。

目前，我国仓储装备标准化建设滞后于行业发展。有些仓储装备的标准缺失，难以形成系统；有些标准的宣贯力度不够，难以得到真正落实。因此，仓储装备领域加强标准化建设势在必行。全世界最先进的仓储装备主要集中在欧洲、日本、美国、澳大利亚等先进国家或地区，这些国家和地区在仓储装备方面的标准化水平也较高。以货架标准为例，欧洲的 FEM 钢货架标准不仅在欧洲得到普遍应用，而且成为其他国家经常引用的行业标准。正是在标准化作用下，发达国家的仓储装备产品有着突出的适应性。

根据国标委规划、制造业发展规划和物流业发展规划，到 2020 年，我国仓储装备行业的标准化建设将得到快速发展，整体达到世界先进水平，部分行业标准得到强制执行；到 2030 年，我国仓储装备行业的标准化建设将得到全面发展，整体达到世界领先水平，大多数行业标准得到强制执行。

3. 顺应流通业变革，促进仓配一体化发展

随着现代流通业的变革，电子商务等流通新业态突飞猛进，传统流通业也随着信息化的发展向 O2O 和智能化发展，全渠道流通业态成为流通业变革大趋势。流通业的变革推动了仓储业向仓配一体化方向发展。随着物流配送量的快速发展，简单的分拨中心已经难以满足快递企业需求，大型快递企业已经开始成规模地建设配送中心，推动了仓配一体化发展。例如：拥有物流配送巨大需求并掌握物流配送大数据的阿里巴巴，在推动智慧物流骨干网建设中也是以仓储设施的骨干网节点为建设主体，核心也是仓配一体化。根据统计，目前我国仓储企业具备配送功能的占 10% 以上，但平均配送率 (仓配一体化率) 低于 30%，还有一部分企业以出租仓库为主。

今后仓配一体化的发展将会出现以下趋势 ：第一，从企业主体看，不仅越来越多的仓储企业将配送作为仓储的延伸服务、增值服务，通过仓配一体化增强其核心竞争力，专线运输、零担运输、快递运输等企业也会利用其车辆及其网络优势，转型开展以仓配一体化为主要内容的合同式物流。第二，从配送的货物看，不仅连锁零售门店还有很大的统一配送需求，各百货店、品牌店的“商圈配送”、O2O 的统一配送、零担货物集货与末端配送、各类批发市场的统一配送等等，都将是仓配一体化服务的重点领域。第三，从配送的区域看，既包括城市共同配送，也包括跨城市的区域配送、城乡一体化的深度配送。

根据我国经济发展规划、流通业发展规划和物流业发展规划，到 2020 年，我国在前期试点的基础上，在大型城市整体推广仓配一体化工作，原有的仓储装备将按照仓配一体化需求进行新建、改进或完善；到 2030 年，在大多数中型城市整体推广仓配一体化工作，原有的仓储装备将按照仓配一体化需求进行新建、改进或完善。

4. 实施“互联网+”，建立智慧仓储系统

我国各级政府一直重视发展智慧物流配送体系，组织开展相关的试点示范工作。在仓储行业建设智慧物流配送体系，就是以“物联网+仓储”为关键抓手，推动建立深度感知的智慧化仓储管理系统，鼓励仓储企业建设自动化物流仓储中心，支持企业使用信息化手段，建立智慧化仓储管理信息系统，运用各种先进技术，提高仓库管理工作的效率，加强仓储管理系统与生产制造企业和终端零售企业信息系统的有效对接，促进供需信息精准对接，提高货物调度效率。

根据我国经济发展规划、制造业发展规划和物流业发展规划，到2020年，我国仓储装备行业的智能化水平，以单机的智能化研究和应用为主，部分单机的智能化达到世界先进水平，并在部分领域得到应用；到2030年，我国仓储装备行业的智能化水平达到世界领先水平，并在许多领域得到应用。

5. 注重仓储装备的绿色发展

仓储与配送是现代物流的核心领域，在节能减排与绿色发展方面有巨大潜力。《中国绿色仓储与配送行动计划》自2013年由中国仓储协会提出以来，得到广大生产、流通与仓储企业积极响应，取得可喜成效。但总体看，我国仓储配送与包装的绿色化发展才刚刚起步。未来仓储企业将推广应用10个方面的绿色节能技术：①仓库屋顶光伏发电；②新能源叉车的节能降耗；③商超对接的物流周转箱循环共用；④标准托盘的循环共用系统；⑤电商绿色包装的技术创新和管理创新；⑥城市物流共同配送；⑦新能源配送车辆推广应用；⑧智能穿梭车与密集型货架系统；⑨仓库LED节能照明系统改造；⑩库架一体化冷库节能技术集成应用。

根据我国经济发展规划、制造业发展规划和物流业发展规划，到2020年，我国仓储装备行业的绿色化水平，以绿色材料应用为主，部分单机的绿色化水平达到世界先进水平，并在部分领域得到应用；到2030年，我国仓储装备行业的绿色化水平达到世界领先水平，并在许多领域得到应用。

5.2.2 重点领域需求

物流无处不在，物流仓储装备融入我国经济发展各个领域，这里仅从六个重点领域阐述物流仓储装备的需求要求和需求特性。

1. 制造业物流仓储装备

制造业是指对制造资源（物料、能源、设备、工具、资金、技术、信息和人力等），按照市场要求，通过制造过程，转化为可供人们使用和利用的工业品与生活消费品的行业。制造业物流是伴随着制造过程的投入→转换→产出而发生的所有物料在时间与空间上的物理性活动，是制造业的重要组成部分。据有关研究资料，制造业中的核心制造工艺过程仅占产品生产周期的5%左右，其余的95%时间都处在物流系统中，即停留在各种生产仓储环节和运输搬运环节。因此，制造业物流系统是制造业建设与运行的基础，是制造业发展水平的重要标志。20世纪80年代后期以来，信息技术的进步特别是互联网的出现对制造模式的演变起到了巨大的推动作用。美国学者于80年代末首次提出了先进制造(AM)的概念。专家学者先后总结出了一系列颇有成效和价值的先进制造模式，如精益生产、敏捷制造、计算机集成制造、现代集成制造、虚拟制造、高效快速重组(LAF)、分散化网络制造、成组技术、绿色制造、智能制造、大规模定制等，为制造业实现多品种、小批量、个性化定制生产奠定了基础。物流系统作为制造过程的重要支持系统，也产生许多新的模式，其中具有典型代表性的模式有：精益物流系统、敏捷物流系统和智能物流系统。2011年，我国的制造业产值已经超过美国，成为世界上最大的制造业国家，被称为“世界工厂”。但从总体看，我国制造业普遍存在“重生产、轻物流”现象，制造业中的物流系统是典型的劳动密集型系统，物流系统技术装备的机械化、自动化与智能化技术较低，成为制约我国制造业进一步发展的主要瓶颈，与发达国家的制造业相比有较大差距。

2016年3月国务院通过了《中国制造2025》国家发展战略，提出了坚持“创新驱动、质量为先、绿色发展、结构优化、人才为本”的基本方针，坚持“市场主导、政府引导，立足当前、着眼长远，整体推进、重点突破，自主发展、开放合作”的基本原则。通过“三步走”实现制造强国的战略目标：到2025年迈入制造强国行列；到2035年中国制造业整体达到世界制造强国阵营中等水平；到新中国成立一百年时，综合实力进入世界制造强国前列。为配合我国制造业转型升级，物流仓储装备将有新的发展需求：以智能机器人、高速AGV、新一代自动化立体仓库、柔性生产线为代表的先进物流仓储装备，将为传统制造业的生产方式带来革命性的产业变革；结合各制造业生产工艺与装备的特点，集成匹配适宜的物流仓储装备，提高物流系统的机械化和自动化水平，充分发挥制造工艺设备的能力；充分发挥现代信息技术能力，提高制造业物流系统信息集成水平和集成效果。

到2025年，配合我国制造业第一步发展战略，结合各制造业生产工艺，研制适宜的物流仓储装备，提高物流仓储装备的机械化与自动化水平，实现物流系统与生产系统的数据集成，迈入制造强国行列；到2035年，配合我国制造业第二步发展战略，结合各制造业生产工艺，完善物流仓储装备，提高物流仓储装备的机械化、自动化与智能化水平，实现物流系统与生产系统的数据集成与流程集成，迈入世界制造强国阵营中等水平，即我国大部分制造业的物流系统将达到国际先进水平，为我国制造业发展与生产提供有力支撑。典型行业的制造业物流系统将达到国际领先水平，成为这些行业生产的关键与保障技术。

2. 电商物流仓储装备

电子商务是采用电子形式开展的商务活动，其本质是商务，即实现商品本身的所有权转移。电商物流是主要服务于电子商务的各类物流活动，是实现商品时间和空间转移过程中的最关键因素，具有时效性强、服务空间广、供应链条长等特点。据统计，2015 年我国电子商务交易额为 20.8 万亿元，全国电商物流业务量为 145 亿件。2015 年 11 月，商务部发布《国内贸易流通“十三五”发展规划》，提出到 2020 年，社会消费品零售总额接近 48 万亿元，年均增长 10% 左右；电子商务交易额达到 43.8 万亿元，年均增长 15% 左右。

2016 年 3 月，国务院通过《全国电子商务物流发展专项规划（2016—2020 年）》，提出到 2020 年，我国基本形成“布局完善、结构优化、功能强大、运作高效、服务优质”的电商物流体系，信息化、标准化、集约化发展取得重大进展；电商物流创新能力进一步提升，先进物流装备、技术在行业内得到广泛应用；一体化运作、网络化经营能力进一步增强，运输、仓储、配送等各环节协调发展，紧密衔接；对外开放程度进一步提高，逐步形成服务于全球贸易和营销的电商物流网络；绿色发展水平进一步提高，包装循环利用水平有较大提升；电商物流企业竞争力显著加强，拥有一批具备国际竞争力、服务网络覆盖境内外的高水平企业；电商物流成本显著降低，效率明显提高，供应链服务能力大大增强。为加快电商物流发展，规划明确提出了七大主要任务；第一项主要任务为建设支撑电子商务发展的物流网络体系。围绕电子商务需求，构建统筹城乡、覆盖全国、连接世界的电商物流体系。依托全国物流节点城市、全国流通节点城市和国家电子商务示范城市，完善优化全国和区域电商物流布局。根据城市规划，加强分拨中心、配送中心和末端网点建设。探索“电商产业园 + 物流园”融合发展新模式，加强城际运输与城市配送的无缝对接，推动仓配一体化和共同配送，发展多式联运、甩挂运输、标准托盘循环共用等高效物流运作系统。

我国电商物流与其他物流不同，有着鲜明的特点：①品种多、爆炸式增长。电子商务企业一般在起步阶段物流业务量低，发展方向不明确，但是在发展阶段物流业务量会出现爆炸式的增长。目前，我国电子商务已从3C产品、图书等标准化程度较高的品类，扩展到服装鞋帽、化妆品、食品、家用电器、家居百货、文体用品、珠宝配饰、母婴产品等。各品类商品的物流要求不尽相同，对电商物流系统建设提出了更高要求。②长尾效应。电子商务物流业务的“C类”商品（品种很多、客户订单中出现的频率很低）具有典型的“长尾效应”，这些商品种类较多且销售量并不高，电商企业在物流中心内也需要为这类商品提供巨大的存储空间。③订单微型化。客户的订单呈现“多品种、小批量、多批次、短周期”等特点。绝大部分客户都是单个消费者，单张订单内的商品量很少，使商品的储存、拣选、分拨等物流操作变得更加繁琐。④需求波动大。物流业务波动幅度高、峰值系数大。电子商务行业受季节性销售的影响较大，在某些时段内物流业务量会达到很高的峰值，某些时段物流业务量又会进入低谷，一年内业务波动幅度大，高峰期需求是平均值的数倍，给物流装备能力建设提出了难题。

我国电商企业有数十万之多，拥有独立仓库的不到30%，而且大部分采用传统仓储系统，有的甚至没有货架、叉车等基本物流设备，只有极少部分企业的部分仓库建设有现代物流系统。因此，物流设备设施简陋导致了物流作业效率低下，差错率居高不下。一个传统仓库人均日处理能力只有不到250单，差错率超过1%，费率超过10%；而现代物流系统，根据现代化程度的高低，人均处理能力将达到1 000～2 000单，差错率小于0.1%，物流费率小于3%。因此，现代物流技术和装备与拣选能力的大幅度提升、准确性的大幅度提高、费率的大幅度降低有直接关系。

根据我国《国内贸易流通“十三五”发展规划》《物流业发展中长期规划》《全国电子商务物流发展专项规划(2016—2020年)》和我国电商物流现状，到2020年，将有40%电商企业基本实现仓储装备机械化、局部自动化和管理信息化，研制适应电商物流的高密度存储、高进出库速度的自动化立体仓库系统，研制适应电商物流的“货到人”拣选系统，研制适应电商物流的高智能的拣选机器人，研制适应电商物流的15 000～20 000件/h自动化高速分拣线，探索具有中高水平的机械化和自动化电商物流中心建设示范。到2030年，我国基本完成高水平的机械化和自动化电商物流网络建设，电商仓储装备达到世界领先水平。

3. 军事物流仓储装备

近年来，我国军事仓储联勤保障改革不断走向深入，军事仓储保障社会化和军事仓储信息化建设卓有成效，军事物流基地和战略投送基地建设在大力推进。

仓储装备作为军事物流的重要装备，其良好程度直接影响军事物流活动的效果和军事物资的储备与供应保障能力，进而影响部队作战、训练任务的顺利完成。因此，加强军事仓储装备、设施建设是实现军事物流现代化、科学化、自动化、信息化的重要手段，是适应我军新时期军事变革、提高后勤和装备物资综合保障能力、打赢现代高技术战争的需要，对于顺利完成军事物资储备、供应任务，实现保障有力，具有重要意义。

2016年5月，中央军委颁发《军队建设发展“十三五”规划纲要》，提出到2020年，军队要实现国防和军队现代化建设“三步走”发展战略第二步目标，基本完成国防和军队改革目标任务，基本实现机械化，信息化建设取得重大进展，构建能够打赢信息化战争、有效履行使命任务的中国特色现代军事力量体系，使中国特色社会主义军事制度更加成熟、更加定型，为实现强军目标、建设世界一流军队打下更为扎实的前进基础。未来5年，军队主要领域发展指标要取得较大突破，关键作战能力要实现大幅跃升，整体发展布局得到明显优化。因此，要按照军委管总、战区主战、军种主建的新格局，进一步协调推进发展和改革，强化军队建设战略管理，确保规划纲要及其配套专项规划计划部署的各项任务得到有效落实；要按照军队发展总体布局和体系建设要求，集中实施一批战略性、基础性、枢纽性、引领性的重大工程项目。

目前我军仓储装备整体水平不高，与高技术条件下局部战争后勤保障的要求相比，还存在很大差距。我军物资集装化程度较低，制约了军用物资的集装化模式，大部分物资以人力作业为主。随着物资搬运作业机械化的实现，现行物资包装形式成为发展集装运输的主要障碍；我军仓储装备系列化程度较低，品种和规格尚不能满足作业需要。有些仓库储备的部分物资还没有合适的作业机械，尤其是部分长、大件和特种物资等；高新技术在物流自动化方面的应用还不多，自动化水平较低。除个别新建物流设施外，大部分物流自动化仅限于信息管理自动化和部分监控报警自动化方面，而对于物流的装卸搬运自动化技术则应用较少，计算机在作业控制方面用得不多，信息技术多用于局部，信息资源有些还不能共享等。因此，我军军事仓储装备需求特点是：适于军事物资集装化，发展高技术条件下局部战争对现代军事物流的要求，配备适合军事物流特点的物资集装化仓储装备；对军事物流系统的每个作业环节进行分析论证，确定不同类型军用物资的集装化模式，运用现代集装化技术与方法，建立起军用物资集装化存储体系，满足未来战争对后勤和装备物资保障的需要；适应军事物流作业特点的仓储装备，提高装备与物流设施的配套能力。针对军事物流点多面广、条件各异的特点，发展适应现有物流设施条件的急需装备；应用现代管理技术和方法，搞好设备间的配套衔接，提高装备的配套作业能力及装备与设施的配套适应能力，充分发挥装备的作业效能；提高仓储装备自动化作业的管理自动化水平。强化计算机在军事物资管理中的应用，全面推行物资条形码识别、射频和远程通信等技术，研究适合军事物流设施条件、运输条件和使用条件的网络技术，建立军事物资网络化管理体系，逐步实现军事物资管理的自动化、可视化，为信息化建设提供物质和技术保障；加大军事仓储装备资源整合力度，逐步实现成套化和系统化。在仓储设备单机自动化的基础上，通过计算机将各种装备组成一个物流装备集成系统，通过中央控制室的控制实现整个物流系统的协调运转。近期重点完善和发展装卸搬运机械化系统、物资自动分拣和处理系统、战备物资可视化系统等，以提高军事物流的快速反应能力。

根据我国经济发展规划、我军发展战略和我军仓储装备现状，到 2020 年，逐步进行军事物资储备系统改造，实现“送货上门”式的配送服务，基本实现仓储装备的机械化和局部自动化，探索具有中高水平的机械化和自动化军事物流基地建设规范。到 2030 年，我军基本完成高水平的机械化和自动化军事物流基地建设，军事仓储装备达到世界领先水平。

4. 冷链物流仓储装备

冷链物流一般应用于初级农产品、加工食品、快餐原料以及特殊商品等，在储藏与运输过程中必须要保证全程低温，产品最终的质量取决于在冷藏链中储藏和流通时间、温度以及产品耐性。随着人们对于冷藏食品需求的增加，我国冷链物流于 20 世纪 50 年代开始，发展到现在已经具有一定的规模，据有关部门统计，2014 年我国冷链市场规模达到 1.05 亿 t，仅为发达国家的 1/5。以平均冷库库容量为例，2013 年我国的平均冷库容量为 13.5 kg / 人，美国为 69kg/ 人，德国为 49 kg / 人，英国为 27 kg / 人。未来十年，随着我国经济发展、居民收入的增长，以及 3 亿城镇人口数量的增长，冷链物流市场需求必将保持持续高速增长。

由于我国冷链基础设施落后且分布不均匀，目前冷链物流还不能满足市场需求。

冷链物流市场没有形成规模，有两点原因：一是容量不足，目前我国冷藏冷冻食品市场中商铺和冷库的经营状况都较好，但绝大多数的经营商家反映现有市场的冷库容量太小，难以满足经营需求；二是品种较单一，商家一般经营冷冻肉禽类或冷冻水产品，产品单一，规模小，难以形成规模聚集效应。

冷库运营方式仍处于传统模式阶段，冷库市场的运营方式分成三种：一是冷库存在于大型农产品生产加工企业中，主要满足企业自身存放产品的需要；二是为相关市场配套建设的大型冷库或冷库群，主要供市场内的经营户或者部分市场外的客户储藏商品；三是冷库可供经营户储藏商品或为定点客户提供加工配送服务，但没有自设市场或为商铺开展经营活动。这三种方式都难以满足新的市场需求，尤其无法满足电子商务迅速发展的需求和共同配送的要求。

冷链物流企业规模小，没有形成品牌。现有冷链物流相关企业规模偏小，大多数冷库只有几千吨容量，超过 10 万 t 容量的冷库非常少，而且冷库的管理不规范、运作效率低；冷链物流公司配备的冷藏车一般只有几台或数十台，冷藏汽车的生产能力也只有数千辆。在冷链物流相关的企业中，只有为数不多的全国知名品牌，基本没有国际品牌。这种现状远远满足不了生鲜食品对冷链的需求，更满足不了国际贸易的需要。

冷链物流比例低、效率低、能耗大、成本高、损耗大。由于冷链基础设施的数量与质量不能满足生鲜食品的物流需求，只有不到 15% 的生鲜食品是通过冷链进行流通的。由于储藏、运输等方面技术运用不当，冷链设施建设存在着布局不合理，特别是末端的冷链配送能力不足、冷链各环节能耗大、成本居高不下、食品冷藏运输率偏低、相关质量标准欠缺、设备利用率不高、经常出现干耗及腐烂变质等现象。如水果、蔬菜在采后不经预冷处理的流通损耗率高达 15% ～ 30%，而经预冷处理的流通损耗率可以降为 5% ～ 10%。

食品物流安全监管难度大，冷链物流企业服务不规范。生鲜食品进入市场后的食品安全控制主要集中在事后检验检测环节，但是由于物流过程的分散性，使得从食品流通角度控制食品安全风险的体系难以建立起来。

冷库与普通的常温库明显不同：首先，冷库建筑造价是常温库多倍；其次，在使用过程中冷库的日常维护费用也大大高于常温库；第三，冷库的建筑结构与功能区域也与常温库有很大的差异。由于冷库本身的基础投入比较巨大，要求冷库的存储量足够大且有效使用率必须要高，所以在选择货架类型时首先考虑存储量高的货架（如驶入式、后推式、重力式、窄巷道、自动化、穿梭板式和搁板类等）；在要求大存储量的同时也需要考虑拣选效率的要求，拣选大件的货物时按进出方式一般分为：先进先出和先进后出两种方式；拣选小件的货物时拣选方式一般分为：摘桃式和播种式两种形式。大而重的物品主要以托盘装载存取，小而轻的一般以周转箱零件盒等容器类堆放存储。不论何种存储方式，在冷库内物品与物品之间、货位前后左右之间、货架层与层之间必须保证要有足够的空间让冷气在物品之间流动（一般情况下冷凝管是配在仓库顶部和墙壁四周，冷气从上向下流动），从而达到制冷保温的目的。冷库采用冷凝制冷时，一般在仓库顶部安置排布密集的冷凝管道来制冷，货架与货物的高度一定不能与冷凝系统相干涉，货物与冷凝之间应保持足够的空间以便冷气流通顺畅。在冷库内墙体与柱子的顶部和底部都会包有保温材料，货架与墙体的边缘需要考虑有较大的间隙空间，以避免货物与墙体存取时的不便，同时也为了防止在货架安装时不必要的尺寸差；冷库钢材在低温状态下会出现钝化现象，焊接之后的工件在低温状态下屈服强度也会降低，在冷库中使用的货架钢材选型应比常温库的高，而且材质也应是抗低温的钢材。从钢结构上看，货架结构应以整体大件为主，焊接小件为辅。从冷库维护上看，货架应以单元小件组装为主，大号焊接件为辅。

到 2020 年，我国将加快中小城市和农村冷链物流网络建设，注重冷库建设绿色化水平，注重包含冷链物流存储和运输的供应链管理，注重冷链仓储装备的整体机械化和局部自动化。到 2030 年，我国冷链物流网络建设基本完成，实现高水平的冷链物流存储和运输的供应链管理系统，冷链仓储装备整体实现机械化与自动化

5. 危险化学品（危化品）物流仓储装备

化工品的应用与普及，给人们的日常生活带来了便利，为人类社会的发展进步做出了巨大贡献。在化工品中，危化品占比高达 80%。目前，我国已成为仅次于美国的全球第二大危化品生产和应用国。随着化工品及危化品行业的发展，为之服务的物流运输仓储业也日渐发展，我国从事各类危化品生产、储存、运输、使用和废弃处置企业已达 30 多万家。我国道路运输危险货物在 2 亿 t 左右，其中剧毒氰化物就达几十万吨，易燃易爆类达 1 亿 t。另调查，2005 ～ 2015 年间，我国发生的涉及危化品的事故中 9% 发生在仓储阶段，77% 发生在运输阶段，虽然仓储阶段事故的所占比例小于运输阶段，但由于仓库内存有大量的危化品，故其危害性远远大于运输阶段。

我国长期忽视危化品仓库建设和管理工作，存在许多问题：危化品仓库供不应求，且规模普遍较小。据统计，我国危化品仓库的市场缺口在 25% 左右，部分严重的地方达到 30% 以上；现代化水平低，缺少信息化管理，传统落后的作业方式占主导。我国危化品仓储企业现代化管理水平普遍较低，在信息化管理上

的投入明显不足；交叉管理以及标准化体系不完善，安全仓储的宣传、保障及其投入不足。我国 2002 年 1 月颁布了《危险化学品安全管理条例》，此后又相继颁布了《危险化学品重大危险源监督管理暂行规定》《危险化学品生产企业安全生产许可证实施办法》《危险化学品输送管道安全管理规定》《危险化学品建设项目安全监督管理办法》《危险化学品经营许可证管理办法》和《危险化学品安全使用许可证实施办法》等。这些法律没有形成一个完整的体系，一些相关法律条文重复，有些甚至互相矛盾，在执行过程中给企业带来很大不便，严重影响运作效率。事故应急机制落后，应急救援装备落后，应急运行机制滞后，应急物资运输保障能力还不成熟。

由于危化品与普通货物的物理及化学性质存在较大差异，从而使得危化品在包装、运输和装卸和仓储等方面与普通货物明显不同。危化品仓储具有明显的特点：①管理严格。从事危化品仓储要求具有很强的专业性，因此各个部门需要更好的协作与配合。为保证危化品仓储的安全，仓库管理中的每一个环节都不允许出现任何差错，因为在牵一发而动全身的整条链条中，任何一个部门的微小疏忽都有可能影响下游部门的正常运转，甚至造成不可挽回的损失。②安全性强，普通仓储企业管理侧重于效率和效益，以求尽可能压缩仓储成本，提高经济效益。对危化品仓储来说，最应该考虑的不是效率或效益，而是安全性问题，即在危化品仓储的过程中，保证货物的安全性是重中之重。如果危化品在仓储过程中发生意外事故，而且未及时采取有效措施进行补救，极有可能对人民生命财产以及周边环境造成严重损害，而这种后果往往会扩散至较大区域并持续较长时间。③救援难度大，危化品仓库堆积的物品种类较多，且性质各异，因此救援的方式也不同。当事故发生时，救援队伍不能及时有效地了解到事故发生的内部情况，很难在短时间内制订及时准确的救援方案，给救援人员带来极大困难。

近些年危化品事故的发生，特别是重大事故的发生，促使各级政府不断加强管理力度。借鉴国外先进国家危化品物流发展经验和物流科学发展成果，以及国家危化品发展规划，我国的危化品仓储业发展呈现新趋势：转变发展方式，促进规模化、专业化发展。对危化品仓储进行统一规划和合理布局，与化工产业、化工园区配套，建设现代化的危化品仓储布局。从单一仓储服务模式，向仓储、运输、包装、配送、加工和信息管理等多功能全方位的服务模式转变。根据危险化学品的理化性质，研究适宜的物流仓储装备，逐步实现危化品仓库的全面机械化和自动化。根据不同化学品对温度、湿度、通风等条件要求，合理布置仓库存储区域，采取分类、分区、分库存放，并保持适当的堆位高度与垛间间距；提高信息化水平。充分利用现代信息技术，建设带有危化品跟踪与追朔功能的物流管理系统。

到2020年，我国危化品物流基地建设将有序进行，结合各种危化品的理化特点，研发适宜的物流储存设备、输送设备、搬运设备和管理信息系统，实现危化品全流程的跟踪与追溯，仓储装备的机械化与自动化整体达到世界先进水平。到2030年，完成我国危化品物流系统建设，仓储装备的机械化、自动化和智能化整体达到世界领先水平。

6. 中药物流仓储装备

2015年4月，国务院转发12个部委《中药材保护与发展规划(2015-2020年)》（简称《规划》），提出了中药材规范化集中仓储率达到70%，重点建设25个集初加工、包装、仓储、质量检验、追溯管理、电子商务和现代物流配送于一体的中药材仓储物流中心。

为进一步细化落实国办《规划》提出的目标要求，2016年5月，商务部提出了《全国中药材物流基地规划建设指引》，进一步明确了中药材物流基地的四项服务功能。第一，仓储管理与专业养护功能。建设符合市场需求与《中药材仓库技术规范》的中药材专业仓库，建立统一的出入库及在库管理制度，运用信息系统实施专业化、社会化的仓储管理，并按照《中药材气调养护技术规范》进行中药材在库养护。第二，质量检验与流通追溯功能。按照2015年版《药典》要求，对所有中药材的二氧化硫含量进行检测，对除矿物、动物与海洋类以外的中药材重金属含量进行检测，对4种中药材农药残留量进行检测，对19种中药材黄曲霉毒素含量进行检测。结合国家标准《中药编码规则及编码》和商务部《中药材流通追溯体系编码规则》，形成42位的中药材流通追溯编码。第三，初加工与包装服务功能。根据市场需求提供中药材的初加工与包装服务，即提供符合《中药材产地加工技术规范》的中药材初加工与干燥服务和符合《中药材包装技术规范》的包装方式。第四，销售与融资服务功能。物流基地与中药材专业市场、全国性中药材电子商务公共平台加强合作，实现资源与信息共享，为客户积极拓展营销渠道；与相关金融机构加强合作，为中药材担保融资提供存货监管服务，帮助客户获得市场融资。

根据《中药材保护与发展规划》和《全国中药材物流基地规划建设指引》，到2020年，我国的中药材物流基地建设将有序进行，结合中药材仓储和配送的特点，研发更适宜中药材的物流储存设备、输送设备、分拣设备、搬运设备、拣选设备和管理信息系统，完成20多个集初加工、包装、仓储、质量检验、追溯管理、电子商务和现代物流配送于一体的中药材仓储物流中心建设，仓储装备的机械化与自动化整体达到世界先进水平。到2030年，完成我国中药材物流系统建设，仓储装备的机械化、自动化和智能化整体达到世界领先水平；并拥有完整独立自主产权，在全球形成具有鲜明中国特色的中药材物流仓储装备产品系列。

5.3 我国物流仓储装备产业发展趋势

物流仓储装备为我国生产性服务业、流通性服务业、消费性服务业和军事国防保障提供坚实的技术支撑和工程性保障，是我国先进生产力的重要体现。物流仓储装备技术的发展与创新必将为社会经济发展和物流系统运营提供更加坚实的装备保障与丰富的产品和服务。现代物流工程是物流、信息流、资金流和人才流的统一，是信息化、集成化、模块化、敏捷化、可视化、绿色化、柔性化、网络化和智能化的结合，是物流设施、装备、商品包装的规范化和标准化，是物流的社会化和共同化。

我国经济产业调整和发展模式的创新，2014北京APEC会议确立的“丝绸之路经济带”“21世纪海上丝绸之路”路线图以及“互联互通”发展蓝图，为我国物流工程的发展拓展了广阔的空间，同时也对物流仓储装备技术的创新发展提出了更高要求。

我国物流仓储技术装备经过多年的发展与创新，取得了令人瞩目的成就，但与先进国家相比仍存在较大差距。未来必须在影响物流工程发展的如智能物流协同共性技术等方面有所突破，必须突破制约物流仓储发展的复杂物流配送中心集成控制技术等关键技术。现代物流仓储装备产业发展的总体趋势可以概括为高效、精准、智能、绿色和服务。

5.3.1 高效

物流系统始终一贯追求的是高效能、高效率和高效益。随着国民经济快速发展，各行各业对物流仓储工程技术与装备具有大量高端和极端的需求。需要在已然形成的以系统技术为核心，以信息技术、运输、配送、装卸搬运、自动化仓储、库存控制和包装技术等专业技术为支撑的现代化物流装备技术格局下，由技术跟随向自主创新再向技术超越的战略转变，具备高度的机械化、自动化、信息化、集成化、标准化和智能化，以满足节能环保前提下的高效运行。物流仓储装备技术的高效超常体现在技术装备能力、仓储物流系统能力、特殊环境及极端条件下物流功能装备和系统的能力。

1. 物流仓储装备能力高效超常

超常是高效物流的能力体现。基于国民经济各行业和国防军事的发展需求，物流仓储工程技术与装备在满足传统需求的基础上，必须具备超常的能力，向着高速化、智能化、系列化、标准化和模块化的方向发展。

（1）搬运能力高效超常　伴随我国经济发展和综合国力的提高，在大型化、巨型化的仓储工程项目中，以及在很多新兴领域的拓展都需要大吨位重型物流装备，如重型堆垛机、重型 AGV 和重型叉车等。

重型物流装备的研发制造需要先进的设计技术、材料技术和工艺加工技术，必须在全数字化控制、智能导向、精确定位、信号感应传输、全寿命免维护、多重安全保障、自动流程控制和智能远程控制等方面进行技术创新，实现全寿命周期绿色化。

（2）存储能力高效超常　特型件存储　在生产领域、流通领域和军事国防领域中，很多长型件、宽体件、特形件和重型件的存储对托盘、货架、堆垛机及相应的进出库作业设备等都有特殊的要求，如航天系统和冶金系统的重型立体仓库、高速铁路的动车组转向架立体仓库和动车轮对立体仓库等。

高密度存储　密集式仓储系统可以提高仓储率，尤其是主动式密集仓储技术提高了系统的出入库效率，如穿梭车式密集货架系统柔性更大、动力式密集货架作业效率更高。伴随电子商务的迅猛发展，海量物品和包裹的存储与分拣都要求其物流中心具有超常的存储能力和快速分拣能力。

（3）运行速度超常　极速运行包括高速运行和超低速运行。生产工艺发展，产生了对物流装备极速运行的要求。物流系统对装卸速度、搬运速度、输送速度、分拣速度等功能运作速度的要求愈来愈高，需要研发设计与制造出适用于各领域、不同行业所需要的高速运行的技术装备，如高速堆垛机、高速分拣机、高速输送机、快速存取装备、快速装（卸）船（车）机等；如巷道堆垛机水平方向速度已超过 400m/min，垂直速度达 100m/min，复合作业循环时间达 50 ～ 70 次 /h。针对特殊安装工艺或产品，如核聚变零部件进行搬运装卸时，为了满足其力学物理性能指标变化的要求，又需要起重装卸设备能超低速运行。

（4）高速存储与分拣　快速化是现代物流仓储最基本的要求。仓储物流快速化应涵盖物流仓储的全部流程和作业环节，以及信息的采集、传输和反馈控制。仓储物流快速化主要体现在快速接货验货、快速入出库、快速分拣、快速配装配载、快速配送、快速盘点等方面。

自动化立体仓库大幅度提高了存储的密度以及存取速度。近年来，多层穿梭车立体仓库和旋转立体仓库SCS技术，将存储效率提高到一个新的高度。

现在的物流分拣对时效性要求极高，且立式智能物流拣货设备的分拣是以单一客户订单为分拣单位进行的小批量、多品种、多批次的分拣，并将同一客户所需货物集中存放，最终进行自动封箱并等待配送，无需等待若干个客户进行货物的集中分拣并分货至不同客户的集货地点等待配送。

2. 物流仓储系统能力高效超常

（1）物流配送中心　我国物流配送中心，尤其是大型物流配送中心近年来发展较快，专业化、社会化、国际化的物流配送中心显示了巨大优势，具有强大的生命力，代表了现代物流配送的发展方向，大型、新型物流配送中心将是未来发展的必然趋势。物流系统装备集成的新模式将不断涌现，系统管理和控制新模式将发生巨大的变革，物流系统更加贴合服务目标。

（2）枢纽物流系统能力高效超常　如航空运输大部分时间和费用用于地面搬运和缓存，机场设施规划直接影响航空货运的时效性和储运成本。电子商务和快递行业的迅速发展（占国内航空货运51%运力），已经成为航空货运的高端业务，极需加强货运枢纽建设，完善地面物流网络，提高关键的航空货物处理、邮件和快件分拣处理及行李分拣处理等方面的即时响应和处理能力，并力争在航空货运与物流供应链的整合、航空集装器（ULD）的存储与管理等关键技术方面有所突破，实现航空枢纽物流系统能力的超常发展。

（3）超高速自动分拣系统　我国自主研制的分拣系统的分拣速度超过18 000件/h，准确率大于99.99%，轨道运行的速度2.5m/s，可分拣包裹外形为球状、圆柱状以外的各类包装，包括纸箱、软包装、信封扁平件、编织袋等。依据用户需要可延伸构建三维立体分拣仓储流水线。分拣系统适合图书、电子仪表、日用化工、食品医药、汽车零部件、大型连锁商超，物流配送中心、快递分拣中心、烟草及邮政等行业。自动进行数据记录处理，可与企业已有的ERP管理系统进行实时数据信息共享。选配功能包括：进行远程分拣或装配操作，自动喷码，自动贴标，自动计算货物体积，自动称量货物重量，自动货车呼叫配载平台，最佳送货路线计算平台，全程图像（视频）溯源平台。

系统不但能大大提高企业的效率和效益，节约企业的生产成本和管理成本，提升企业的智能化和管理水平，而且可以兼容条形码、二维码和射频标签（RFID），自动计算单个货物体积和总体体积，单个产品价格、实际售价、业务提成、码洋等财务信息，自动发布短信给配货司机，实现自动配载。系统突破了如图像识别、计算机、电子信息、机械自动化等领域数项智能物流核心技术瓶颈，主要包括多通路高速精准识别，条形码、二维码、射频标签的精准识别、定位和跟踪技术，高精度定位传输技术，高度兼容，运输配载平台无缝兼容等。

3. 特种物流技术设备

一些特定领域、特殊环境和某些行业，需要研发满足其特定需求的特种物流技术装备，需要具备足够的负载能力，满足功能与效能的要求、特殊材料要求、结构尺寸的要求。因此必定需要在设计、制造、运输、安装、运行及远程监控等各环节采取特殊的方法、工艺和技术等。

特定领域如军事国防领域、核电领域、海洋经济领域、应急物流领域、冷链物流领域、循环经济领域、大型物流枢纽、矿山与钢铁行业等，还有如航天领域或太空环境下物流功能需求带来的相应的各种物流技术与装备。

特殊环境条件如极寒、高温、高原、深海和沙漠等。世界各国对极地（超低温南北极）领土诉求的加速和后续经济层面的开发，以及北极远洋航道对物流设施和物流技术装备的诉求，高原低温低氧环境下有关装备的功能、动力系统等；深海等特殊条件下进行石油勘探钻井采油，以及未来深海采矿中物料的搬运、输送、存储等，需要研发适应深海高压、耐海水及盐雾的特种物流技术与装备；沙漠高低温相间地区的物料装卸、搬运、仓储、输送，沼泽地带、海岸滩涂地带与岸边砾石地带各种物料的搬运装卸和仓储，需要研发相应的特种装备等等。

5.3.2 精准

仓储物流技术装备及其系统运行过程必须具备高度的时空性精准、控制性精准和管理性精准。现代生产领域和流通领域所要求的自动化物流系统是集光、机、电、液和信息等技术为一体的多学科的高技术系统工程，通过应用系统集成的方法，借助于现代的托盘、货架、自动化立体仓库、叉车、输送分拣系统设备、信息处理系统等技术装备，使各种物料最合理、经济、有效地流动，并使物流、信息流、商流在计算机的集成控制管理下，实现物流的信息化、自动化、网络化、快捷化、柔性化、集成化和智能化。

1. 时空性精准

仓储物流装备的运行速度愈来愈快，如高速堆垛机可达 400m/min，高速分拣机分拣速度超过 10 000 件 /h，物流中心、货场、集装箱堆场、生产车间物料装备运移的精准和定位精度要求愈来愈高。物流系统的时空性精准主要关注如下方面。

（1）快速提升控制系统基础技术水平　在基础技术方面，近期仍以传统的传感器、限位开关、编码技术、PLC 技术等自动化控制为主。网络控制技术、分布式控制技术、集成化、网络化和智能化是其基本发展方向。必须大幅提升基础技术水平，提高控制系统的反馈速度、精准性和可靠性。

（2）传统的定位方法面临巨大挑战　现代工业和科学技术的发展对精确定位提出新的要求。高精度、大量程和数字化是精确定位新的发展方向。定位的数字化（量化）使得定位和计算机技术得以结合。在精确定位领域，高精度的位置检测技术是系统成功的关键，实时将位置信息反馈给定位系统，驱动执行机构到达指定位置。传统的定位方法常常仅针对一维位置量，而定位系统的位置信息多数是二维，甚至是三维的，并且对位置信息的检测更注重在定位点附近的微小偏差，这使传统的定位方法面临着巨大的挑战，采用小波纹理、神经网络、形态学、梯度特征、子区域多特征等方法进行定位信息分析处理是今后研究的重点。开发简易伺服系统和高精度检测传感器是实现精确定位的重要保障。

（3）移动设备的准确定位　移动设备目标位置的识别与准确定位一直是物流系统高端发展的关键问题。任何一个物流系统都面临实现高效率化、智能化与自动化技术的挑战。如集装箱船舶大型化对港口装卸机械性能带来的挑战，集装箱岸边起重机高性能化、智能化关键技术研发与应用、集装箱吊具的电子防摇和机械式防摇技术、目标位置的识别与准确定位技术、各种工作机构如大车、小车运行的微动技术等，需要重点进行自动化集装箱码头柔性水平运输的车辆导向、定位技术、自动化集装箱码头立体轨道式水平运输技术的研究与应用、集装箱自动化码头软件控制系统与物流公共信息平台开发与应用、高架集装箱立体仓库的研究开发与应用等。

（4）面向供应链过程的智能物流跟踪　供应链过程涉及的企业多，企业之间协调困难，需要智能的优化协调方法。物料跟踪系统必须与现有的 ERP 系统无缝集成，进一步与企业使用的 CRM/MES/EDI/B2B 等其他系统进行集成与信息共享。由于物料跟踪系统面向供应链过程，系统必须考虑与上下游企业的信息交互、信息识别与共享。因此，迫切需要开发面向供应链过程的智能物料跟踪系统，实现面向供应链的上行及下行物料跟踪，解决企业原有系统无法全程跟踪的问题。

（5）物流装备属具的智能化控制和安全检测　堆垛起重机的吊具、叉车的属具等多采用传统的传感器或限位开关控制和安全检测技术。为达到吊具在移动过程中就能预先快速完成对被吊物品的智能化识别，能够对各种不同形状、材料特性、重量和搬运要求的起吊物品实行全自动化高效率的搬运作业，必须着力研究采用各种智能传感器的信息融合和机电液一体化智能推理决策系统、该系统具备多种物理量的检测、精确定位、安全过程监控等功能，能够在高温、低温、强磁、辐射、水下、防爆、腐蚀、洁净等复杂恶劣环境下实施吊具的控制和安全检测，如集装箱的智能化搬运、智能化夹钳、智能化电磁吸盘等。

2. 控制性精准

物流仓储系统管理和控制新模式将发生巨大变革。将从单机控制、多机控制、网络控制演变为远程遥控甚至设备自主意识控制模式，将传统的指令、动作响应模式变成终极目标导向模式。

物流仓储装备及其系统的控制性精准主要关注以下各方面。

（1）大型设备数字化　未来自动化、智能化、数字化物流设备需求将上升，应用领域扩大，先进适用的物流设备以及信息化技术将成为市场需求的主流。将机械技术和电子技术相结合，将先进的微电子技术、电力电子技术、光缆技术、液压技术、模糊控制技术用到机械的驱动和控制系统，进而实现大型设备数字化。

（2）集成控制　集成控制不只是设备的简单连接，需要研究多形态、多层次、多角度、多数据库的系统连接，并通过优化控制技术，使这种连接更加高效和安全。随着仓储物流系统向大型化和智能化发展，没有有效的控制和调度，单机设备的能力无法发挥，系统整体性能也无法得到保障。物流设备相互匹配和协调的重要性超过了单一设备性能指标的重要性。如自动化立体仓库中，堆垛机和输送机的匹配、堆垛机与穿梭板的匹配、输送机与叉车的匹配、叉车与穿梭板的匹配等。

典型物流系统集成控制主要体现在系统的接口、数据传输、网络通信以及系统安全等多个方面。模块化控制的可热插拔技术可应用于AGV、机器人、输送机、智能叉车、AS/RS等系统之中。大数据及云技术将在决策、控制理论及跟踪技术等多方面对集成控制产生深远的影响。

（3）智能导向精确定位　物流仓储装备的智能导向、精确定位可以提高作业效率，减轻劳动强度，改善操作环境、增强安全性能，同时将极大地推动数字化车间的智能化进程，是市场的必然选择，是先进生产力的重要体现之一。智能化物流控制装备广泛应用于工业厂房、站场港口、危险或恶劣环境存储等场所，涉及食品、机械、冶金、物流等行业各种有关大宗定规格物品、顺序流程生产、特殊环境作业等情况下的物料搬运。

目前采用伺服系统与位置检测系统结合实现精确定位，定位精度达到

≤ ±5mm 的精确要求。必须研发面向未来工业现场并具有基于物联网的工业实时测控系统、智能数据库管理系统和远程虚拟监控系统等功能，进而形成系统级的具有智能集群控制和机器视觉智能识别的智能物流装备系统。

（4）自主控制与多维度监控　自主控制　自主控制突破了自动控制中明确的因果关系，不需要预先设计好过程，设备本身具有选择余地。在复杂的物流系统中，自主控制系统将根据当前所处的状态自主选择设备、速度、方向甚至策略等，这是未来发展的重要方向。

自主控制技术目前在类似 AGV 的系统中得到广泛采用。系统采用激光或图像导引技术可以支持路径的重新规划，可以灵活追加和减少 AGV 数量，在 AS/RS 系统中可以通过热插拔技术，在不影响系统运行的前提下增加或减少堆垛机和输送机设备的数量。未来随着机器人的大范围使用，自主控制将会得到进一步推广，如根据货物的尺寸（长宽高）选择不同的设备，包括储存设备、拣选设备、输送设备；无固定路径移动设备的路径选择、障碍回避和速度调整等。

多维度监控　对于越来越复杂和庞大的物流系统，多维度监控可以提供不同角度监控，可以尽可能地减少监控的死角，包括视频监控、设备状态监控、设备寿命监控，为系统预警提供数据支持。尤其对于高端设备，如高速堆垛机、分拣机等可以预防灾难性结果发生。研发数字监控和基于图像识别技术的智能识别监控，预警和关键设备寿命监控等将是多维监控未来发展的重点方向。

3. 管理性精准

现代物流的高效管理成为企业竞争力的核心，以保证竞争中的成本优势。随着信息化技术飞速发展，供应链具备了深度和广度的信息集成、同步计划、协同的工作流和全面的供应链集成四个级别。RFID 使得每一个级别发生革命性的变化，真正实现实时供应链集成。管理性精准集中体现在如下几方面。

（1）精准仓储与供应　实现“零库存”是企业追求的管理目标，企业利用 RFID 技术实现到货检验、入库、出库、调拨、分拣、移库移位、库存盘点等快速和准确的自动化数据采集，对原料供应、仓库库存、物流配送等过程实现实时化数据管理和全面的供应链集成，合理保持和控制企业库存，实现“零库存”。

（2）精准物流　精准物流的核心是以快速、高效、低成本把商品送达客户，必须建设强大的综合物流服务、特色金融服务、高效灵活的商务服务和开放领先的信息系统。通过物联网构架全面感知、可靠传递和智能处理的物流信息平台，利用云计算、模糊识别等对海量数据和信息进行分析处理，对物品实施智能化控制，实现精准物流作业流程标准化及顾客服务人性化。

（3）自组织物流系统　物流系统自组织所面临的挑战主要是如何设计和构建具有自组织、自适应特性的物流管理体系，包括如何实现物流设备的自主和智能控制，如何构建不同设备间的无线通信协调机制，以及如何设计智能传感器网络以及分配资源、动态管理任务等。

（4）云平台管理　伴随需求多样化发展，客户对于其所订购的产品或服务的交付时间和可能的意外，将变得非常在意和敏感，交付前的预警（预告）和交付后的可追溯、可查证将成为产品服务的必要条件。因此需要企业具备内部信息与外部信息联动的能力，以便于客户适时地看到企业内部的订单进展信息和相关的成本与效率信息，在必要的时候客户将参与产品的开发、研究和订单进程管理。需要企业构建平台化、可移动化的管理，实现数字车间和智慧工厂，最终实现云平台管理。

5.3.3　智能

智能化物流技术装备极大地提高物流功能系统运转的高效性、方便性、快捷性、精准性和安全性。智能特征就在于它具有与外部世界、对象、环境和人相互协调的工作机能，具有重要的视觉、接近觉、触觉和力觉能力。视觉是人类观察世界和认知世界的重要手段，也是智能化技术装备最重要的能力，这种能力使机器能感知周围物体的几何信息，包括它的形状、位置、姿态、运动等，而且能对它们进行描述、识别与理解。需要研发适应不同制造业特点的物流机器人、高速AGV、AS/RS立体仓库以及新一代柔性、低能耗和低噪声生产线等关键物流技术装备。我国近年已在智能货架、智能仓储系统、智能起重搬运技术与系统、智能输送技术与系统、智能管道输送系统等方面进行了有益的探索。物流仓储的智能化首先应在如下方面进行研究和创新。

1. 智能存储与配送

智能存储技术将极大地改变存储概念。针对不同的货物需求，选择最合理的存储环境、存取手段和存储货位，如近年来对装载容器直接进行立体堆码、自动堆码和拣选，改货架存储方式为无货架的立体存储方式，将大幅度提升存储水平和降低成本，进一步提升物流服务水平。目前，智能存储系统的巨大效益还没有被充分挖掘。发展智能存储需要如下技术支撑。

海量订单处理技术　电商等新商业模式的出现，必然要改变原有的大进大出的模式，导致存取货的次数需求大幅上升。如何通过海量订单处理技术在满足作业需求情况下降低成本成为必须要解决的问题。

控制技术 与智能存储技术相应的控制技术、计算机管理技术的配套研究。

柔性存储终端装备 新的商品配送模式下，直接面向终端客户的低成本高智能化的柔性存储终端装备研发。

智能配送 采用网络化的射频识别、无线传感和信息技术结合先进的管理手段，严格守信地满足客户需求，完成一系列物流活动的合理化体系，是需要软件系统、硬件设备和管理技术等多方支持的高级配送体系，是信息化、网络化、自动化、现代化的物流配送。

2. 精确定位

目前采用的方案为伺服系统与位置检测系统结合实现精确定位。伺服系统一般采用伺服电动机或变频电动机与绝对值编码器联合使用，位置检测系统可采用机械防滑装置（齿轮齿条等）、条形码检测传感器、光栅孔检测传感器或格雷母线检测传感器等方式。位置检测系统检测的是仓储搬运设备的绝对位移，不存在累加、轨道与车轮打滑、磨损造成的误差，与防走偏系统结合，可使得定位精度达到 ±1 ～ 2mm 的精确要求。

3. 智能远程与集群控制

智能远程控制 智能远程控制技术包括远程操控技术和远程监控技术。智能远程操控技术广泛应用于特殊生产环境下或高度自动化场合按照程序制定的流程进行作业。远程监控技术集成了先进的无线通信技术、嵌入式技术、计算机网络通信、地理信息系统、数据仓库系统、数据挖掘和管理信息系统等高技术，其目的是判别搬运设备系统是否偏离正常的功能，监视其作业状况，预防突发性故障的发生，实现可靠的自动化作业。近年来，仓储搬运设备的远程控制技术得到迅速发展，通过工业网络技术，采集仓储搬运设备的各种电控系统的信号或信息，实现仓储搬运设备电控系统的全面计算机图形化监控、故障监控和跟踪，对仓储搬运设备的运行状态、工作内容进行监控和工作量的统计，有效提高生产管理水平；通过远程服务和远程监控手段，可以实现快速服务响应，极大地减少设备故障排除时间，保障设备完好率。

智能集群控制 智能集群控制技术利用现代先进的计算机网络与通信技术、传感器技术、电子技术，针对多台同类型仓储搬运设备实施联合联网远程协同监控。仓储搬运设备集群监控系统主要由调度指挥中心、远程计算机网络监控系统及作业现场计算机网络监控系统组成，实现采集、计算、存储、数据、信息等的全面共享和协同。

4. 智能化物流仓储系统

利用集成智能化技术，使物流系统能模仿人的智能，具有思维、感知、学习、推理判断和自行解决物流中某些问题的能力，即在流通过程中获取信息从而分析信息做出决策，使商品从源头开始被实施跟踪与管理，实现信息流快于实物流。可通过 RFID、传感器、移动通信技术等让配送具备自动化、信息化和网络化特征，实现物流规整智能、发现智能、创新智能和系统智能，更好地降低成本，提高服务水平。

目前，我国许多大型物流企业、制造企业、零售企业的物流系统已经不同程度地具备了信息化、数字化、网络化、集成化、智能化、柔性化、敏捷化、可视化、自动化等先进技术特征，很多物流系统和网络采用了最新的红外、激光、无线、编码、认址、自动识别、定位、无接触供电、光纤、智能标签、无线射频识别 (RFID)、卫星定位、智能交通等高新技术，这种集光、机、电、信息和传感等技术于一体的新技术在物流系统的集成应用奠定了我国智能仓储物流发展的基础。

5. 智能化电子商务物流

2015 年，我国实物商品网上零售额达 3.24 万亿元，增长 31.6%，已占到社会消费品零售总额的 10.8%。电子商务智能物流系统主要内容包括：建立内容全面、准确、更新及时且能够实现共享的信息数据库，为智能物流的关键应用打好基础，通过业务流程优化与再造增强组织柔性，提高智能监测能力；推广智能物流的智能订单管理；将感知、定位、M2M 等物联网技术集成应用于智能物流建设；在智能物流常态化管理基础上制订危机管理应对机制；研发适用巨订单、多品种、小批量、密集存储、快速分拣、敏捷配送的物流技术与装备。

5.3.4 绿色

社会对于绿色、环保的要求将使得未来的物流工程必然将绿色纳入规划与运营的考虑范围内，甚至成为一票否决的门槛。物流工程实现物流绿色化义不容辞的，但同时也应看到履行这一责任时可能得到的收获，那就是又一新兴市场的出现。

1. 绿色仓储与配送

绿色物流就是减少资源消耗并降低对环境的污染，生产制造先进的物流技术装备，建设先进的物流设施，利用先进物流仓储工程技术规划并实施运输、仓储、装卸搬运、流通加工、配送、包装等物流功能活动。绿色物流的最终目标是可持续性发展，实现该目标的准则是经济利益、社会利益和环境利益的统一。

2. 绿色设计与制造

我国每年生产数万台（套）的搬运机械、输送机械、工业车辆、包装分拣机械和流通加工机械等，物流装备在加工制造时既消耗大量的钢材，又消耗大量的工艺资源；物流装备在完成各种功能运作过程中又消耗大量的各类能源，同时在制造和使用过程中也会产生一定的“三废”污染环境。

物流装备的绿色设计包括绿色材料的选择与管理、可拆卸性与可回收性设计，在功能设计及考量产品质量、效益、产量、性能时应考虑环境约束与成本的关系。物流装备绿色设计应推广生命周期设计方法、并行工程方法、模块化设计方法等。物流装备的绿色化设计技术随着减量化的社会呼声逐步提到日程，如轻量化设计、能耗评价、制造过程低排放、维修再制造、寿命评估和报废标准研究等。

制造层面逐步转变减料→等料→增料制造方式，采用先进绿色制造新工艺——精确成形技术（数控）、快速成型（3DP）技术，提高材料利用率，减少加工工时，保证生产过程洁净、环保，从而实现产品轻量、精确、使用维修的低耗化。

3. 绿色包装与回收

绿色包装包括采用绿色包装材料、实行包装减量化、利于重复利用、易于回收再生、包装废弃物可以降解腐化等。物流装备的绿色处理需要在产品进行初始设计时，就应充分考虑产品、零部件及材料的可回收性、回收价值大小、回收处理方法、回收处理工艺性等与可回收性有关的一系列问题。而再制造是绿色回收技术中最关键的技术。

物流仓储装备在使用寿命结束后，其零部件能被翻新、回收、重用或者安全处理掉，如自动化立体仓库、高速堆垛机、智能化 AGV、搬运机器人等仓储物流装备。

随着电商物流与邮政业运营规模的迅速扩大，如何解决快递包装引发的垃圾污染已经成为社会关注热点。如何减轻对自然环境的压力，如何高效地利用能源资源，走绿色健康与可持续的发展道路，已成为行业发展不能回避的问题。2016 年 12 月 20 日，国家邮政局会同国家发展改革委、交通运输部联合印发了《邮政业发展“十三五”规划》，大力促进邮件快件包装的减量化、绿色化和再利用，鼓励企业设计应用新型包装、简约包装，大力推广使用电子运单，引导企业使用环保包装袋及填充物，减少塑料胶带使用量，加强包装废弃物的回收处置管理，建立健全快递包装回收体系。

5.3.5 服务

在服务经济及知识经济背景下，物流仓储装备制造业的传统属性正在发生改变，从产品设计、加工制造、包装运输、流通销售、使用维护，一直到报废回收的整个过程，具备了很多服务业的新型特点，初步萌生了全方位地为客户、为社会服务的思想。同时，创造产品服务增值，包括依托产品的服务，以及围绕产品为客户提供的各类延伸服务等也获得了广泛的认知。

1. 生产型制造向服务型制造转变

工业发达国家机械工业已从生产型制造向服务型制造转变。从重视产品设计与制造技术的开发，到同时重视产品使用与维护技术的开发，通过提供高技术含量的制造服务，获得比销售实物产品更高的利润。一些世界著名公司的制造服务收入占总销售收入的 50% 以上。

我国物流装备行业制造企业长期以来，在生产型制造的影响下，将技术开发的重点完全放在为产品全生命周期“前半生”服务的产品设计、制造和装配方面，忽视了“后半生”更具附加值的售后支撑技术的开发。近年来，我国一些仓储装备制造企业认识到发展制造服务业对企业发展的重要性。一些企业将制造服务业务作为企业独立的业务板块，进行制造服务领域的策略研究及服务技术开发。

2. 物流仓储装备全生命周期的“云服务”

对应人类生命周期的生命孕育、诞生分娩、生命成长和生命终结四个阶段，根据仓储装备产品生命周期的有机构成，也可以将其分为如上的四个阶段。前两个阶段通常称为“前半生”，后两个阶段通常称为“后半生”，需要研究每个阶段所需要的服务内容，以及能够进行优质服务的相应的工程技术和管理技术，在“云计算”和“物联网”的基础上，依托相关制造服务业态工程技术的支撑实现“云服务”。

（1）物流仓储装备的“生命孕育”期　物流仓储装备的“生命孕育”期从与客户商榷订单开始，一直到产品设计和加工制造完成。其中应包括产品的定制化、个性化选择与评估，客户参与研发和试验。该阶段提供物流仓储系统整体解决方案和履行订单的企业供应链中的物流无缝链接等。客户对所订制（购）产品的交付时间和可能的意外，将变得非常在乎和敏感。确立交付前的预警（预告）和交付后的可追溯、可查证方案将成为产品服务的必要条件。

该阶段应建立系统全面的物流装备全生命周期服务体系，融合数值分析、工程预测、虚拟仿真以及试样和模型试验等多学科知识，解决多优化目标相互交织的复杂决策问题。

因此，需要企业具备内部信息与外部信息联动的能力，以便于某些客户适时地看到企业内部的订单进展信息和相关的成本与效率的信息，在必要的时候客户将参与产品的订单进程管理。这意味着企业必须进行数据化、平台化、可视化和可移动化管理，实现数字车间和智慧工厂，最终实现云平台管理，以全面完美地落实该产品或系统的全生命周期的各项服务。

（2）物流仓储装备的“诞生分娩”期　物流仓储装备的“诞生分娩”期包括产品的组装和装配、调试、包装、运输、客户现场安装、调试和试运行，一直到验收等。尤其是针对诸如堆垛机、AGV、重型托盘、大型分拣系统设备等重型仓储装备，需要与客户共同制订产品包装、运输和安装方案，以确保产品和物流安全。

该阶段要进行仓储装备或仓储系统的培训，使客户了解或掌握装备的关键技术、安全运行、维护维修等相关的知识、规则和要求。

（3）物流仓储装备的“生命成长”期　在物流仓储装备的“生命成长”期内，装备的“健康管理”是关键，应该包括装备的远程监控和维护、诊断、预警服务；系统的不断改善与升级等。采用故障诊断技术，利用各种测试和检测方法，对物流装备系统是否发生故障以及在何部位产生故障进行检测；将设备维护检测与网络技术相结合，对装备进行远程维护。在仓储装备的运行过程中，确立故障诊断以及远程维护为整个物流系统必不可少和极其重要的一环，如果诊断或维护不及时，不仅会对设备造成损坏，还有可能造成财产甚至生命损失。随着装备诊断标准化技术、模式识别技术、数据挖掘技术、网络技术、传感器技术和云计算服务等相关技术的发展，故障诊断和远程维护的技术也在不断更新，运用各种更先进的技术可以进行更加准确快速以及智能化的故障诊断，设备远程维护也能够变得更加系统化，同时大大提高预警能力和监控范围，以保证设备机组安全稳定运行。

（4）物流仓储装备的“生命终结”期　物流仓储装备产品生命周期结束后通过提供产品的回收、处理、复用和再制造等各种增值服务，使企业从产品制造向全面服务提供商转变，创造更高的价值。同时，装备报废、拆卸、回收和再造等过程中的成本问题，对全寿命周期设计及其服务体系的执行效果具有明显的检验和进一步完善的作用。

应建立产品或系统全生命周期的服务评价体系，形成政策强制性的产品标准，切实对物流产品的全生命周期成本，质量和绿色性进行约束要求，从根本上提高产品在国际市场上的核心竞争力。

3. 物流仓储装备制造服务业的四大转变

纵观全球制造服务业的发展，预计，我国物流仓储装备制造服务业将呈现如下的四大转变。

服务对象的转变 在“云服务”平台上，物流仓储装备制造服务的对象将由现有的为某客户“孤岛式”的服务，转变成为某一供应链或物联网上所有的客户服务，进而发展成“仓储装备企业联盟”。通过“云服务平台”为所有客户提供更便捷、更快速、更准确、更优质、更有成效的全方位服务。

服务地域的转变 服务地域由局域或区域转变为全国，尤其是在“一带一路”快速推进后，我们的供应链、物流链、物联网将迅速拓展到“一带一路”沿线国家或地区，必将建设大量的物流仓储设施，服务地域将覆盖全球。

服务态势的转变 服务将由离线转向在线，依托“云服务”平台和各种先进的传感技术、非接触式检测技术及远程监控技术与信息传输技术，改变原来只能离线进行测量、诊断、检测、监控等服务的模式，可以实现在线完成。

服务模式的转变 服务模式将由被动服务转变为主动服务。过去产品售后服务，往往是设备出现故障后，客户提出要求而被动告知后，设备制造商才提供服务。依托“云服务”平台和各种先进的信息采集、传输和分析技术，可以主动地认知客户需求的服务，能够迅速及时地进行设备预防性维修等。

4. 支撑性服务工程技术四大创新特征

结合我国物流仓储装备制造服务业的发展进程，其支撑性服务工程技术将具有如下四大创新特征。

高技术性 仓储装备的全寿命周期服务可以实现产品的高附加值，依托的是各种高端前沿技术，如信息技术、网络技术、在线远程监控和诊断技术、无接触信息采集技术、远程信息传输技术和智能技术等。充分体现了支撑性服务工程技术的知识性和高技术性，并在应用中不断地促进相应高新前沿技术的研发和应用。

高集成性 通过支撑性服务工程技术的集成进而达到全寿命周期服务功能的集成。仓储装备制造商提供给用户的不仅仅是“长寿”产品，而是包括实物产品和服务产品集成为一体的涵盖产品全寿命周期的整体解决方案，以满足客户的更高要求。

高差异性 在高原地区、高温酷暑地区、极寒地区、海洋资源开发区域、北冰洋等区域，甚至走出国门后在“一带一路”沿线区域国度，物流仓储装备使用地的地理环境、气候条件、应用技术及管理水平都存在较大差异，我们现有或在研的各类制造服务业的支撑性工程技术必须适应这些差异，才能实现物流仓储装备产品或系统的“全寿命周期”服务。

高融合性 在进军国际仓储装备市场时，我们将面对不同国家在物流仓储装备领域中的各种标准、规范、技术、绿色环保等方面的碰撞。因此，要求在充分体现中国制造、中国标准、中国创造和中国智慧的同时，更应注重技术、标准等多方面的融合，甚至包括文化融合及法律融合等。

5.4 产业发展的主要引擎和发展目标

物流仓储装备融合到生产、流通、消费等整个社会经济活动过程之中，与社会经济的发展存在着密切的联系，是社会经济活动的重要组成部分。今天，人们对物流作用的认识已提高到新的高度，无论在法律法规和政策层面，还是在资金和人力资源投入层面都将进一步加强，物流仓储装备产业将迎来新的高速发展的局面。

5.4.1 产业发展的主要引擎和驱动力

市场需求是产业发展的永恒动力，特别是我国经济发展战略、产业发展战略和物流业发展战略，以及科学技术进步为物流装备产业提供了新的发展动力。

1. 我国“一带一路”发展战略的快速推进

备受世人瞩目的建设丝绸之路经济带和21世纪海上丝绸之路的战略构想，对建设“一带一路”的物流体系提出了更新更高的要求。毫无疑问，加速建设交通物流网，以此作为“经线”连接沿线主要国家和地区，积极参与投资沿线铁路、公路、港口、机场等交通干线和物流枢纽，以及横向以金融服务网、信息服务网作为“纬线”，以横向编队夯实互联互通是重中之重。在实施“一带一路”战略推进过程中，新的物流仓储装备需求随时出现，物流仓储工程的空间也会随之迅速扩展。

2. 国内外物流仓储市场需求多样性的拉动

物流仓储活动已日益渗透到生产、流通、消费整个社会经济活动过程之中。社会经济的发展、市场环境的变化、消费水平和消费方式的变化、技术进步以及物流服务水平均会对物流需求产生影响，带来的直接结果必定是物流仓储需求的多样性。我国制造产业和商品流通行业的快速发展，对物流仓储的需求远远超出了传统的仓储和运输服务，不同行业如电子、汽车、冷链、食品、钢铁冶金、化工、烟草和电子商务等对物流的需求存在很大差异，呈现出需求多样性的明显趋势。

新兴市场带动，电子商务、物联网、农产品物流、冷链物流、快速家电物流对仓储物流工程的需求看好；市场容量增加，随着企业追求更高的效率、更低的物流成本以及人力、土地、能源等诸多成本因素的提高，企业对机械化、自动化的物流设备需求提高，国内自动化立体仓库、输送分拣设备、货架、托盘等仓储设备将保持比较好的增长态势。同时，由于客户需求与参与，未来市场供需关系将发生以下重大变化：客户需求更加个性化和个体化，需求满足的周期越来越短，对于创新的要求越来越高；随着大数据的不断丰富和完善，供求关系从单纯的买卖、供需关系，转变为共同实现的关系，不再是供方提供优质产品，需方购买和付款，而是双方协同、多方探讨，客户方将参与很大比例的产品研发和产品实现过程，最终实现共赢。

3．市场需求快速增长势头的驱动

随着国民经济的快速发展及“一带一路”发展战略的推进，国内外对物流的需求日益扩大，物流仓储设备需求出现快速增长势头。据不完全统计，到 2013 年年底，我国物流仓储设备的总需求量接近 180 亿元（不含工业叉车、托盘，以下同），约占全球市场的 15%，而且每年以超过 20% 的速度增长。我国物流仓储设备技术水平在最近 15 年间发展迅速，已经形成一定的产业规模，拥有一批生产企业和系统集成商。但与世界先进水平仍然差距明显，主要表现在产品的多样性、适应性以及可靠性等方面。此外，企业规模与世界领先企业还有相当大距离，2013 年，全球排名第一的物流系统供应商产值达到 26.54 亿美元，排名第 20 的企业达到 1.31 亿美元，而国内的企业，最大的产值也不过 10 亿元左右，大致处于世界第 20 位的水平。

未来 15 年（2016—2030 年），将是我国物流仓储设备赶超世界先进水平的关键时期。从目前发展情况看，到 2020 年，我国市场需求将达到 500 亿～600 亿元，占世界总量将接近 25%，将成为全球三大市场之一。预测到 2030 年，我国物流仓储装备市场需求将达到 1 800 亿元左右，占世界总需求量的 50% 左右，成为全球最大的市场，将有企业进入世界物流系统供应商前 10 强（约 10 亿美元）。新型行业，如电子商务、农产品配送、军队后勤等对物流需求的增长，将对物流仓储设备的技术发展和市场需求产生重大影响。

4. 技术创新引领产业发展

物流仓储设备在其发展过程中，一直朝着自动化、系统化、智能化方向发展。一个复杂的自动化物流仓储系统，往往集成了众多种类的物流仓储设备，这些设备互相关联、共享信息、协调工作。如何应用系统集成控制技术高效地协调各设备的运转，成为物流仓储设备发展的一项重要内容。

技术创新及新技术应用促进高端物流仓储装备发展。随着移动互联网技术、物联网技术以及大数据技术的发展和应用，物流仓储装备的发展在未来将呈现前所未有的快速发展态势，基于供应链系统优化的需要，快速、可靠、自动化、智能化、多样性、适应性将是发展的主要方向。技术方面，制造领域中新型设备将不断涌现，尤其是随着制造水平的提高，各种高端设备，如AGV、机器人等设备制造的难度将会降低，制造成本也将大幅度降低。这一趋势将从根本上改变物流仓储装备的格局，从远期发展看，机器人参与物流作业不仅将成为可能，更将成为一种常态。另一方面，标准化、单元化物流将得到快速发展，与此相适应的物流仓储装备也将应运而生。

通过技术创新，研发新型装备，引领并推动市场新的需求，并引领我国物流仓储装备产业发展，其影响深远的巨大价值已被市场参与各方所共识，物流工程亦是如此。下述的技术发展正是契合了这一历史的进程：

（1）远程控制、无人控制、自主控制将成为绝大多数物流装备的控制方式。

（2）全过程控制，在线监控，数据累计，管理预警等将成为大数据管理的必要条件。

（3）绝大多数物流装备都将链接到云平台，成为物联网的一个链接点和嵌入点，该设备未来既是数据采集点和上传点，更是执行终端。

（4）物流工程设施与技术将随着使用环境的变化而做柔性化变化，并且参与协同管理，从而促使物流工程技术日益柔性化、简单化、傻瓜化、按钮化，同时实时信息传递与监控的需要，促使物流工程设施的智能功能成为普遍化。

这些技术的广泛应用，开发出新的物流装备越来越适应并开始超越市场、引领市场，从而可能促进物流新模式的出现：

（1）产业集群将日益明显，促使满足该需求的物流工程规模不断随之扩大。

（2）适用于物流单元两极分化的需求：大件包装越来越大，小件包装越来越小。大件将推动物流工程设施个体巨大化，小件使得流量累积，总体流量巨大化，推动电子化、自动化、快速化分拣等成为常态。

（3）适用于关联设施与管理运行手段的系统化、智能化，物流工程的横向－纵向、时间－空间、链式管理逻辑－网状管理逻辑的多维化的需求。

5. 物联网、跨境物流及电子商务推进产业超常发展

物联网是在互联网基础上利用射频识别、无线通信、传感、全球定位等信息传感设备，按约定的协议把物品信息与互联网连接起来，进行信息交换和通信，以实现智能化识别、定位、跟踪、监测和管理的一种网络。物联网应用广泛，遍及物流仓储等多个领域，将在全球范围从根本上改变对产品生产、运输、仓储、销售各环节物流监控和动态协调的管理水平，将极大地推进物流的自动化、信息化和网络化。

电子商务是20世纪信息化、网络化的产物，未来有巨大的发展空间。在电子商务的发展过程中，人们发现物流，渐渐成为其发展的主要瓶颈之一。我国的电子商务快速迭代和发展，与西方的模式迥然不同，使得我国的电子商务没有参照的标杆。一方面对物流提出了不同的需求，如多功能化、集约化、城镇化、区域个性化，一体化的配送中心不单单提供仓储和运输服务，还必须开展分拣、配货、配送和各种提高附加值的流通加工服务项目，并可根据客户的需要提供其他服务；另一方面，海量订单、单张订单、突发或集中订单直接影响业已存在的物流模式。

而在航空航天、海洋工程、重大工程、农产品配送、军队后勤等领域，或是会对社会和谐产生重要影响的诸如生活物流、老龄化物流、灾害处置的应急物流及可能出现的其他新的物流需求，都将扩大物流仓储工程未来发展的空间。

5.4.2 产业发展面对的问题与挑战

现代科技发展与市场需求驱动，加速了仓储物流装备水平的提高；通过技术引进，与国外先进国家合作、合资，国内企业研制生产了大批成套的物流装备，开发能力也得到了很大的提高，以大型物流配送中心和自动化立体仓库为代表的我国仓储物流设施和装备等日益接近国外先进水平。但从总体看来，还存在一些重要的问题影响我国物流仓储装备产业的发展。

1. 自主创新能力薄弱

目前我国企业自主创新能力还存在着多种多样的问题，没有形成自觉的创新机制，特别是在原始创新方面。如，企业由于缺乏自主创新意识，未形成有利于创新的社会环境和内部环境，影响了企业员工自主创新积极性；知识产权保护和管理意识薄弱，致使科技成果被严重低估，挫伤了企业自主创新的激情，严重制约了企业自主创新能力的培育；大多数企业为了生存而疲于奔命，利润率低，盈利能力不强，或无心或有心但无力去进行自主创新，更谈不上原始创新，以至于除少数大型企业外很难推出具有创新领先、具有市场生命力的物流仓储新产品；对创新理论研究不足，普遍缺乏对创新活动严密、科学的考核评价体系等。

2. 竞争与合作观念陈旧

竞争与合作是现代经济社会的一个基本特征。“竞合”是一种全新的思维模式和现代发展观，应是一种主动的选择，一种理性的慎重决策，应是企业发展战略中的长期规划。在现在的市场竞争环境中，竞争者与合作者的角色从来都不是一成不变的，今天的竞争者就有可能成为明天的合作者。“竞合”的基础是优势互补，方式是资源互换，其结果是双赢共进。“竞合”有利于进行资源整合，有利于培育著名品牌，有利于提高竞争能力，有利于加快走向国际。

物流仓储装备市场呈现的是总体供大于求的局面，国内企业间合作精神缺失，产品同质化严重，市场竞争无序，价格战时常发生，利润空间不断被压缩，进而影响科技研发投入。

3. 国际竞争局面严峻

国际仓储领域新的理念、工艺和创新产品，总是走在国内企业的前面，给企业生存发展带来极大的竞争压力，国内用户对国产设备的理解有偏差，信心不足。尤其是我国物流仓储装备在伴随“一带一路”发展战略走出国门时更将面临严峻的国际竞争。

5.4.3 产业发展目标

物流仓储是物流活动的重要环节，物流仓储装备产业对于发展现代物流。改善物流状况、促进物流业转型升级、提高制造业生产效率、推动社会生产生活现代化，具有十分重要的地位和作用。

1. 继续保持快速增长

我国发展仍处于可以大有作为的重要战略机遇期、结构调整的关键期和经济增长速度的转换期。宏观经济的稳定增长也将给物流仓储装备产业稳定增长打下基础，特别是电子商务物流的高速发展，不仅将带动物流信息化与标准化发展，促进物流机械化与自动化发展，同时也将积极促进传统物流产业转型升级，这都为物流仓储装备市场带来新的机遇。根据发达国家的经验和行业专家预测，未来二十年我国物流仓储装备产业的发展速度将继续大幅度高于我国 GDP 增速，但增长速度会逐渐变缓。

2. 大力拓展智能物流仓储装备需求市场

根据相关统计数据，2015 年我国智能物流设备的市场容量已经达到 600 多亿元，预计到 2020 年智能物流装备市场容量将达到 2 000 亿元，年增速将达到 20% 左右。但目前我国高端智能物流系统几乎被国外物流设备厂商垄断，我国物流装备企业仅提供中低端配套设备和廉价劳动力。在智能物流仓储系统领域，我国相关企业缺乏智能物流仓储管理和控制系统软件、系统集成经验和核心单机装备生产，缺乏相关理论和应用研究，更缺乏行业物流系统建设标准与规范。其中，智能物流仓储系统中典型的单机装备和技术包括：自动装卸系统、码垛机器人、穿梭车技术、智能拣选车、自动化包装技术和高速分拣系统等。

未来我国物流仓储装备行业的生产与技术领先企业，将逐步扩大中高端智能物流系统的市场规模。到 2025 年，依据我国制造业第一步发展战略，研制适宜不同行业领域的物流仓储装备，提高物流仓储装备的机械化与自动化水平，迈入物流仓储装备制造强国行列，到 2035 年，依据我国制造业第二步发展战略，完善物流仓储装备，提高物流仓储装备的机械化、自动化与智能化水平，达到世界物流仓储装备制造强国阵营中等水平，即我国大部分物流系统将达到国际先进水平，为我国各行业生产和人们生活提供有力支撑。

3. 物流仓储装备的绿色化

由于环境和资源双重压力，物流发展的绿色化已迫在眉睫，对物流仓储装备绿色化提出了更高要求，同时物流仓储装备企业以提高效率、降低成本为技术宗旨也大力推广绿色节能技术。如：许多厂家不遗余力发掘设备潜力，推动产品轻量化设计带动产品升级；以堆垛机等为代表的设备则采用能量回收技术，将制动再生的电能回馈至电网，达到减少能量损耗的目的；高效节能电动机的使用将越来越广泛，国内已经有厂家将高效节能电动机作为标准配置。系统设计层面同样体现绿色节能设计，如，目前国内外开发和应用的热点技术——多层穿梭车系统，由于有效作业载荷与设备自重比值较小，大大降低了每个仓储单元存取作业的能耗；AGV 系统采用最短和高效的路径规划，为用户降低使用能耗，并在调度管理方面将最低能耗原则作为系统调度策略之一以达到节能目的；堆垛机的运动控制采用智能运行曲线，以降低每一个运动周期的电能消耗来节约电能等。

物流仓储装备行业不属于重污染行业，可能国家不会出台强制措施或要求。除在某些领域国家或地方政府出台一些绿色环保物流建设项目补贴政策外，主要依靠各企业对绿色的重视和社会责任以及所带来的经济和社会效益来驱动。物流

4. 物流仓储装备的专业化

不同专业领域需要不同的物流仓储装备作支撑。从今后一个时期看，电商、冷链、烟草、汽车、家电、服装、危化品等专业物流继续稳定增长，并且对物流仓储装备表现出个性化需求。如，电商因包裹配送的多品种、小批量、高频次特征，要求物流用机械化和自动化的快速分拣技术取代大量的人工分拣，以提高分拣的准确率，降低劳动成本；冷链的运输和仓储需要温控，并且保证温控条件下的物流仓储装备性能必须满足物流的要求；危化品对物流仓储装备的安全、环保、防腐蚀都有特殊要求。传统的物流仓储装备企业必须将市场细分到每个行业才能将共性和个性更好地结合，量身定制，为客户提供满意服务。

专业化趋势，可能使得物流仓储装备随着某个领域的快速发展，而形成局部的技术与成本领先。如，电商物流仓储装备和中医药物流仓储装备，将随着我国电商和中医药在全球的快速发展，而快速走向世界各地。

参考文献

[1] 中国仓储行业发展报告 (2015) [R]. 北京：中国仓储协会，2015.9.

[2] 魏际刚 . 中国产业中长期发展战略问题 [J]. 中国产业经济动态 ,2014(12): 7-13

[3] 何黎明 . 物流业发展中长期规划 (2014-2020) 解读 [J]. 中国物流与采购，2014 (20)

[4] 何黎明 . 我国物流业“十二五”发展回顾与“十三五”展望 [J] 中国物流与采购 ,2016(3)

[5] 何黎明 .“十三五”中国物流业发展的六大战略重点 [J]. 中国物流与采购，2016 (13)

第 6 章

我国物流仓储装备产业发展核心技术

首先，根据《中国制造 2025》战略纲要要求，结合工业 4.0 愿景，为适应和满足“定制化”“协同化”“服务化”的产品特点要求，在原来“企业物流”“生产物流”或“制造物流”的基础上，提出“智能制造物流协同”“智能物流”理念，引领出“大物流小生产”思维，提出智能物流协同共性技术。其次，从物流系统理论及规律出发，进一步研究自动化仓储系统（AS/RS）、物流装备（LE Logistics Equipment）、物料处理（MH Material Handling）等面临产业战略发展要求的技术创新规律，提出物流仓储装备产业发展的关键技术。再次，电商及快递产业崛起，催生物流的新技术、新装备、新产业、新内涵。原来的“社会物流”“商品物流”将如何满足“信息化”“数字化”“网络化”“智能化”要求，是物流仓储装备产业面临的又一个新机遇和新挑战。未来的物流仓储装备必将进入以“物流 + 互联网”为特征的新阶段，产生出新常态的物流新型技术。

6.1 智能物流协同共性技术

2016 年 7 月国家颁布了《发展服务型制造专项行动指南》，其中专项行动之一是“推动网络化协同制造服务”。而网络化协同制造服务中关键技术之一就是物流的协同作用，物流协同是物流仓储产业应对相关战略要求的具体行动。

6.1.1 智能识别技术

自动识别技术 (Automatic Identification Techniques)，是指以标识技术为基础，通过获取标识载体承载的标识信息，实现标识对象信息获取的技术。它是信息数据自动识读、自动输入计算机的重要方法和手段，也是物流信息技术中的核心技术。

自动识别技术近几十年在全球范围内得到了迅猛发展，初步形成了一个包括条码技术、磁条磁卡技术、IC 卡技术、光学字符识别、射频技术、声音识别及视觉识别等集计算机、光、磁、物理、机电、通信技术为一体的高新技术学科。应用于自动化物流仓储的主要有条形码技术、图像识别技术、语音识别技术与射频技术[1]。

1. 语音识别技术

语音识别技术，是指用人的语言去指挥和控制机器，让机器“听懂”人的语言，并根据其指令去完成各种各样的任务。语音识别以语音为研究对象，它是语音信号处理的一个重要研究方向，是模式识别的一个分支，涉及生理学、心理学、语言学、计算机科学以及信号处理等诸多领域，甚至还涉及到人的体态语言（如人在说话时的表情、手势等行为动作可帮助对方理解），其最终目标是实现人与机器进行自然语言通信。

语音识别技术发展到今天，特别是中小词汇量非特定人语音识别系统识别精度已经大于98%，对特定人语音识别系统的识别精度就更高，这些技术已经能够满足通常应用的要求。由于大规模集成电路技术的发展，这些复杂的语音识别系统也已经完全可以制成专用芯片，大量生产。在西方经济发达国家，大量的语音识别产品已经进入市场和服务领域。一些用户交换机、电话机、手机已经包含了语音识别拨号功能。还有语音记事本、语音智能玩具等产品也包括语音识别与语音合成功能。人们可以通过电话网络用语音识别口语对话系统查询有关的机票、旅游、银行信息，并且取得很好的结果。

先进、成熟的语音技术，“解放双眼、解放双手”的操作方式提高了操作员的生产力，与扫描或读取屏幕相比更加容易且更有效率，并能够给企业仓储带来高效的拣选效率、准确的订单率、减少的库存量以及有力的员工效率考核，也正逐渐成为物流领域仓储管理的“利器”。实际上，许多组织还将语音化仓库视为新一代配送中心和仓库物料运输的重要模块。因而，除了条码识别技术外，语音技术也是物流领域目前所关注的另外一个技术热点。

霍尼韦尔公司专门针对挑战性仓库环境而开发高准确性的语音识别软件解决方案，对词汇语音具有超高准确识别。借助这种超高的语音质量配备适应性识别技术，通过系统语音指示（任务），操作员可灵活、便捷、高效地进行仓库拣选工作，极大地提高了工作效率。而且语音解决方案几乎能与所有主要的仓库管理系统(WMS)和企业资源计划(ERP)系统集成，并支持手持硬件平台，为仓储管理带来了极大的便利。Vocollect语音解决方案拥有超强的适用性，将在“万物互联”的智能物流发展中，发挥重要的作用。

2. 图像识别技术

机器视觉最广泛的运用就是图像识别与定位，实际上是用机器代替人眼来做测量和判断。机器视觉系统是通过机器视觉产品（即图像摄取装置，分CMOS和CCD两种）将被摄取目标转换成图像信号，传送给专用的图像处理系统，得到被摄目标的形态信息，根据像素分布、亮度和颜色等信息，转变成数字化信号；图像系统对这些信号进行各种运算来抽取目标的特征，进而根据判别的结果来控制现场的设备动作。

美国的 Bastian 机器人集成了一些先进的 2-D 和 3-D 视觉组件，其关键技术就是机器视觉。Bastian 机器人有着灵活强健的机械手臂末端工具（EoAT），专门为货到机器人（goods-to-robot）拣选解决方案而设计。该解决方案能够对最复杂的成批产品进行拣选。系统能以模块化方式设计，允许容易地引入新产品并由机器人进行鉴别。

其工作原理是，首先，一个装有任意物品的手提袋出现在 3-D 摄像系统中，在这一点上拍摄一系列照片绘制出物品的方位，就在一瞬间，机器人和视觉控制系统识别出“最可能的”拣选对象，释放机器人进行选择。一旦确定了目标对象，控制系统操纵机械臂和手提袋内的 EoAT，使用吸力来选择一个物品，而不碰到其他物品或手提袋的四壁。此时机器人从箱子中缩回，把物品放到二级装运箱，然后准备下一个物品拣选，并按顺列排好。图像传感器或者 CCD、CMOS 相机作为一种图像获取装置，将其与物流设备结合的应用越来越广泛，图像识别技术正悄然改变着产品定位、拣选方式，大大提高了作业效率。

3. 射频识别技术

射频识别技术 (RFID，Radio Frequency Identification) 是自动识别技术的一种，通过无线射频方式进行非接触双向数据通信，对目标加以识别并获取相关数据 [2]。

射频识别技术基本组成部分包含以下三个方面：电子标签，由耦合元件组成，每个标签具有唯一的电子编码，附着在物体上标识目标对象；阅读器，读写标签信息的设备，分为手持式和固定式；天线，在标签和读取器之间传递射频信号。当物品携带的电子标签进入阅读器的工作范围内，接收到阅读器发出的识别信号时，会将自身存储的电子信息调制后反射给阅读器，阅读器因此获得物品的相应信息。

RFID 技术中所衍生的产品有三大类：无源 RFID 产品、有源 RFID 产品以及半有源 RFID 产品。无源 RFID 产品发展最早，属于近距离接触识别类；有源 RFID 产品是最近几年慢慢发展起来的，具有远距离识别特性；半有源 RFID 产品结合有源 RFID 产品和无源 RFID 产品的优势，可以实现近距离激活定位、远距离识别并上传数据的功能。射频识别技术在物流系统中具有很大的优势：

（1）与条形码、接触式 IC 卡相比，RFID 技术工作范围大，适用于比较恶劣的环境，不需物理接触，可穿透非金属介质识别，可以进行多目标识别和运动目标识别等。

（2）RFID 技术识别速度快，部分读卡器每秒可以读取 200 个电子标签的数据，比传统的人工扫描方式快 1 000 倍。

（3）电子标签具有良好的防冲撞性能，封装形式多样，使用寿命长，且可以重复利用。

利用 RFID 技术与托盘系统结合，在仓储配送中心闭环应用，可以有效降低成本。在普通的仓储系统中，除了基于条码的自动识别技术具有广泛应用外，“电子标签辅助拣选系统”也有一定的应用。电子标签指的不是 RFID 标签，而是采用电子指示标签进行拣选作业的系统。该系统是一种将出入库订单经计算机系统分解后，传输到货架各货位，用电子显示技术引导拣货的辅助拣选系统。这一系统简洁实用，应用较广，而将 RFID 技术与托盘系统结合，使每个托盘上的都有一个 RFID 芯片，货物的信息及位置信息都得以确定。RFID 技术在以下几个方面有应用：

入库管理：处理信息中心发来的各种调度指令，并进行相应入库处理。主要包括入库类型、货物验收、收货单打印、库位分配、预入库信息、直接入库等功能。

出库管理：对货物的出货进行管理，主要有出库类型、货物调配、检获单打印、检货配货处理、出库确认、单据打印等功能。

库存管理：对库存货物进行管理，主要包括库位调整处理、盘点处理、调换处理、退货处理、包装处理及报废处理等功能。

货位导航：出、入、盘库时可以清晰地记录货物所在位置，可以实现以电脑中的二维画面显示库存，从而可以提供对现有仓库库存情况的各种查询方式。

4. 条码识别技术

由于老式的一维条码所携带的信息量有限，更多的信息只能依赖商品数据库的支持，离开了预先建立的数据库，这种条码就没有意义了，因此在一定程度上也限制了条码的应用范围。基于这个原因，20 世纪 90 年代发明了二维条码。二维条码除了具有一维条码的优点外，同时还有信息量大、可靠性高、保密、防伪性强等优点。二维条码是一种由点、空组成的点阵形条码，它不需要数据库的支持就可使用，实际上是一种高密度、高信息量的便携式数据文件，具有信息容量大、编码范围广、纠错能力强、译码可靠性高、防伪能力强等技术特点，可广泛应用于各个领域。二维条码依靠其庞大的信息携带量，能够把过去使用一维条码时存储于后台数据库中的信息包含在条码中，可以直接通过阅读条码得到相应的信息，并且二维条码还有错误修正技术及防伪功能，增加了数据的安全性。二维条码可把照片、指纹编制于其中，可有效地解决证件的可机读和防伪问题。因此，可广泛应用于护照、身份证、行车证、军人证、健康证、保险卡等[3]。

将二维条码技术应用于零件仓库的管理系统中，可以节省手工书写、输入票据的过程，可以很大程度地提高管理效率。此外，用二维条码管理零件仓库系统，还可以解决零件库房信息陈旧等问题。另外，可以解决票据信息上的抄写问题，提高质量服务，减少人工操作上的失误。

在货品出库时，工作人员会将订单，以货箱、批次、容器、承载能力为单位，使提货与顾客的订单对应。管理员选择“出库模式”之后，扫描提货箱，系统里便会对货箱进行确认，确保货箱中的物品与单据对等。如果发现发货与提货的数量不一致时，则需要在系统中输入原代码，对存在的差异进行解释，再重置代码以及报告。

从上述例子可以了解到，二维条码技术与物流供应管理链中每个环节都息息相关，在物流供应管理工作中发挥了巨大的作用。随着科技的迅猛发展及企业管理信息化的普及，二维条码技术会极大地提高物流供应链的工作效率，并且在国防、商业、邮政等领域有着更广泛的应用前景。

5. RFID 与条码技术的结合应用

现行的物流仓储，大部分采用条形码作为仓储管理智能化的方式，虽然其智能化程度比以前大大提高，但仍需要耗费大量的人力物力。现在如果将 RFID 系统与现行的条码系统相结合，可有效解决与仓库及货物流动有关的信息管理，不但可增加一天内处理货物的件数，还可以查看这些货物的一切流动信息。将条形码与 RFID 技术相结合，也是 RFID 在现阶段应用的一种方式。可以将条形码贴在物品上，射频电子标签贴在存放物品的托盘或叉车上，电子标签存放托盘或叉车上所有物品的信息，阅读器则安置在仓库的进出口。每当物品进库时，阅读器自动识别电子标签上面的物品信息，并将信息存储到与之相连的管理系统中；当物品出库时，同样由阅读器自动识别物品信息，并传送到管理系统，由系统对信息进行出库处理。

从自动识别技术产生开始，物品监管、追踪追溯等过程就发生了巨大的变革。当前，从市场发展和用户需求本身来看，条码应用已经非常普及。随着电子商务和移动互联网的蓬勃发展，二维条码将受到越来越多的关注，未来或将占据更大范围的应用。所以，以二维条码为代表的条码识别技术，是行业关注的一个重要技术热点。

随着电子商务的高速发展及其对传统领域的全面渗透，零售、快递、全冷链生鲜配送、医药、服装等行业的物流总量在不断增长，国内物流行业发展迅速，物流效率在不断提升，由高新技术代替传统人力已经成为不可逆的趋势。而且，随着人工及生产成本的不断攀升，越来越多的制造企业在寻求通过运用先进物流技术及重塑供应链以提高竞争力。智能物流能够帮助企业显著提升工作效率、降低成本，将成为未来一大发展趋势。丰富翔实的大数据是智能物流的基础，支撑着智能物流的发展。在自动识别领域，将条码扫描器、手持移动数据终端、车载移动终端和工业打印机等自动识别设备有效地应用于物流业运输、仓储、配送、包装、装卸等基本活动环节，通过对大量数据的识别、采集及管理，实现货物运输过程的自动化运作和高效率优化管理，是智能物流的最好体现。

随着物流行业的蓬勃发展，物流领域将会出现大量的基础设备需求。相应的，行业对自动识别设备的应用需求也越来越大。自动识别技术将以更快的速度发展，二维条码技术及其应用也将迅速普及。物流产业将越发重视工作效率的提升，以更好地实施物流设备间的协作融合，对自动识别产品的要求也将趋于标准化。而且，随着社会经济的发展，企业的物流服务需求也将日益呈现出多样化和个性化的特点。

6.1.2　物流装备接口与自组织技术

1. 接口技术

通过接口技术可以将计算机与外围设备连接在一起，实现数据采集、监测、遥控等功能。目前常见的接口有并行接口、串行接口等。

物联网终端的智能识别设备和传感检测设备等本身就具有数据采集的能力，而且都提供了标准的通信接口。所以这些智能识别设备和传感检测设备可以通过接口技术直接接入监控系统，与中央控制系统进行通信，实现远程数据采集、监测和控制等功能。通过设备接口，可以实现设备与计算机等互相通信，从而实现远程化监控与智能化控制，这对设备接口标准提出了很高的要求。目前，主要应用的接口标准有串行接口标准如 RS-232、RS-485，并行接口标准如 8255A 芯片就是典型的并行接口标准的芯片。目前自动化仓库所常用的硬件接口与通信接口:

（1）硬件接口：USB 接口或 CSI 总线接口，RJ45 网络接口，RS232 串行接口，电源接口。

（2）通信接口：以太网通信接口（RFID 读取器），协议类型为 TCP、IP 协议。RS-232 串行总线通信接口，协议类型为 RS232 串行通信协议，使用 RS232

标准。提供与外部客户服务、内部员工服务、各种服务网关的接口(如WAP，SMS，PDA)。

物流工程信息化建设是未来发展的必然趋势，也是物流工程建设的灵魂。没有良好的信息化系统支持就谈不上将物流推向现代化也没有办法实现物流工程的长足性发展。所以，首先就应该建立良好的物流信息管理系统，改变信息丢失的不良现状；其次推进物品流通过程中信息化的智能发展，完善数字化与智能化技术的广泛使用，实现信息识别的标准化与规范化。

预计未来5年，建立较为广泛和通用的接口标准库，通信不兼容的状况极大减少。在设定标准时，更为普遍地将各类设备的兼容情况考虑进去，就可以建立更为通用、兼容性更强的新型标准；使设备的驱动与负载能力得到提高，物流运作在一对多及多对一通信模式情况下，同时考虑尽可能地多采用多对多的传输方式，这样可以在未来的10年里实现将终端控制任务分配到若干个设备上，减轻设备负荷的目标；更为先进的接口标准将得以采用，这样不仅可以提高传输速率，成本也能同时兼顾，可以在2020年后做到降低成本的同时提供更加高性能的接口标准。

2. 自组织技术

自组织理论是在20世纪60年代末期开始建立并发展起来的一种系统理论。它的研究对象主要是复杂自组织系统的形成和发展机制问题，即在一定的条件下，系统是如何由无序走向有序，由低级有序走向高级有序的。“自组织”(Self-organization)的概念最早由耗散结构理论的创始人普利高津在1967年提出，并用这个概念描述了系统中自发出现或形成有序结构的过程。德国理论物理学家哈肯（*H • Haken*）对“自组织”和“组织”的概念进行了清晰的比较，并把自组织定义为“如果系统在获得空间的、时间或功能的结构过程中，没有外界的特定干预，我们便说系统是自组织的，这里“特定”一词是指那种结构和功能并非外界强加给系统的，而是外界以非特定的方式作用于系统的”。也就是说，自组织不是按外部指令完成的，而是系统内部自主的组织化、有序化和系统化[4]。

协同理论把系统的有序或者是高级有序的方式称为“自组织”，过程称为“相变”，状态称为“涨落”。把影响系统有序的关键因素称为序参量，非关键因素称为控制参量。序参量支配着各子系统的行为，又为各子系统所支持，他们之间的协同竞争通过各子系统的相干作用表现出来，从而影响和决定系统自组织的程度与方向，进而决定系统的有序程度。以下为协同理论中的一些重要概念：

（1）对称性、有序和无序　对称性是指事物的某种属性经过一定的变换仍保持不变的性质。不同事物之间或事物内部各要素之间的关系具有一定的次序，称为“序”，“序”和对称性密切相关。一般说来，系统对称性越高，有序度越低。所以，有序意味着在某些方面的对称性减少，或称对称性破缺。在类似的外部条件下，平衡态比非平衡态更“无序”，具有更多的对称性。

（2）竞争　竞争、合作或协同是协同学的基本概念，但是在协同学中，哈肯主要强调了协同。实际上，竞争是协同的基本前提和条件，竞争的存在和结果则可能造成系统内部或系统之间更大的差异、非均匀性和不平衡性。从开放系统的演化角度看，这种竞争一方面造就了系统远离平衡态的自组织演化条件，另一方面推动了系统向有序结构的演化。竞争的概念，甚至被有的学者称为万物之父、万物之王。

（3）协同　协同概念在协同学中占据更重要的地位。哈肯多次强调协同学就是一门研究各个学科领域中关于合作、协作或协同的学说。所谓协同，按照哈肯的观点，就是系统中诸多子系统相互协调的、合作的或同步的联合作用、集体行为。协同是系统整体性、相关性的内在表现。自组织系统演化动力来自系统内部的两种相互作用：竞争和协同。子系统的竞争使系统趋于非平衡，这正是系统自组织的首要条件，子系统之间的协同则在非平衡条件下使子系统中的某些运动趋势联合起来并加以放大，从而使之占据优势地位，支配系统整体。

（4）序参量　哈肯发现在系统由无序到有序转化的临界过程中，不同参数的相对变化快慢是不一样的，而且往往差几个数量级。在系统中，特别对临界行为，按照在临界过程中衰减的快慢，系统参量可分为两类：绝大多数参量仅在短时间起作用，它们临界阻尼大、衰减快，对系统的演化过程、临界特征和发展前途不起明显作用，即快变量。另一类参量只有一个或少数几个，它们出现临界无阻尼现象，在演化过程中从始至终都起作用，并且得到多数子系统的响应，起着支配子系统行为的主导作用，系统演化的速度和过程都由它们决定，这类参量即序参量。

（5）协同效应　协同效应是指复杂系统中的要素存在非线性的相互作用，当外界控制参量达到一定的阈值时，要素之间的相互关联代替其相对独立与竞争而居主导地位，并产生较强的“相干”效应，从而使整体协同效应增强[5]。

自组织理论应用于自动化仓储物流，即要建立不受外部因素约束和控制的物流系统。实际上是一种资源自动地由无序向有序转变，从低级有序向高级有序转变的过程。物流系统在此基础上不仅需要完成物体实质在时间和空间上的转移，还需要完成加工、包装、运输、存储及物流信息处理等多项功能，在不借助人工干预的前提下，完成指定的任务，将自组织技术融合到物流仓储中，将大大减少人力、物力。譬如要在设备监测、设备运转、货物跟踪的过程中，能够根据精确的自组织算法，将设备的监测、设备运转数据融合，然后从融合的数据当中提取特征向量，运用模式识别的方法进行处理，最后将多个传感器的处理数据在决策层进行再融合，为自组织算法提供原始数据。

物流系统是一个庞大而复杂的多功能系统。若能建成具有自组织、自适应的物流系统，必能提高系统的工作效率，更加有效迅速地完成任务。现阶段，要建成具有自组织、自适应特性的物流系统，最重要的是如何进行资源整合，将遍布全国甚至全球的物流资源结合为一个紧凑完整的整体性网络。

6.1.3 嵌入式智能控制模块化技术

嵌入式系统是以应用为中心，以计算机软件为基础，软硬件可裁剪，适用于应用系统对功能、可靠性、成本、体积、功耗有严格要求的专用计算机系统。嵌入式系统包括嵌入式微处理器、外围硬件设备和嵌入式操作系统[6]。

嵌入式系统的最初应用是基于单片机的，20 世纪 70 年代单片机开始出现，应用于汽车、工业机器、通信装置等，使这些产品获得了更好的使用性能。80 年代早期开始，嵌入式系统的开发人员开始使用商业级的“操作系统”编写嵌入式应用软件，可以获取更短的开发周期、更低的开发资金和更高的开发效率。90 年代以后，随着对实时性要求的提高，软件规模不断上升，逐渐发展出实时多任务操作系统，并作为一种软件平台逐步成为国际嵌入式系统的主流。

物流及仓储管理是现代经济运转中重要的组成部分，对其进行优化管理有重要社会和经济效益。嵌入式技术由于拥有许多独特的优势，在各个领域中的应用越来越广泛。例如利用计算机作为主机，80C51 单片机系统为终端，组成一个嵌入式智能控制网络，实现智能化的仓储信息管理系统的设计，利用计算机串口外接的 485 总线来对这些嵌入式终端进行控制，从而达到远程抄表和远程控制的目的。管理人员在计算机中心通过人机对话界面对每个仓库的信息实施全面管理。

物流及仓储管理过程中，有很多的数据需要管理部门进行加工，不同的数据要送到不同的部门进行管理和备份，这就使得整个物流过程的工作繁琐且容易出错。利用嵌入微控制器强大的数据采集能力和实时控制能力对各种数据进行加工处理，可以使有效的数据及时地送达正确位置，无效的数据被当场过滤。而且这使得许多重要的环节不需要管理人员亲自到现场就可以完成，这样可节省大量的人力物力，提高劳动生产效率。

同时，因为物联网技术的运用，采集的出入库产品信息嵌入对应的数据库，经过数据处理，实现对产品的拣选、分类堆码和管理。若在仓储空间设置相应的货物进出自动扫描纪录，则可防止货物的盗窃或因操作人员疏忽引起的物品流失，从而提高库存的安全管理水平。现今，嵌入式智能控制已经广泛使用于物流及仓储管理的各个方面。

6.1.4 基于大数据的装备数字化技术

1. 大数据

最早提出大数据时代已经到来的机构是全球知名咨询公司麦肯锡。麦肯锡在研究报告中指出，数据已经渗透到每一个行业和业务职能领域，逐渐成为重要的生产因素，而人们对于海量数据的运用将预示着新一波生产率增长和消费者盈余浪潮的到来。大数据是指需要通过快速获取、处理、分析以从中提取价值的海量多样化的交易数据、交互数据与传感数据。所涉及的数据量规模巨大到无法通过人工在合理时间内完成信息的采集、处理、管理，并将其整理成为人类所能解读的信息。

大数据是从海量的数据中提取出有用的数据进行处理，且这些数据存在一定的关联，具有分析价值。其核心技术分为处理和分析两类：如模式识别技术、数据挖掘技术、分布式数据库技术、信号处理技术和云计算技术等。目前在人们的生活、工作和学习过程中产生了大量的数据，大数据技术已普遍应用到各种信息系统中，因此，使用大数据技术对企业经营、发展过程中所产生的大量数据进行挖掘、分析，有助于企业提升工作效率，改善决策过程，推动企业管理工作的开展。

大数据技术系统结构（图 6-1）复杂多变，功能各种各样，对于物流系统，可将其抽象为以下几个关键部分：分布式的大数据云存储系统、分布式的大数据处理系统以及大量数据运算及管理系统等。

（1）分布式大数据云存储系统　数据存储是大数据的基础应用，大数据的云存储技术需要根据实际应用进行设计与分析，传统的数据管理系统无法满足这一点。为了弥补这一缺陷，Google 提出了一种分布式文件管理系统 GFS。与传统文件系统不同，GFS 是构建于大量廉价的服务器之上的可扩展的分布式文件系统，采用主从结构、通过数据分块、追加更新等方式实现了海量数据的高效存储。

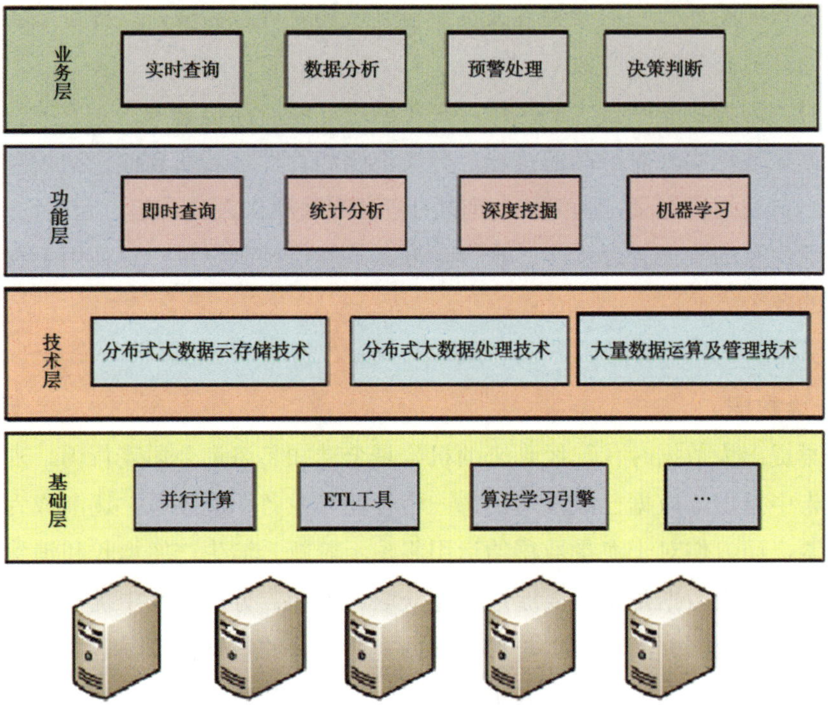

图 6-1 大数据技术系统结构

（2）分布式的大数据处理系统 大数据的处理方式主要有流程处理和批量处理两种。流程处理是将所需要处理的大量数据进行不间断处理，极大地提高了系统的数据实时性，可实时地对大量数据进行处理并反馈结果。批量处理则是将需要处理的大量数据先执行存储操作，将数据分割成多块数据，这些数据可同时由多个处理终端并行处理。显然，批量处理技术弱化了数据的关联性，但是极大地提升了数据的集体性和可调度性。该技术的核心在于数据的分块、分布以及处理。

（3）大量数据运算及管理系统 由于传统的数据库大多数是关系型数据库，因此，传统的数据运算及管理在面对批量、多样化、海量低价值密度的大数据时存在不同程度的缺陷或不足，为实现大数据运算及管理则需采用新的数据库模型。如 Google 提出了 Bigtable 的解决方案。Bigtable 不支持完整的数据模型，为用户提供了简单的数学模型，利用这个模型，客户可以动态控制数据分布和格式，从而实现了适用性广泛、可扩展、高性能和高可靠性。其他如 Amazon 的 Dynamo 应用了键 / 值存储、改进的分布式哈希表 (DHT) 等。向量时钟等技术实现了一个完全的分布式、去中性化的高可用系统，同样可以达到很好的效果。

利用大数据分析技术，可以有效提升物流设备的数字化技术水平，从广义的物流来讲，大数据可以整合物流系统资源，比如原料采集、生产制造、物流配送等，找出资源最优配送的路径和方式。物流仓储方面，通过数据分析，针对每个运输节点的分析，找出最佳存取货方式，能够提升出入库系统的效率。

2．基于大数据的智慧云物流

智慧物流是将RFID、传感器、GPS、云计算等信息技术广泛应用于物流业运输、仓储、包装、装卸搬运、流通加工、配送、信息服务等各个环节，实现物流系统的智能化、网络化、自动化、可视化、系统化。

（1）智慧云物流概念　智慧云物流是在现代物流管理模式中引入大数据云计算技术的理念，基于标准化的作业流程、大数据的处理能力、精确的环节控制、智能的决策支持、灵活的业务覆盖能力以及深入的信息共享，建立基于大数据的服务平台，完成物流行业的各个环节活动。

云物流主要针对目前的物流服务无法满足客户在时间和空间上的需求，由政府、电子商务企业、物流承运商和客户共同参与构建，处理商品从运输、装卸、包装、仓储、加工、拆并、配送等各个物流环节中所发生的各种信息，通过物流信息平台使信息能够快速准确地传递到相关企业和消费者，如图 6-2 所示。

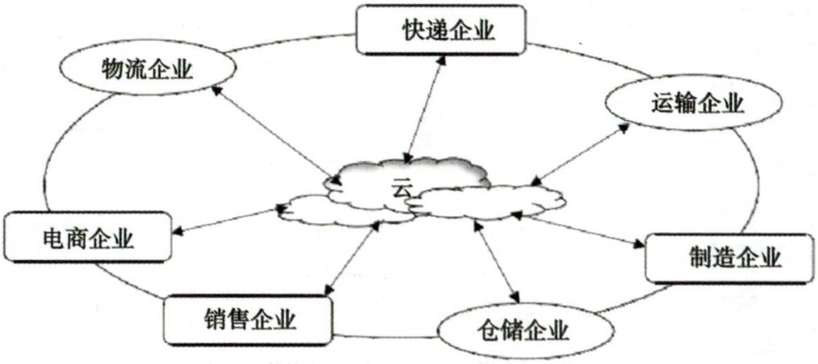

图 6-2　物流各环节信息交互

其实施的思路主要包括：①整合大量的订单信息，形成物流资源池。基于“云物流”管理模式，构建“云物流”信息平台，不仅需要充分利用大量的客户订单，还需要集成众多快递公司、物流承运商、加盟商、配送站、代送点等，建立起规模效应，使企业通过计算机连接到“云物流”信息平台时，即可查看所有信息。②统一标准，保证物流透明化。通过建立统一的云物流信息平台标准，对运单流程查询、产品服务、收费价格、售后服务、保险费用等都制定相应的标准，解决目前物流行业标准不一的问题，降低物流成本的同时提高物流服务质量和客户满意度。

智慧云物流 = 物联网 + 云计算 + 大数据 + 物流，其结构如图 6-3 所示：

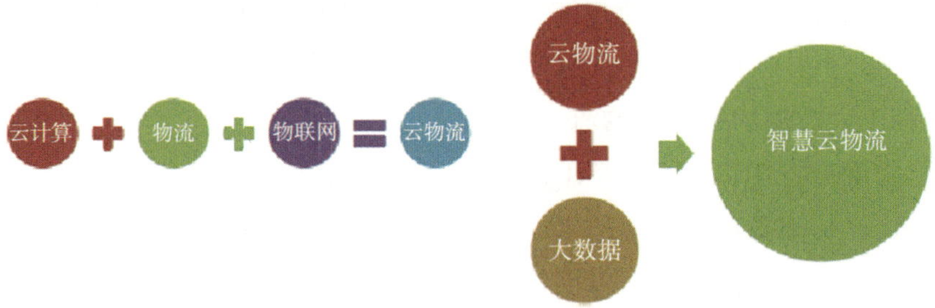

图 6-3　智慧云物流

（2）基于大数据的智慧云物流体系架构　智慧云物流系统是对传统物流系统的改良，是对传统信息平台的更新换代，在技术定位上，采用云计算、物联网、三网融合等新一代技术，打造智慧物流体系的云物流服务营运平台。其物流平台架构如图 6-4 所示。

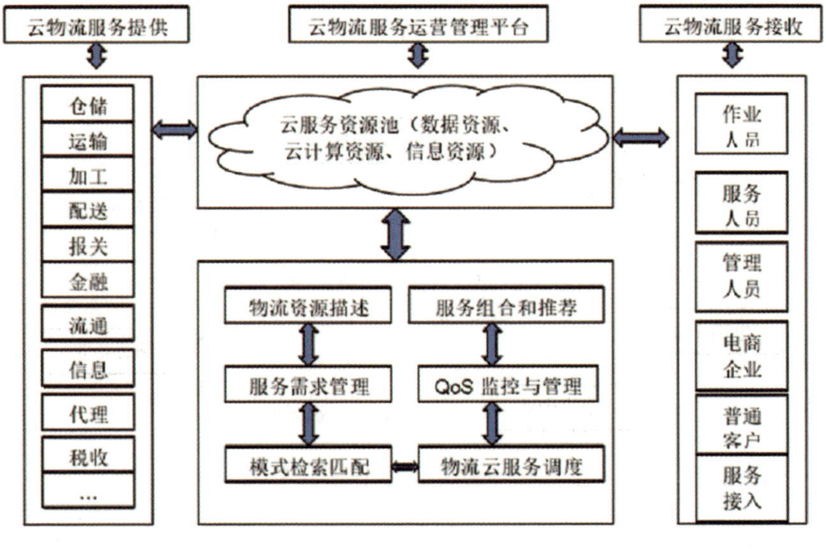

图 6-4　云物流平台架构

智慧云物流服务平台是物流信息管理的一种新模式，基于“云计算”与“物联网”技术，具有强大的信息交换、数据分析、智能处理、海量存储等能力；以超大规模计算资源，同时结合 RFID 射频技术、条码技术、GPS/GIS 技术、移动通信及 3G/4G/5G 网络，实现高效、准确、快速的作业管理，全面提高物流行业的服务水平。

首先，该平台建立以智慧云服务资源池为基础架构的超大型资源信息中心，实现云物流服务提供端的各公司、各单位、机构、部门与云物流服务接收端各作业、管理、客户人员之间的数据交换与统一管理，保证各类物料信息一致，实现平台内信息的快速响应。其次，利用 RFID 射频技术、条码技术、GPS/GIS 技术、移动通信及 3G/4G/5G 网络，丰富物流操作管理方式，提升操作管理的智能化。最后，在云计算资源池上统一部署各类通用软件，通过对物流资源的描述，服务需求的管理、模式检索匹配，服务组合和推荐，QoS（Quality of Service）监控与管理以及云服务调度等方式提高各个系统的交互性。

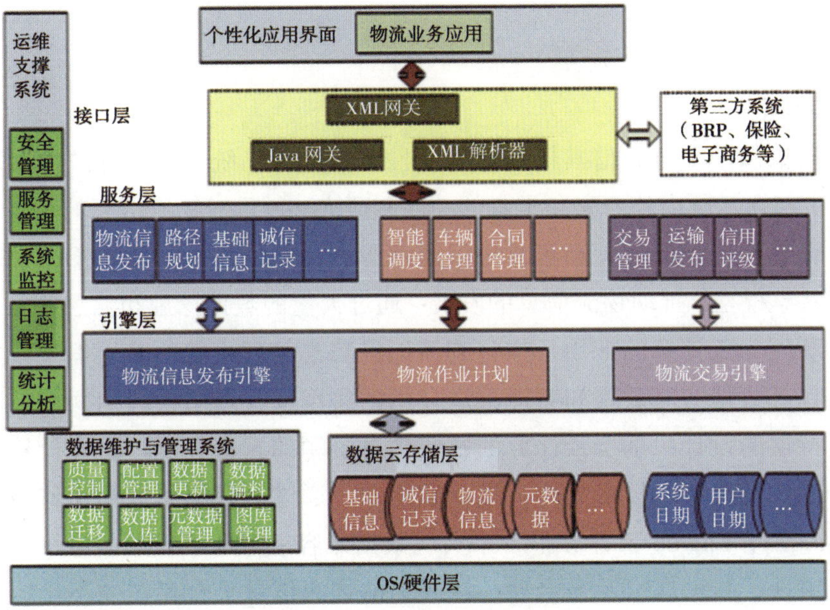

图 6-5　云物流体系结构

图 6-5 显示的基于大数据的云物流体系结构，表明基于大数据的云物流体系结构是云物流信息平台支撑下的一个层次化体系框架。依次分为 6 个层次：OS/硬件层、数据存储层、引擎层、服务层、接口层以及应用层。OS/ 硬件层包括：RFID、GPS、传感器等装置，支持各类物流硬件资源联接；数据存储层包括了云物流运作过程中涉及的各类数据信息，提供给客户一体化物流服务解决方案中的各类基础数据资源，包括基础信息、诚信记录、物流信息等信息资源，并开发数据维护与管理系统，进行详细的分类，为不同物流服务进行虚拟化提供基础。引擎层包括物流信息发布引擎、物流作业计划引擎、物流交易引擎，涵盖了云物流

运作过程中涉及的各类物流信息、作业计划和交易信息；服务层包括物流基本服务和增值服务，物流基本服务包括物流信息发布、路径规划、智能调度、车辆管理以及合同管理等，增值服务包括交易撮合、运价发布、信用评级等。接口层包括安全管理、服务管理、系统监控与统计分析等，使物流资源和服务能够以标准的接口进行交互和协同。应用层包括运作云物流的各种功能，包括服务注册发布、服务部署、服务搜索、服务协调、服务监控、服务选择等各项功能。

随着智慧物流的发展，智慧物流必然带来数据的爆发式增长，而大数据就像人的血液一样遍布智慧物流的各个环节。对大数据进行分类、重组分析、再利用等一系列的处理后，其结果将为智慧物流的决策者提供参考。大数据将成为智慧物流的智慧引擎[7]。

6.1.5 基于云平台的数据通信技术

1. 概述

物流信息云平台凭借其极强的层次性、交互性、统一性、开放性和可扩展性，已引起众多国内外专家和学者的关注和研究。通过对物流信息的特点分析，结合云计算的高扩展性、高可靠性、高资源利用的特点，构建基于云计算的物流平台共享模型，推动物流信息的发展；通过大量的数据挖掘和信息决策分析，结合物联网与云计算的应用，探讨物流园区信息管理系统的 8 层框架模式，关键技术包括数据实时采集和智能推送技术的实现以及采用代理中间件技术完成决策支持层的设计；基于云计算的物流信息资源的云端特点，研究计算资源共享平台的实现模型、技术架构、设计和运作，通过物联网和数据迁移技术，采用 Google App Engine 云计算平台来实现数据兼容，保证了云端信息平台的可靠性、通用性、高扩展性及安全性；针对当前物流信息平台存在的不足，提出构建港口物流综合服务平台的完整架构，阐述了架构各层的组成及功能目标，详细研究了物联网技术、云计算技术和 SOA 架构在平台各层构建中发挥的作用；针对农产品物流中常见的问题，运用云计算技术，建立农产品物流公共信息平台，对农产品物流公共信息平台的总体架构和功能及运营模式进行规划，为农产品物流信息化建设提供参考。

云计算平台在国外的应用已经十分广泛。目前，许多著名的物流企业都采用了这种技术，云端服务已成为越来越多的物流信息资源应用基础架构。而国内物流信息云平台的研究主要集中在业务层，且着重于平台承载有哪些功能和服务，很少借助云计算平台从技术、架构、资源整合等方面进行深入研究。本章节在借鉴、总结上述学者的研究基础之上，以云计算和物流信息平台为研究对象，重点研究云计算的结构，物流信息云平台的体系架构以及物流信息系统的设计与实现，从而促进物流业信息化的快速发展，提高物流信息化水平。

2. 物流信息云平台的体系架构

物流信息云平台的体系架构是指物流信息云平台的组成部件和各个构件之间的联系，并将云平台的逻辑结构在系统设计中将其具体化和实例化所形成的架构。物流产业的服务领域涉及制造、决策、采购、仓储、配送和运输等，云平台的设计与体系架构的搭建应与物流服务的领域需求相匹配，将 SaaS 层、PasS 层和 IaaS 层分别与物流业务的相关功能、模块和硬件相匹配，形成一个三层紧密耦合的物流信息云平台的体系架构，如图 6-6 所示[8]。

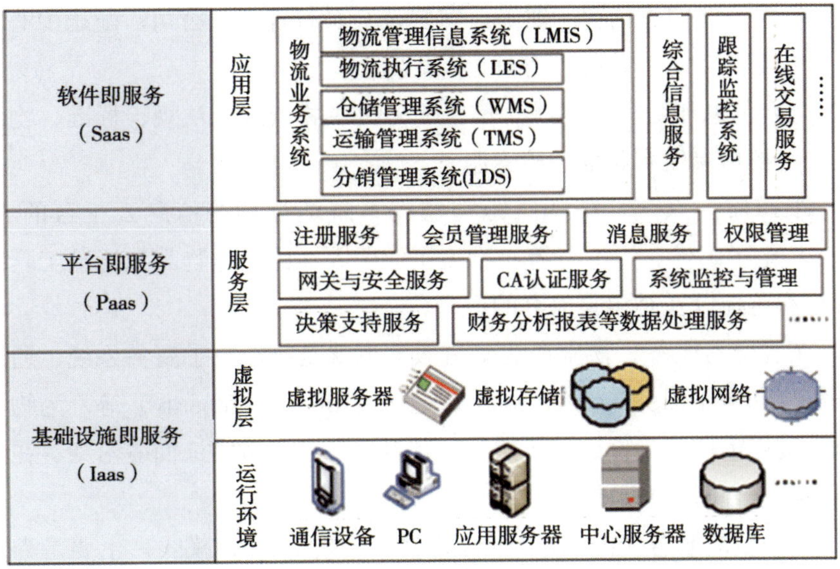

图 6-6　物流信息云平台的体系架构

（1）软件即服务（SaaS）　软件即服务层采用 SaaS 模式，提供了物流业务相关的应用软件系统和系统交互的数据接口，云用户无需自己开发软件，只需通过付费方式，利用个人计算机或移动终端通过 WEB 即可实现云端业务系统的交互。物流信息云平台具有一定的开放性、独立性、扩展性和可移植性，也就是说使用者可以通过互联网随时随地与云端系统交互，并且不同用户单独占用物流信息云平台资源。物流信息云平台的软件即服务层包括：物流业务系统、综合信息服务、跟踪监控系统和在线交易服务。

1）物流业务系统。物流业务系统是物流信息云平台的主要功能组成部分，主要包括：①物流管理信息系统 LMIS（Logistics Management Information System）通过对物流信息的收集、储存、传送、整理、维护和输出，为管理人员提供战略和决策支持；②物流执行系统 LES（Logistics Execution System）为物流业提供采购信息、制造计划、制造执行、客服和物料管理；③仓储管理系统 WMS（Warehouse Management System）将信息、资源、存货和分销按照运作的运算法则和业务规则进行优化管理；④运输管理系统 TMS（Transportation Management System）可以通过管理装运与发货计划、管理运输模型、优化运输计划、维护运输数据等多种方法和其他相关的操作（选择承运人及服务方式、处理货损索赔、管理第三方物流等）提高物流的管理能力；⑤分销管理系统 LDS（Logistics Distribution Management System）针对企业的进销存、财务、客户及会员管理、分公司、配送中心、收货处等进行信息化、一体化综合管理。

2）综合信息服务。物流综合信息服务提供物流政策法规、标准、物流业务知识等物流的信息发布和信息检索服务。

3）跟踪监控系统。车辆跟踪与监控系统通过物流信息云平台的 RFID、GPS/GIS、电子邮件、短信息等对物流企业所关注的配送物品和运输工具进行位置的跟踪和监控以及对相关信息的记录。

4）在线交易服务。物流在线交易服务也就是物流电子商务系统，通过与银行签署协议和电子商务认证中心 CA 认证（Certificate Authority）等，为物流电子交易提供资格审核和身份认证等服务，使其能正常完成物流商务洽谈、在线支付与结算和电子合同等交易行为。

（2）平台即服务（PaaS） 平台即服务层采用 PaaS 模式，主要是为软件即服务层提供平台支持系统、系统管理软件与组件和分布式存储系统等，使 SaaS 能够对应用程序和业务系统进行部署与集成。PaaS 为整个物流信息云平台的核心，具体包括注册服务、会员管理服务、消息服务、权限管理、网关与安全服务、CA 认证服务、系统监控与管理、决策支持服务以及财务分析报表等数据处理服务。

（3）基础设施即服务（IaaS） 基础设施即服务层采用 IaaS 模式，具有较高的可靠性、兼容性和稳定性，为物流信息云平台提供所必需的各种硬件、通信设备、服务器、网络设备和数据库等。基础设施即服务层运用虚拟化技术将运行环境中的所有底层硬件设施构成一个虚拟的服务器集群以及虚拟存储和虚拟网络的运行环境，从而使资源的计算和存储不影响各层的正常运行。

3. 物流信息云平台的设计和实现

（1）系统的功能设计　物流管理涉及的主要内容有：客户管理、仓库货物管理、订单管理、运输管理等。考虑到客户和物流供应商管理员的职能和需求不同，将物流信息管理系统在功能设计上也加以区分，把管理员与客户分别作为单独模块建设，管理员主要负责货物信息、运输信息的更新，对客户的订单进行处理以便货物能准确及时地发出；客户则通过管理个人信息以及完成网上订货，登录相应的模块进行货物与运输信息的查询服务等。

（2）系统的结构设计　物流信息云平台主要可分为4层业务结构：总公司、分公司、配送中心和收货处。总公司管理、出货；分公司提货、分拣；配送中心装货、入库、分拣；收货处结算、出货。整个物流配送流程的所有数据信息由PC和PC服务器通过互联网传到物流信息管理云平台，物流信息云平台通过分布式处理，对物流信息进行一体化综合管理，增强业务交易的效率，简化管理流程。在途配送过程中，基于WEB技术，结合全球卫星定位系统（GPS）、无线数据通信（GPRS/CDMA/SMA）、地理信息系统（GIS）和移动监控平台，实现车辆定位跟踪、货物信息可视化、远程监控调度等功能，提高了车辆利用率、出行安全性和突发事件的处理能力。

6.2 物流系统关键技术

自动仓储系统（Automated Storage and Retrieval System，简称AS/RS）是指不用人工直接处理，能自动存储和取出物料的系统。自动化仓库技术是现代物流技术的核心，它集高架仓库及规划、管理、机械、电气于一体，是一门综合性的技术。从物流系统现有理论出发，研究其他相关技术在物流系统中的应用，促进物流仓储产业的发展。

6.2.1 物流系统智能规划与管控技术

数据仓库建设完成后，企业需要在数据仓库之上搭建智能、高效的信息管控平台。智能高效的物流管控是现代物流系统基于数据挖掘的一个高层次的关键环节，完成的质量好坏极大地影响了物流系统整体运作效率服务水平，能够直观地体现现代物流系统的服务水平。

在计算机领域谈到“智能”二字，人们往往联想到近些年比较火热的人工智能。基于复杂操作系统的智能是一门新兴的学科，不过在物流领域，智能物流算法却还无达到其他领域的那种智能化。人们对智能算法的认识也是一个不断深化的过程。起初人们认为机械自动化就等同于智能化、电子化，到如今大数据已经包含了网络互联。后来随着计算机、网络等技术的发展，云计算、物联网等新兴技术的高速发展又演变成了“自动化+信息化+网络化+集成化”的综合系统。就是说，首先互联网联通，要与其他信息系统进行集成互联，进而通过自动采集信息进行判断和选择实时传输数据到数据中心，由中心系统做出判断，进行实时调整、动态管控和自主选择。

1. 智能配送体系

配送是现代物流体系中最接近最终消费者的环节，其运作机理直接关系到整个供应链物流的运营绩效，也是用户对物流活动满意度评价的重要信息采集点。伴随着整个物流过程的配送活动，是实现物流服务的最重要的核心环节，因此物流配送系统效率的高低成为决定物流企业成功的关键因素。

智能配送指的是物流企业采用网络化的射频识别、无线传感和信息技术，结合先进的管理手段，严格守信地满足客户需求，完成一系列物流活动的合理化体系，是需要软件系统、硬件设备和管理技术多方支持的高级配送体系，也就是信息化、网络化、自动化和现代化的物流配送。

作为“物流三大骨干内容”之一的配送，其技术复杂程度远远超过运输和仓储。配送技术可以从支撑“配”的技术、支撑“配”“送”的“区间”的技术和支撑“送”的技术三个层面去梳理。智能配送体系即配送体系的智能化，它包括配送链各节点的数字化、感知化、网络化、系统化和操控人员的智力化。数字化是信息采集的基础，感知化是信息汇聚的路径，网络化是信息传递的渠道，系统化是信息应用的保障。系统化的信息为配送增添了智能，智力化人员的即时调控展现了配送体系智能化的成果。智能配送体系的构建，将进一步降低配送成本，提高配送绩效。

2. 智能配送系统的架构与规划

智能配送系统的整体基础架构主要分为管理系统、作业系统两部分。

（1）管理系统：管理系统主要负责整个配送系统的计划、控制、协调和指挥，是整个系统的支柱。管理系统的功能包括配送系统的战略目标、能力，配送需求的预测、调整及配送过程管理和网络管理等。

（2）作业系统：作业系统指的是实物配送作业过程所构成的系统。在信息化过程中，配送实物的作业接受管理系统下达的各种指令并严格执行。作业系统主要包括货物的存货、接收、装卸、分拣和交货等。

3. 智能调度算法

物流车辆调度是物流配送过程的核心步骤，智能高效的调度算法能够有效地提高物流效率，降低物流成本。物流配送的方式多种多样，运输方式的不同、运输车辆车型的不同、运输性质的不同、道路交通情况的不同、车辆的装配方式的不同、行驶路线的选择等都使得运输的人力成本、时间成本、费用成本产生很大的差异性，带来的经济效益也将有很大的差异。同时也正因为这些动态多变的因素使得该问题自提出以来就成为多方研究的重点难题。摒弃凭借传统经验进行人工调度运输的方式，而采用高效有利的调度算法进行物流车辆的自动化调度是物流智能化的重要表现。就目前的研究来看，解决车辆路径问题（VRP）问题的主要方法有以下几大类：①精确算法；②经典启发式算法；③智能启发式算法；④模拟退火算法[9]。当然，除了车辆调度之外，大型物流系统中千百台设备的智能调度、无缝衔接都需要用到以上算法。

4. 智能物流监控

在现代先进制造技术中，一个关键的环节是信息的快速收集和处理，一旦出现缺陷或设备故障，能及时发现并采取相应措施。及时发现和消除故障源会大大减少中断运行过程对库存的需求，减少库存成本，因此物流设备的监控与通信影响到整个生产系统的运行，是现代生产物流系统的关键技术之一。一般用采集到的数据进行故障预测与在线监控，是一种生产区域内的设备监控。另外监控在途物流信息也是十分重要的，目的是让货物供应商和客户能够实时看到商品的物流信息，以监控配送过程中的商品地理位置信息。一般通过 GPS 、GSM、GIS、北斗卫星系统等高新技术，加上空间数据挖掘分析技术并结合可视化信息技术，对物流过程的动态实时监控。以下是一些在途监控的具体手段：

（1）GPS 技术　GPS(Global Position System) 即全球定位系统。能够在全球的海陆空范围内动态定位、进行导航和授时的卫星星座被称为全球导航定位系统。至今为止，全球主要有四大定位系统：美国 GPS，苏联 GLONASS，伽利略卫星导航系统，北斗卫星导航定位系统。GPS 系统主要包括三大部分：空间部分：GPS 卫星星座；地面控制部分：地面监控系统；用户设备部分：GPS 信号接收器。

（2）GIS 技术　GIS(Geographic Information System) 即地理信息系统。地理信息包括直接或间接地与地球上的空间位置有关的信息，所以 GIS 可以理解为用于采集、存储、处理、检索、分析和表达地理空间数据的计算机系统，能够分析处理海量的地理信息技术。地理信息系统起始于 20 世纪 60 年代，其后随着计算机技术的飞速发展，其应用领域与范围不断扩大。目前，GIS 应用已经渗透到各行各业，从单机、二维、区域化向网络多维化、全球化的方向发展。

（3）GSM 技术 GSM(Global System for Mobile) 即全球移动通信系统。其主要组成部分包括移动台、基站子系统和网络子系统。GSM 作为移动通信技术是移动定位的关键性技术。

（4）北斗一号卫星导航定位系统 “北斗一号”卫星定位系统是我国自主研发，利用地球同步卫星为用户提供全天候、区域性的卫星定位系统，其主要功能是：定位、通信、授时。

目前移动定位的主要方案分为三大类：

1）基于网络的定位技术：基于网络的定位主要有起源蜂窝定位技术、抵达时间定位技术、抵达角度定位技术和抵达时间差异定位技术四种方式。

2）基于移动终端的定位技术：基于移动终端的定位技术是通过移动终端计算出自己所在的位置，主要包括增强型观察时间差和 A-GPS 方式。

3）混合定位技术：未来的定位技术发展方向必然是混合型定位技术，混合型定位能够结合两种或多种定位技术的优势，提供更加精确可靠的定位服务。

5. 基于 GPS-GIS-GSM 的物流监控

互联网的出现和信息技术的快速发展把 GPS 技术带入了网络时代，GPS、GIS、GSM 等各项领先技术强强联合造就了网络 GPS，大大地促进了物流产业的发展，成品的物流运输迎合技术的发展，采用了此种方式用于物流监控。

采用传统的基于网络 GPS 的监控系统对商品在途进行监控，其主要的工作原理就是使用 GPS/GSM 的混合型定位技术，给每辆运输车配备车载终端。在整个运输的过程中，车载终端内部的 GPS 始终发挥着作用，接收卫星信号，进行自动定位，结合 GSM 技术获取数据信息传入手机中，然后通过内置的手机模块将相关信息发送到物流配送总控中心，总控中心接到信息后，根据所得数据，实时地将车辆的位置、速度等状态信息经过 GIS 系统处理显示在各客户方的电子地图上。这样，商业客户能够及时地获取自己所购产品的详细情况，第三方物流公司能够看到承运货物的运输情况，工业公司物流配送监控中心也可以根据运输情况通过网络向车载终端发送控制命令进行微调。此种物流监控主要有以下几个方面的功能：

（1）在途跟踪，信息查询 为商业用户提供车辆的实时地址位置和车辆详细信息，包括驾驶员信息、驾驶员联系方式、运输单信息、在途运输情况等。系统记录整个配送过程中不同时刻点产生的各类信息供商业客户查询，也为工业公司提供了大量历史数据，帮助其进行物流规划、决策分析。

（2）提升货物安全，进行紧急援助　通过此GPS监控系统，监控人员可以实时了解在途货物的状况，能够及时发现遇有险情或发生事故的车辆，进行紧急援助。还能够通过平台发出报警，提醒监控人员及时做出反应。

（3）提升物流服务水平　客户可以通过监控平台接口了解到运送给自己的货物目前处在什么位置，并能够预测何时能够到达卸货仓库，从而可以提前做好入库准备。工业公司和商业客户能够利用平台随时沟通，提供更高效、更人性化的服务。

（4）数据信息共享，整合　工商企业共享平台，且物流数据及时整合集成到集团信息管理总系统中，与营销、仓储等其他业务信息系统完成数据交换处理，与其他省份系统进行数据交互，保证业务数据的一致性，从而实现各个工业企业商业企业间的数据共享。

（5）指挥调度，实时调整　由于天气、事故等原因，运输过程会出现很多临时的变动，指挥中心可以利用此平台对车辆进行合理的实时调度调整。驾驶员遇到紧急情况也可以与指挥中心及时沟通，获得指令。

此监控系统虽然在一定程度上解决了物流监控、物流安全方面的需求，但是它仍在很大程度上依赖于人工的实时监控，关键是这样的监控手段没有保证货物的绝对安全，难以防范监守自盗、中途调包的行为，因此需要一种能够物权分离的更可靠、更高效的监控体系。

6.2.2　物流系统虚拟技术

物流虚拟技术广义上讲是一种通过运作与管理从而实现优化资源配置，实现集约最优的物流方式狭义而言，物流虚拟技术是指通过建立仿真模型、数据库，通过模拟场景，实现物流设备之间通信、运行的仿真，通过人机交互在仿真平台上实现布局、合理设计路线，达到配送效率最高的目的[10]。

1. 物流虚拟模式

虚拟物流是指以计算机网络技术进行物流运作与管理，实现企业间物流资源共享和优化配置的物流方式。虚拟物流是利用日益完善的通信网络技术及手段，将分布于全球的企业仓库虚拟整合为一个大型物流支持系统，以完成快速、精确、稳定的物资保障任务，满足物流市场的多频度、小批量订货需求，对于中小企业来说虚拟物流的意义十分重大。电子商务时代，物流信息化是电子商务的必然要求。我国由于物流业起步晚，发展水平低，自动化技术的普及还需要相当长的时间。

电子商务时代，物流信息化是电子商务的必然要求。物流信息化表现为物流信息的商品化、物流信息收集的数据库化和代码化、物流信息处理的电子化和计算机化、物流信息传递的标准化和实时化、物流信息存储的数字化等。因此，条码技术 (Bar Code)、数据库技术 (Database)、电子订货系统 (Electronic Ordering System ，EOS)、电子数据交换 (Electronic Data Interchange，EDI)、快速反应 (Quick Response，QR) 及有效的客户反映 (Effective Customer Response，ECR)、企业资源计划 (Enterprise Resource Planning，ERP) 等技术与观念在我国的物流中将会得到普遍的应用。信息化是一切的基础，没有物流的信息化，任何先进的技术设备都不可能应用于物流领域，信息技术及计算机技术在物流中的应用将会彻底改变世界物流的面貌。

自动化的基础是信息化，自动化的核心是机电一体化，自动化的外在表现是无人化，自动化的效果是省力化，另外还可以提高物流作业能力、劳动生产率，减少物流作业的差错等。物流自动化的设施非常多，如条码 / 语音 / 射频自动识别系统、自动分拣系统、自动存取系统、自动导向车、货物自动跟踪系统等。这些设施在发达国家已普遍用于物流作业流程中。

物流领域网络化的基础也是信息化，这里指的网络化有两层含义：一是物流配送系统的计算机通信网络，包括物流配送中心与供应商或制造商的联系要通过计算机网络，另外与下游顾客之间的联系也要通过计算机网络，比如物流配送中心向供应商提出订单这个过程，就可以使用计算机通信方式，借助于增值网 (Value Added Network，VAN) 上的电子订货系统 (EOS) 和电子数据交换技术 (EDI) 来自动实现，物流配送中心通过计算机网络收集下游客户的订货的过程也可以自动完成。二是组织的网络化，即所谓的企业内部网 (Intranet)。比如，台湾的计算机业在 20 世纪 90 年代创造出了“全球运筹式产销模式”，这种模式的基本点是按照客户订单组织生产，生产采取分散形式，即将全世界的计算机资源都利用起来，采取外包的形式将一台计算机的所有零部件、元器件和芯片外包给世界各地的制造商去生产，然后通过全球的物流网络将这些零部件、元器件和芯片发往同一个物流配送中心进行组装，由该物流配送中心将组装的计算机迅速发给订户。这一过程需要有高效的物流网络支持，当然物流网络的基础是信息和计算机网络。物流的网络化是物流信息化的必然，是电子商务下物流活动的主要特征之一。当今世界 Internet 等全球网络资源的可用性及网络技术的普及为物流的网络化提供了良好的外部环境，使物流网络化不可阻挡[11]。

这是物流自动化、信息化的一种高层次应用，物流作业过程大量的运筹和决策，如库存水平的确定、运输(搬运)路径的选择、自动导向车的运行轨迹和作业控制、自动分拣机的运行、物流配送中心经营管理的决策支持等问题都需要借助于大量的知识才能解决。在物流自动化的进程中，物流智能化是不可回避的技术难题。专家系统、机器人等相关技术在国际上已经有比较成熟的研究成果。为了提高物流现代化的水平，物流的智能化已成为电子商务下物流发展的一个新趋势。

虚拟物流的实现形式从一般意义上讲就是构建虚拟物流组织。通过这种方式将物流企业、承运人、仓库运营商、产品供应商以及配送商等通过计算机网络技术集成到一起，提供"一站式"的物流服务，从而有效改善单个企业在物流市场竞争中的弱势地位。虚拟物流组织的实质是供应链信息集成平台，它是以获取物流领域的规模化效益为目的，以先进的信息技术为基础，以共享供应链信息为纽带而构建的物流企业动态联盟。

2. 物流系统虚拟仿真

虚拟现实(VR)技术是一种模拟人类视觉、听觉、真感的人机交互技术，是在计算机图形学、多媒体技术、人机接口技术、计算机仿真技术及传感器技术等众多技术基础上发展起来的一门多学科交叉技术。VR 技术具有沉浸感(Immersion)、交互性(Interaction)的主要特征。沉浸感指计算机所建立的三维虚拟环境能使人产生身临其境的体验，交互性指人可以通过专用设备来对虚拟环境中的对象进行观察和操作。基于 VR 的系统仿真技术(VR 仿真)，是系统仿真发展的主要方向。VR 仿真是近年来逐渐发展起来的先进仿真方法，它利用计算机图形学、系统科学、运筹学等技术，对现实场景进行虚拟再现来演绎出系统的动态模拟过程。VR 仿真方法作为一种新的仿真研究方法，在科学计算、水利、交通、工程实施、航天、军事等领域都有广泛的应用前景。VR 仿真通过建模和渲染的三维虚拟场景，提供给仿真决策者以身临其境的观察感，并可使用户产生漫游动态系统的真实感受，从而有效对系统进行控制和决策。在仿真系统的支持下，使用者可以实时地对复杂系统的仿真过程进行控制和评估。

现代物流系统有综合性和复杂性的特点，采用 VR 仿真技术对其进行系统仿真可以从物流复杂系统建模、仿真虚拟运行等方面提高仿真能力，从而使仿真系统更直观地反映实际系统的运行过程和特性。物流 VR 仿真赋予了人们对于实际物流系统进行仿真和实时交互的能力，其作为一种高效率的研究方式，通过将实际系统数据转化为仿真实体模型，提供给决策者一个有效研究真实系统的虚拟环境。

（1）物流虚拟系统的研究以及应用现状　现代物流系统逐步走向社会化、全球化，生产多样化、用户定制化、服务客户化的发展趋势下，企业要不断降低成本、缩短供货周期，这样就对物流的运行水平提出了更高的要求。物流 VR 仿真针对物流系统不断复杂化的需要，提供了有效的仿真方法。目前，对现代物流系统的仿真研究，可以集中在以下几个方面：

物流过程仿真：指运输、仓储、装卸、包装等物流过程的仿真。例如，公路运输系统的物流仿真研究，分析运输过程中公共运输的规划、效率与事故的影响；对于自动化仓储物流系统仿真，分析其设备布局的合理性、设备运行的效率、设备利用率等问题。

物流管理仿真：指以物流管理决策为目标的策略性仿真，例如供应链网络的布局规划仿真，研究不同拓扑结构的效果；对自动化仓储物流系统调度策略仿真，分析不同路径优化算法下调度策略的执行效率等。

物流成本仿真：指以降低物流成本为研究目标，通过仿真方法统计并计算物流成本。在传统制造业中，物流成本往往和销售成本归为一类，因此很难掌握物流成本，也就无法根据成本统计改善物流流程。利用仿真方法可以记录系统动态运行过程中的消耗，从而计算其物流成本。

物流 VR 仿真作为先进的系统仿真技术，其仿真对象是复杂的物流系统。物流系统往往具有多目标的仿真要求，包括对于物流过程、物流管理、物流成本等各个方面的仿真。

自动化仓储物流系统具有一体化、自动化和信息化的特点，其仿真的要求更加表现出多样化的需要。自动化仓储物流系统日益现代化和复杂化，对于运行效率和柔性的要求也越来越高，系统仿真尤其是 VR 仿真正逐渐成为研究自动化仓储物流系统的主要手段。目前，VR 仿真技术作为研究自动化仓储物流系统的有效手段和辅助决策工具，主要应用在如下方面[12]：

物流系统 VR 仿真是对于现实环境的模拟，因此就需要对整个虚拟物流环境进行三维建模。目前对于物流系统的三维建模主要方法有两种：一种是直接利用 3D 编程语言来实现对于三维模型的构造，主要的实现语言包括 Direct3D，Open GL，Java3D 和 VRML。这属于从底层构建仿真系统的方法，其特点是可以根据研究对象和目标需要实现模型自定义，提高建模的柔性；另一种建模方法是通过现有三维仿真工具进行开发，例如 Maya、Vega、Arena 等，利用三维仿真工具进行二次开发具有开发难度小、实现速度快等优点，但是往往不能应对个性化和具有交互性要求的物流三维实体和场景的建模。

（2）系统运行过程的动态仿真　物流系统可以看作是一个动态运行的复杂系统，物流的设备运行状态也是动态联系的。如何构建动态联系的虚拟运行场景，如何利用三维实体模型来动态地仿真系统实际运行状态、模拟设备运行间的相互关系，是物流 VR 仿真平台研究的重要方面，也是一个难点。动态仿真的方法一般有两种：一种经常采用的方法是模拟时钟技术，通过设置时钟推进来显示系统的动态工作场景。这种方法的好处是比较简单，缺点是对于复杂系统难以进行同步的描述。另一种方法是通过事件调度的方式来进行动态仿真，主要应用于离散事件系统的仿真。这种方法通过定义不同的事件来模拟系统中实体的相互运行关系，其难点是如何确定事件和实体事件间的相互关系。对于物流仓储系统来说确定设备运行之间的相互关系和事件模拟是利用此方法的关键。而自动化仓储物流系统运行过程不仅存在事件间的相互调度，同时还包括设备对象、货物对象在时间推进下的动态位置和状态变化，因此如何将事件调度和时间推进下设备的运动相结合仿真，是物流 VR 仿真平台研究的一个关键。

6.2.3　复杂物流配送中心集成控制技术

物流配送中心 (Distribution Center) 是实现配送业务的现代化流通设施。配送中心主要是接受并处理下游客户的订货信息，对上游供应商提供的物品进行分拣，并根据用户的不同要求来进行拣选、组配、倒装、分类、保管、流通加工和信息处理等作业，以满意的服务水平进行配送的设施。

配送中心的自动分拣系统、自动化立体仓库、自动化拣货系统 (如电子标签拣货装置) 的计算机控制和无线移动计算机在配送中心入库、出库、拣货、盘点、储位管理等方面的应用，实现了配送中心物流作业的无纸化。再如，建立配送中心自动化补货系统，把供应商、配送中心、商场 (POS 系统) 的产、供、销三者组成网络与 ECR(集成供应链物流管理系统)，使传统的点 (企业内信息系统) 发展到线 (企业间资讯系统)、面 (供应链上中下游垂直、水平整合)，进而进入“体”(跨国、跨企业的供应链整合) 的时代。以网络化的商业行销 (电子商务)，带动创造附加价值的新物流行销，促进商品流通，缩短流通通路，满足客户多样化个性化的需求，真正使商流、物流、信息流和资金流融合为一体，实现商业自动化。

一般对物流配送中心的集成控制基本都会涉及以下几个方面：成本控制、质量控制和流程控制。成本控制主要指：物流配送中心在满足一定顾客服务水平前提下，寻求配送中心成本的平衡状态，即在一定的配送成本下尽量提高顾客服务水平，或在一定的顾客服务水平下使配送成本最小，从而使整个物流配送中心系统实现产出效益方面的合适目标。成本控制可以说贯穿了整个物流配送中心系统，涉及物流子系统、信息子系统以及运营子系统等流程。

质量控制主要是针对物流配送中心系统所要实现的服务目标。只有对物流配送中心各系统运行流程进行严格的质量控制，才有可能达到较高的服务水平。物流配送中心系统所提供的服务质量高低，在很大程度上取决于其运行过程的质量控制，因此必然要对物流配送中心系统主要涉及的运行过程加以全面的质量控制。

流程控制主要在于整合物流配送中心各环节内容及各环节间交接关系，形成业务的无缝衔接。较为完整的物流配送中心系统涉及原材料的采购、存储保管、配组、分拣分装、集散、流通加工、送货、信息衔接等整个流程，这就必然造成其流程在时间、空间上的巨大跨度。针对物流配送中心系统流程的特殊情况，进行流程控制就是尽可能缩小这种跨度，从而实现物流配送中心的最佳运行状态，达到系统最优组合。

计算机与通信技术相结合产生了计算机网络，计算机网络与控制系统相结合产生了现场总线控制系统 (Fieldbus Control System，FCS)。以现场总线作为通信连接的纽带，将现场控制设备连接成可相互沟通信息、共同完成自控任务的功能强大的控制网络。工业企业可充分利用既有的局域网络和互联网络将控制网络与信息网络的资源整合在一起，提高企业信息化和综合自动化水平，为生产控制和企业管理决策带来一种新的模式。

现场总线控制系统采用分层式网络结构，集成了现场设备层、过程监控层和信息管理层，通过局域网或以太网将物流信息反馈给远程用户，实现了从货物入库到分拣出库的全程集成控制，使配送中心各个系统之间可以互相沟通信息，便于企业决策者整合分析物流信息，更好地协调控制各个环节的工作状况。同时基于现场总线的信息集成系统能够对供应链进行管理，实现对配送仓库的合理调度，控制物流配送成本；对设备的实时监控便于及时发现各个环节存在的问题，保障了每个流程的工作质量，大大降低配送环节的出错率；过程监控实现了从货物采购到分拣出库一系列流程的全程跟踪，缩小了各个环节在时间空间上的跨度，达到配送中心的最佳运行状态。

6.2.4 多维监控及可视化技术

物流行业中存在的监控盲点有：①无法观察货物入库、储存、移位、出库等全过程，导致出现暴力装卸、监守自盗等不良现象；②管理人员不能准确获取信息，缺少运输过程的全程跟踪，容易引发与客户的法律纠纷。尽管这些居少数，但这些问题的出现影响了行业的整体形象，给物流行业带来了很大的隐患。正是这些不和谐的现象催生了基于可视化技术的多维监控系统。

可视化又称视觉化，是利用计算机图形学和图像处理技术，将数据转换成图形或图像在屏幕上显示出来，并进行交互处理的理论、方法和技术。它涉及计算机图形学、图像处理、计算机视觉、人机交互、计算机辅助设计等多个领域，成为研究数据表示、数据处理、决策分析等一系列问题的综合技术，包括科学计算可视化和信息可视化。

目前物流行业中常用的可视化监控技术为：视频监控、车载设备、RFID技术、3S (GIS/GPS/RS) 等。整个物流过程包括生产过程、仓储管理、配送运输和货物追溯等流程，每一个步骤都需要相应的监控技术来跟踪和控制以保证整个物流信息的流畅和准确，所以这就涉及多维监控，利用多维监控体系可以对每一个系统的运行状况进行实时监控，全面保障各个环节物流信息的交流和传输，提高工作效率和整个物流的管理水平。

物流监控正是基于可视化技术发展起来的先进技术手段，它的可视化体现在全流程可视、全资产可视、实时可视和双向可视，物流公司和客户都可以通过监控系统方便地查询各自所需信息。在物流配送中心，对仓库到货检验、入库、出库、调拨、移库移位、库存盘点等各个作业环节的数据进行自动化的采集，跟踪整个过程的进行，保证各个环节数据输入的速度和准确性，对计划存储、流通的有关物品进行相应的可视化监控管理，及时准确地掌握库存和物品的位置、状况等信息，合理保持和控制企业库存，实时生成准确的库存报告，提高库存的利用率。

以自动化立体仓库为例，仓库运行的同时对系统中各种运作设备的状态进行实时监控，动态显示堆垛机和出入库传输设备以及各货物的运行位置，显示所有任务的当前运行状态，便于及时发现设备和各个环节存在的问题，保证了货物的安全性，同时更精确的进、销、存控制大大提高了仓库的工作效率。可视化技术同样可以应用在仓库的货物分拣流程。在传统分拣货物的时候，操作员驾驶堆垛机从一个货架点到另一个货架点费时又费力，效率低下，但当把可视化技术运用在堆垛机上，再将堆垛机控制系统和远程控制系统通过网络连接，不仅可以解放人力实现分拣自动化，而且可以实时监控货物的分拣状态，大大提高了仓库的运作效率。

6.2.5 基于大数据的服务决策技术

近年来，随着物联网、云计算等数据挖掘技术的发展，大数据在人民日常生活、科学研究中的作用日益凸显，对大数据的研究也成为科学研究的主流。目前对大数据没有统一的定义，但大数据不是传统意义上大量数据的集合体，与海量数据也有着本质的区别。麦肯锡认为，“大数据”是指其本身超出了典型数据库软件的采集、储存、管理和分析等能力的数据集。IT 业界认为，大数据具有 4V 特征，即规模（Volume）、种类 (Variety)、速度 (Velocity) 和最重要的价值（Value)。规模是指数据量巨大并持续增长以及数据的完整性，如医疗卫生、电子商务、影视娱乐等每天都有大量数据涌现；种类是指数据类型的多样性，不仅包括结构化数据分析利用，更强调半结构化和非结构化数据的分析与应用；速度指处理速度快、响应时间短；价值则是指海量数据中蕴含着巨大的社会价值和商业价值。

现代物流系统是一个复杂的巨大系统，随着信息管理科学化水平和物流效率的提高，物流系统中数据库的规模日益扩大，产生了巨大的数据流。面对如此庞大的数据规模，管理人员往往很难对数据进行及时、准确地提取和加工，从而也就很难帮助决策者做出快速而准确的决策，有效地实现对物流过程的控制，降低整个物流运作过程的成本。因此，如何采用一种新的技术来帮助决策者分析和处理物流数据，从而为物流决策提供科学、准确的预测和决策信息，越来越成为企业关注的焦点。

基于大数据的物流服务决策关键技术包括数据仓库、联机分析处理 OLAP、数据挖掘和数据分析工具等。数据仓库是一个面向主体的、集成的、时变的、非易失的数据集合，支持管理部门的决策；联机分析处理主要通过多维的方式来对数据进行分析、查询和报表；而数据挖掘技术在帮助决策者分析处理物流数据、做出科学合理的仓库调度决定方面起了至关重要的作用。

数据挖掘技术是利用人工智能和统计分析等技术，在海量数据中发现模型和数据间的关系，自动地帮助决策者分析历史数据和当前数据，并做出归纳性的推理，从中挖掘出潜在的模式，从而预测客户的行为，帮助企业的决策者调整市场策略，减少风险，做出正确的决策。因此，在现代物流决策过程中数据挖掘技术能够提供越来越强大的支持功能。

换句话说，数据挖掘技术就是采用机器学习、统计、数学和可视化技术从大量的数据库中识别出有效的、新颖的、潜在的、有用的以及最终挖掘出可理解模式的高级处理过程。有时人们也称它为数据库中的知识发现，因为它利用数据库技术对数据进行前端处理，而利用人工智能的方法从处理后的数据中提取有用的知识。

数据挖掘分析能帮助企业发现业务的趋势，揭示已知的事实，预测未来的结果。数据挖掘所注重的是数据库的再分析，包括模式的建造或是资料样式的决定，其主要发现隐藏在资料中的信息，如趋势 (Trend)、特征 (Pattern) 及相关 (Relationship) 的过程，也就是从资料中发掘信息或知识。应用数据挖掘分析货物数据可从以下五个方面考虑：①货物分类，比如把货物按进货地或出货地分类，可以有效地组织运力，减少运输成本。②货物库存估计与预测，根据既有连续数值之相关属性资料，以获取某一属性未知的值。可以估计出某一种货物存取时间的规律或周期以便组织调度货物，比如药品仓库中感冒药一般在春秋季出入库频繁，因为春秋季容易患感冒。③货物聚类，货物没有明确的分类标准，根据对象的一些相似特征进行分组。④货物间的关联和系列发现，关联是要找出某一事物或资料中会同时出现的东西，比如汽车零件仓库中一些零部件的存取，随之会有相联系的零件的存取。⑤货物存库的描述，大量的货物的存取刚开始时难以找到规律，对复杂的数据提供简要的描写。

采用数据挖掘技术可以纵览全局，提高物流决策的总体效率；合理发货，降低库存成本；分组布局，运输推荐参照分析；市场和趋势分析；交叉盈利。

目前存在的问题：可视化物流信息系统在国内物流企业中的实际运用很少，不仅与我国 RFID 标准和核心技术缺乏、物联网技术标准不统一、条码化不够普及有关，还与可视化成本较高、投资回报不确定、研发周期长等因素有关。

物流决策系统中数据挖掘发现的货物规则是动态的，会随着新数据的添加而变化，所以要及时更新数据库。而数据库更新成本较高，数据挖掘信息系统与物流其他系统集成度低导致企业不愿意投资，而且物流行业缺乏高水平高素质的数据挖掘人员，物流决策者要重视引进并留住合格人才。

目前数据挖掘工具大都是国外产品，是否适合我国物流行业的特点还有待实践检验。

6.2.6 基于云平台的安全技术

1. 云平台概念

云计算平台也称为云平台。云平台可以划分为 3 类：以数据存储为主的存储型云平台，以数据处理为主的计算型云平台以及计算和数据存储处理兼顾的综合云计算平台。

2. 云平台安全技术的重要性

云平台的发展给我们的社会带来了许多好处，但同时也给了不法分子趁虚而入的机会。我们在使用云平台的过程中，难免涉及用户隐私数据，以及业内敏感数据，这就导致了黑客们关注的可能性。能否抵挡黑客们的攻击，对于云计算的服务商来说，是一项艰巨的任务。

3. 入侵检测技术

云计算是一项新兴的技术，是虚拟化技术、并行计算、网格计算、效用计算、储存技术、负载均衡等这些传统技术与网络融合的产物。国内关于云计算的相关研究成果较少，大都在逐步使用云计算开发大规模的应用，同时对云计算入侵检测的研究少之又少[13]。

入侵检测技术是在静态安全防御技术的基础上如防火墙、身份认证等技术之后发展起来的，成为新一代网络安全防护系统。它可以动态地检测未经授权的用户入侵行为，在网络系统受到损害之前排除隐患。总体来说，入侵检测技术发展到现在是比较成熟的技术，目前也已有很多检测方法，但随着网络数据量的激增和数据的复杂化，检测系统的性能处于瓶颈状态。

《基于云计算的入侵检测技术研究》一文中设计了一个基于云计算环境下的入侵检测系统模型 CIDS。在该检测系统中，使用改进的聚类方法对检测数据进行分析，同时引入主成分分析作为特征提取模块，在不失特征精度和检测率的情况下对海量检测数据进行线性降维处理。

尽管云平台的发展会带来许多的网络安全问题，但我们可以利用云平台本身的特点来解决这些问题。例如传统的入侵检测系统面临着海量检测数据处理的问题，难以满足实时性和有效性的需求。但云计算强大的计算能力正好可以解决入侵检测数据处理的瓶颈问题，同时入侵检测系统能实时保护云环境免遭外界恶意攻击和入侵，基于云计算的入侵检测系统是入侵检测和云计算领域新的发展方向[14]。

6.3 物流仓储装备新型技术

本节从专业和产品的角度，从市场需要的角度，研究应用新型技术，旨在探讨提高物流仓储装备的工作效率，从装备层面提升物流水平。

6.3.1 物流仓储机器人技术

1. 物流仓储机器人

在仓储系统中，有大量的货物定位、存储、取货操作。这些操作如果单纯人工完成，工作量巨大而且效率极低，尤其对于高层货架，没有堆垛机实现存取货功能，人工根本无法完成任务。因此主要装备是完成自动搬运和存取任务的仓储物流机器人。而要想实现无人控制，就必须让仓储机器人能够实现智能化工作。实现智能化大致可分为以下几个步骤。

首先，在商品的出入库环节，机器人必须要能够识别不同的货物并进行存储定位分析。这个功能的实现目前已经比较成熟，例如用附着在目标物体上的RFID 电子标签进行目标识别和定位操作，而用不同的频段来防止多个标签同时发送信息所导致的信号冲突。

接着，在确定了商品的存放位置后，机器人要能够快速准确地将商品运至目的地。常用的技术有利用机器人内部的地图信息，和外部给予的激光导引信息，来规划出一条行驶路径，并通过传感器的反馈来计算出机器人当前的位置和方向，使其能够在没有人工干预的情况下自行移动到指定位置。

最后，机器人必须保证存取货物时要足够的精确，不会损坏货物。这就需要用到局部特征的识别和定位系统。

2. 码垛机器人

堆垛机是自动化立体仓库最为关键的设备，是整个物流系统存储和输送的纽带和桥梁，堆垛机的运行情况对于整个自动化立体仓库的正常运行有至关重要的影响。它是立体仓库中最广泛应用的起重运输设备，穿梭于狭窄的巷道中，负责将货格内的货物取出运送到巷道口，或者将巷道口的货物运输到货格内。它的作用是准确、快速、安全平稳地存取货物，所以，对其在平稳特性上有非常严格的要求。堆垛机的整机由于受到使用场合的限制，结构高而且窄，宽度普遍较小，门架和驱动轴等结构件要有较高的平稳性，以保证运行安全可靠。巷道式堆垛机的载重量从几十千克到几吨，可按立柱数量分为单立柱堆垛机和双立柱堆垛机，也可简单地按有无轨道分为有轨堆垛机和无轨堆垛机。堆垛机的分类方式有多种，主要的分类方式有如下几种[15]：

（1）按照高度不同，堆垛机可以分为低层型、中层型和高层型三种。低层堆垛机一般最多可以起升 5m 左右，主要用于分散式高货架仓库和小型立体仓库；中层堆垛机的起升高度在 5 ～ 15m 之间，主要用于中型立体仓库；高层堆垛机是指起升高度在15m以上的大型堆垛机，其最大起升高度可达50m，主要用于整体式的大型高层货架仓库。

（2）按照是否有导轨，堆垛机可以分为无轨式和有轨式两种。无轨式的堆垛机又被称为“高架叉车”，和普通叉车的工作原理相似，它灵活性高、造价低廉，但是运行精度、速度和自动化程度较低，使用范围较窄；有轨式的堆垛机可以沿着既定的轨道运行，行走稳定、定位精度高、自动化程度较高。目前，大部分的自动化立体仓库都使用有轨堆垛机。

（3）按照自动化程度的不同，堆垛机有手动、半自动和自动之分。手动和半自动堆垛机需要有人操作，效率和出错率较高，已逐渐被淘汰。自动堆垛机采用智能自动控制系统，能自动装卸、自动寻址、自动调速，可以在无人环境下连续高强度工作，具有高精度、高效率、出错率低等优点，是堆垛机发展的趋势。

（4）按照立柱的个数，又可以分为单立柱巷道堆垛机和双立柱巷道堆垛机。单立柱和双立柱堆垛机其力学性能与运行稳定性有着明显的区别。

3. 物料搬运机器人AGV

物料搬运机器人AGV(Automatic Guided Vehicle)，是一种以蓄电池作为动力源，装有非接触控制导向装置的无人驾驶自动化搬运小车，它是一种自动导向的小车。它的主要特征表现在能够通过上位机来控制小车并植入控制程序，最终能够通过计算机发布指令，并在其监控之下实现无人驾驶，自动沿着上位机规划的路径行驶，到达指定的地点，完成一系列的作业任务，然后再等待下一个指令。它除了在一些大型的柔性生产制造系统和自动化搬运工厂中用来组成高效、稳定的物流系统外，还广泛用于普通工厂进行货物转运，尤其适用于不适合工作人员进入的工作场所。可以极大地降低人工成本、提高生产自动化。AGV由以下几个部分组成[16]：车体机械结构、驱动单元、通信单元、举升单元、定位导航单元和蓄电池与充电系统。

AGV系统主要技术特点有：

（1）AGV是完全自动化设备，能够十分方便地与其他物流系统实现自动连接，实现对物料的跟踪；能够按上位机的指令计划输送搬运物料，同时也可以检查物料；与生产线和库存管理系统进行信息连接以提供实时监控信息等。

（2）能够大大节约劳动力，降低人工成本，显著提高劳动生产率。另外，非直接劳动力工作的减少甚至完全取消又进一步降低了成本。

（3）AGV搬运物料时能够按预先固定的路径行驶，不会与加工设备和其他障碍物发生碰撞，因此几乎不会造成产品或生产设备的损坏。

（4）系统具有极高的可靠性。AGVS 由多个小车共同组成，当一台小车出现故障时，其他小车的生产率不受其影响，并能够继续保持高度的系统可利用性。

（5）AGV 的充电装置和驱动系统耗能比较小，能量充分利用率高，噪声比较小，不会对制造和仓库环境造成影响，能够最大程度地节约能源和减少环境噪声。

（6）占地面积小，能够在各个车间里穿梭往复。

AGV 在各种行业应用非常广泛，例如加工生产线、汽车制造、烟草行业、电力行业以及物流配送系统等，具有控制系统简单、施工和系统构成容易等优点。其空载运行速度可达到 100m/min，运输能力可以从几千克到几十吨[17]。AGV 在物流行业也是一种非常有发展空间的物流输送设备，特别是在柔性制造系统(FMS)和柔性装配系统（FAS）中应用最广泛，被称作是最有效的物料运输设备。图 6-7 所示即为 AGV 小车。

图 6-7　AGV 小车

4. 有轨穿梭小车 RGV

RGV(Rail Guide Vehicle) 是有轨制导车辆，又叫有轨穿梭车，RGV 可用于各类高密度存储方式的仓库。穿梭车主要由车体系统、输送装置、认址装置、导轨系统、报警装置、电气装置等组成，如图 6-8 所示[18]。

图 6-8 RGV 小车

随着信息技术的发展，穿梭车的自动化程度也越来越高。各种通信技术、定位技术、信息识别技术、控制技术等在穿梭车上的应用也更加成熟，穿梭车的调度以及障碍避让的问题都得到更好的解决。各种穿梭小车如自动换轨穿梭车等也不断出现，其在立体仓库中的应用范围也在逐渐扩展。但是穿梭车的成本较高，如何用最少数目的穿梭车实现货物的调度是今后研究的重点之一。

5. 自行小车悬挂输送系统

自行小车悬挂输送系统（如图 6-9）通常包括环形轨道、平移道岔、工件的上件工位、下件工位、维修工位、自行小车，其中，自行小车一般由车架、驱动装置、车载控制器等组成。根据自行小车悬挂输送系统的功能要求，设计其轨道线路，道岔的分流、合流，上件工位、下件工位、维修工位的位置、数量以及各工位点的动作要求、动作时间和配置自行小车的数量。

自行小车悬挂输送系统是一种重要的智能化物流输送系统，在汽车装配等行业已经得到了广泛应用。近年来，随着现代企业生产车间朝着自动化、信息化和智能化的方向发展，自行小车悬挂输送系统以其节省空间、输送灵活、工作安全可靠等优点，被越来越多地应用于车间生产物流中，其市场需求呈扩大趋势。在自行小车悬挂输送系统中，控制系统处于核心地位，其优劣直接影响着整个系统的输送性能。对自行小车悬挂输送控制系统进行深入研究，以满足不同生产形态下的物流输送要求，具有十分重要的现实意义[19]。

图 6-9 自行小车悬挂输送系统

6.3.2 分拣技术与智能拣选技术

1. 国内外分拣技术发展

随着经济的迅猛发展，发达国家的物流分拣逐步向自动化、信息化以及网络化推进。日本的配送中心对系统的响应速度要求较高，需要在极短的时间内响应完成物流的分拣与配送，其分拣策略即搭载智能化分拣设备并高效协同物流信息。以世界最大的连锁便利店集团 711 便利店为例，全球拥有 100 万家门店，产品种类多达三千余种，以食品及日用百货类为主，均属于快速消费品，其分拣配送模式均采取频繁、小批量的处理模式。711 便利店通过信息网络的共享，与供应商整合信息，实现集约化分拣、配送，采取“一日三配”模式快速响应，其信息管理系统能够实现信息高效协同，是全球物流分拣及其信息管理系统的标杆。美国的物流配送中心重视信息化与立体仓库存储的结合，分拣策略采用半自动化、半机械化结合的方式。以亚马逊为例，在全球亚马逊物流配送中心隐藏着一套强大的技术，那就是支撑亚马逊零售、供应链、仓储等业务系统的令其他高科技公司钦佩的系统。仅亚马逊中国网站上就有近 600 万种商品，这些商品时刻都在产生购买，时刻都有分拣的需求，如果单纯依靠人工是无法支撑的。通过开发分拣机器人、采用 AGV 分拣小车以及托盘、滑块分拣机等自动分拣设备来辅佐分拣人员完成分拣作业。信息系统接收订单后对其进行分析处理，并计算最优分拣路径后，下达分拣指令，生成拣货单，分拣设备或工作人员根据拣货单进行快速分拣。相比于传统分拣模式，其效率已提高 3 ～ 4 倍。

我国物流行业发展较不完善，在设备的投资应用上，与国际发达的物流行业水平也具有一定的差距。我国B2C企业，其分拣大多由人工操作完成，设备投资大部分在货架、传送带等设备上。物流系统整体效率低、周转慢，物流技术装备水平低，标准化建设滞后。与发达国家相比，我国物流分拣产业信息化程度差，物流系统兼容性、配套性较差，造成分拣系统各环节不能有效衔接，导致效率低、成本高、周转慢等问题。总体看来，我国现有的物流配送中心分拣策略缺乏科学的规划设计，流程不够合理，且存在现代化程度低、设备利用率较低等问题。除硬件条件不足外，我国物流信息化也较为落后。

2. 分拣方式及设备特点

（1）分拣方式

1）拣选式：拣选式又叫摘果式，其配货作业是分拣人员或分拣工具巡回于各个储存点将单一订单所需的全部货物取出，完成配货任务。拣选式配货可采用单一分拣法，准确程度较高、机动灵活。

2）分货式：分货式又叫播种式，首先对同一批次的订单合单，将同一批次不同订单共同需求的同一货物的数量进行累计，以此类推，完成该批量订单所需所有货物的汇总统计，随后分货人员或工具从储存点取出该品种货物所需的总数量，送到拣选位，拣选人员按顺序将同一货物按订单需求量放在各订单的货位上。随后再分拣出下一种共同需求商品，如此反复进行直至将该批次订单需求的全部货物取出并分放完毕。

（2）设备特点　作为物料搬运系统的一个重要分支，分拣设备是开展分拣、配送作业的强有力的技术保证，现在已广泛应用于仓库、配送中心等物流场所，涉及邮电、图书、医药、卷烟、航空等多个行业。分拣设备由信息自动识别装置、控制装置、输送装置以及分拣道口构成。常用的信息自动识别装置包括条码技术和无线射频自动识别(RFID)技术等。控制装置主要进行分拣信号的接收和处理，根据信号的要求指示自动分拣装置对货物进行分拣。输送装置则完成货物从储区到分拣道口的输送任务。

分拣设备具有自动化程度高、分拣能力强、误差率低等优点。智能分拣设备通常每小时可分拣商品6 000～12 000箱，分拣能力远远超过人工分拣。分拣人员不能在过高劳动强度下连续工作8h，而自动分拣设备可以连续运行100h以上，同时不受气候、时间等限制。

3. 高速分拣与智能分拣系统

（1）系统组成　智能分拣系统由以下几个部分组成：智能化分拣系统由上件装置、分拣装置、信号识别装置、传动链、分拣格口、计算机控制系统组成。

1）上件装置：上件装置是将贴有条形码的包裹输送到分拣装置上，控制上件装置的速度使之与传动链牵引保持同步，以便包裹准确地输送到分拣装置上。

2）分拣装置：分拣装置有很多种，如推出式、浮出式、倾斜式、输送式、分支式等，不同的分拣装置对分拣的货物有不同的要求。一般小型的带式输送机作为分拣装置，其主要由电动滚筒、转向滚筒和输送带组成。其中电动滚筒为动力装置，根据计算机控制系统发出的指令运作，将分拣装置上的包裹输送到指定的格口中。有些智能分拣系统的分拣部分采用往复式气缸传动装置。目前最常选用的是标准气缸，其结构和参数都已系列化、标准化、通用化。水平伸缩气缸选用单活塞杆双作用气缸，单活塞杆双作用气缸一般由缸筒、前后缸盖、活塞、活塞杆、密封件和紧固件等组成。其工作原理为：当左侧无杆腔进气、右侧有杆腔排气时，活塞杆前伸，反之，活塞杆回缩。气缸式的执行机构动作比较稳定，易于维修，控制过程简单，所以有一些物流包裹分拣系统执行机构选择气缸推动式。

3）信号识别装置：信号识别装置的作用是识别、接收待分拣包裹上条形码的信号，根据信号要求指示，分拣装置分拣包裹到指定的分拣格口中。信号识别有多种方式，如人工输入、条码扫描、键盘输入、条形码输入、重量检测、语音识别、形状识别及高度检测等。将这些信号输入计算机系统，根据这些信号来决定某一种物品该进入的分拣格口。

4）传动链：传动链是系统中所有分拣装置运行的动力源，牵引带式输送机和包裹运行。

5）分拣卸货道口：分拣卸货道口是分拣物品脱离主输送机进行集中的通道，一般由钢带、皮带、滚筒、容器等组成滑槽，使物品从分拣装置滑向集中站台或其他接口设备。它的形式各种各样，主要取决于分拣方式和场地空间。一般采用斜滑道，其上部接口设置动力辊道，把被拣商品“拉”入斜滑道。斜滑道可看作是暂存未被取走货物的场所。当滑道满载时，由光电管控制、阻止分拣货物再进入分拣道口。此时，该分拣道口上的“满载指示灯”会闪烁发光，通知操作人员赶快取滑道上的货物，消除积压现象。一般自动分拣系统还设有一条专用卸货道口，汇集“无法分拣”和因“满载”无法进入设定分拣道口的货物，以作另行处理。有些自动分拣系统使用的分拣斜滑道在不使用时可以向上吊起，以便充分利用分拣场地。

6）计算机控制系统：计算机控制系统的作用是对扫码器所采集的信息进行处理，并采用单片机控制分拣装置的运转，以保证信息处理和物品分拣的可靠性。

它是向分拣机的各个执行机构传递分拣信息，并控制整个分拣系统的指挥中心。自动分拣的实施主要靠它把分拣信号传送到相应的分拣道口，并指示启动分拣装置，把被拣商品推入道口内。

（2）系统技术原理　包裹上均贴有条形码，由上件装置将包裹输送到分拣装置上，分拣输送机由链条牵引，在分拣轨道上移动，经过条形码扫描器时，包裹分拣信息被条形码扫描器采集并传输到计算机控制系统中，进行数据分析处理。单片机控制、计算包裹到达指定分拣格口所需要的时间，以便于包裹到达分拣道口时计算机控制系统发出信号，通过控制电动滚筒启动带式输送机，将包裹分拣到指定格口，达到分拣的目的。

6.3.3 新型存储技术

1．存储策略

货物在AS/RS中的初始位置是由货位存储策略配合货位分配原则来确定的。常用存储策略包括：定位存储、随机存储、分类存储、分类随机存储和共享存储等[20]。

（1）定位存储依据货品的周转率或出库频率进行　其优点是能缩短入/出库堆垛机的运行距离，缺点是货品的库区货位必须设计为货品的最大在库量，这会降低库区空间平均使用效率。

（2）随机存储按货品入库时间顺序依次存放于靠近入/出口的储位　优点是可共享货位，缺点是进行货品的出入库管理和盘点管理较为困难，因为周转率高的货品可能储放在离入/出口较远的库区位置，使货品出入库效率下降。

（3）分类存储通常按产品相关性、流动性、产品尺寸或产品特性来进行　优点是有利于畅销品存放，具有定位储放的优点，但比定位存储灵活；缺点是库区储位必须设计为货品的最大在库量，降低了储区空间平均使用效率。

（4）分类随机存储的每一类货品存放在固定库区位置上，但货位分配是随机的　具有分类储放部分的优点，还可节省货位数量，提高库区利用率。缺点是货品入/出库管理及盘点工作有难度，兼具分类存储及随机存储的特点，但是需要的介质空间介于两者之间。

（5）共享存储指不同货品可共享货位空间　优点是能够节省存储空间和搬运时间，缺点是这种管理在理论上相对比较复杂。

货位分配考虑的原则是很多的，如专用于仓储的AS/RS，其分配原则包括：货架承载均匀，上轻下重；加快周转，先入先出；提高可靠性，分巷道存放；提高效率，就近入／出库；产品相关性等。

2. 被动式密集仓储技术

密集式仓储系统就是自动化程度高、存储率高、占地面积小、空间利用率高的仓储系统。它起源于国外，随着土地成本的增加和空间利用率的制约，近几年密集式仓储系统在国内的应用逐渐得到推广和重视。其主要原因是药房和医药配送仓库药品种类的上升及规模的扩大，对现有医院药房和仓库提出了更高的要求，密集式仓储系统应用于药品仓储领域的需求更加迫切[21]。

密集式仓储系统与传统仓储系统相比，其最大的特点就是仓储率的提高，提高仓储率实际就是对货架的设计及其在仓库中的排列。如何合理安排货架的排列，是减少成本及开销的关键。

被动式密集仓储技术是指存储在货架上的货物静止，搬运设备如叉车或堆垛机沿货位深度方向存取货物，然后将货物放至出库点。和传统托盘货架相比，搬运设备多出了在深度方向的行走路径，会降低出入库效率。目前常见的采用被动式密集仓储技术的货架有：

（1）贯通式货架　贯通式货架又称驶入式货架或通廊式货架，适用于少品种、大批量的货物的存储。当有存货任务时，工作人员通过叉车将货物从货架端口将货物存入；当有取货任务时，工作人员通过叉车将货物从货架端口将货物取出，因此贯通式货架货物存取遵循先入后出的原则。

（2）双深度货架　双深度货架是将双排货架并列存放，由于在搬运设备存取的深度方向上有两个货位，故需要使用特殊的设备如前移式堆垛机进行存取。双深度货架上的货物也遵循先入后出的原则，对后排货位货物存取时需要先取出前排挡住的货物。

3. 主动式密集仓储技术

主动式密集仓储技术同被动式恰恰相反，它是指通过重力或货架上的电动机链条使货物在货架深度方向上具有运动的自发性，无需搬运设备在深度方向上行走，从而提高了系统的出入库效率，弥补了被动式密集仓储的不足。目前常见的采用主动式密集仓储技术的货架有：

（1）重力式货架　重力式货架又叫辊通式货架，是在货架深度方向安装具有3°～5°倾斜角度无动力辊道，当货物在货架入口处被存入后，由于重力作用，货物会沿货架深度方向从高处向低处（即货架出口方向）滑动，存储于重力式货架的货物遵照先进先出的原则。

优点：重力式货架只需在货架货物入口处和出口处设置作业通道，货架可以紧密排列，空间利用率高；采用无动力形式，节能环保噪声低。

缺点：重力式密集仓储托盘在辊道上滑动，对托盘质量要求高；为保证货物滑动时的安全可控性，需要在滑道上设置阻尼器，在货架出口处设置缓冲器及分离器，因而成本较高。

（2）穿梭车式密集货架　穿梭车式密集货架在货架深度方向安装导轨，使穿梭车可以在货架深度方向上前后运动，穿梭车和升降台或堆垛机等搬运设备配合可以实现对货物的存取。存货时，搬运设备将货物放至导轨前段，穿梭车自动将货物存放到目的货位；取货时，穿梭车从目的货位取出货物，将其放至导轨前段，再由搬运设备携带走。由于穿梭车在货架中可自由到达每一个货位，因此该系统货物可自由出入，不遵循先进先出或先进后出等原则。

优点：穿梭车式密集货架可设计的货格深度较大，空间利用率高；可以在先进先出和先进后出间自由选择，系统柔性大；同重力式货架、驶入式货架等相比在综合成本方面具有较大的优势。

缺点：考虑到成本原因，穿梭车式货架通常是多个通道共用一台穿梭车，这和重力式货架每个通道都具有独立的重力辊道方式不同。当穿梭车需要跨通道工作时，还需借助堆垛机等搬运设备，降低了作业效率。

（3）动力式密集货架　动力式密集货架是在货架深度方向上安装动力辊道，该辊道具有顺时针和逆时针旋转两种模式，因此货物在货架上可实现前后两种运动方向。存货时，通过堆垛机等搬运设备将货物放在货架端口，依靠辊道动力将货物存入目的货位；取货时，辊道将货物运送至货架端口，通过堆垛机等搬运设备将货物取走。由于货架中货物运动方向的双向性，该系统可实现先进先出或先进后出。

优点：动力式密集货架中每个通道都具有独立的动力辊道，因此可同时对所有货物进行存取作业，作业效率更高；具有先进先出和先进后出两种作业模式，系统柔性大。

缺点：动力式密集货架需要安装大量动力辊道，系统成本较高。

参考文献

[1] 江静岚 . 条形码自动识别技术对物流过程的控制 [D]. 广西：柳州铁道职业技术学院，2015：1-2.

[2] 黄晓伟 . 基于自组织理论的供应链资源协同研究 [D]. 哈尔滨：哈尔滨工

业大学,2009.

[3] 程建润.第三方物流企业的自组织研究[D].北京：北京工业大学,2007.

[4] 刘晓慧.物联网与嵌入式技术[J].电脑学习,2011(2),27-28.

[5] 王献美.基于大数据的智慧云物流理论、方法及其应用研究[D].杭州：浙江理工大学.2015.

[6] 姜宗品，罗国富，刘海东.基于云计算的物流信息平台的设计与实现[M].物流技术，.

[7] 许会元.企业物流的数据挖掘与智能管控[D].杭州：浙江理工大学.2015.

[8] 郑东.电子商务时代下的新型物流[D].贵州：贵阳学院经管系，2008：1-5.

[9] 苏志远.虚拟物流配送中心关键技术研究[D].北京：北京邮电大学自动化学院.2005.

[10] 齐玉珠.基于云计算的入侵检测技术研究[D].南京邮电大学.2014.

[11] 晁仕德.网络安全技术在云计算下的实现途径分析[J].网络安全技术与应用，2015(8)：66-67.2010.

[12] 李阳.自动化立体仓库及其堆垛机研究[D].哈尔滨：哈尔滨理工大学.2012：14-15.

[13] 武启平.金亚萍.任平.等.自动导引车(AGV)关键技术现状及其发展趋势[J].制造业自动化，2013.(10)：106-109.

[14] 张汉斌.用于电商配送中心的物流仓储搬运机器人(AGV)的研究[D].北京：北京物资学院.2014.

[15] 李俊韬，郭红丽，高红.穿梭车在自动化立体仓库中的应用[J].物流技术，2011(24)：39-40.

[16] 刘晓楠.自行小车悬挂输送控制系统的研究与实现[D].北京：北京机械工业自动化研究所.2014：10-12..

[17] 丛兰强.新型密集式仓储系统的原理研究与系统仿真[D].济南：齐鲁工业大学.2015.

[18] 孟春慧.主动式密集型自动化立体库货位分配和任务调度[D].济南：山东大学，2014：13-15.

第 7 章

我国物流仓储装备产业发展的政策与措施

7.1 先进国家政策经验借鉴分析

物流产业是支撑国民经济的基础性产业，当今世界各国物流产业均在迅速发展，物流仓储设备是物流产业的重要支撑，学习和研究先进国家物流产业发展的先进经验，特别是推动仓储装备领域发展的经验，有助于及时发现我国物流仓储装备产业发展中存在的问题，并通过结合物流仓储装备产业发展的国情，创新物流仓储装备产业现有的发展模式，从而更好地发展我国现代物流仓储装备产业。

7.1.1 智能制造产业发展成为推动物流仓储装备业提升的重要基础保障

目前，智能制造已经得到了众多先进国家政府、企业各层面的高度重视，先后制定了系列产业发展政策来促进产业发展，而智能物流仓储装备产业作为智能制造业的重要组成部分，不仅仅受惠于制造技术的提升，还会有更多的高端需求出现，其发展必然会受到巨大的推动。德国、美国先后提出了“工业 4.0”和“工业互联网”，我国也在 2015 年提出了“中国制造 2025”，旨在通过政策引导制造业转型升级，其中都包含了对物流装备类的基础类支撑内容。表 7-1 是美国公布的促进智能制造业发展的政策。

表 7-1 美国促进智能制造业发展的政策

年份	政策
2010 年	制造业促进法案
2011 年	先进制造业伙伴计划
2011 年	实现 21 世纪智能制造报告
2012 年	先进制造业国家战略计划
2012 年	工业互联网
2011—2012 年	美国制造业创新网络计划

从表可以看出，2011 年美国政府提出的“先进制造业伙伴计划”重点支持包括计算机软件、数字芯片、人工智能程序设计等 ICT 技术产业，而智能物流仓储装备产业作为智能制造业的重要组成部分，其技术设备的创新如 RFID、GPS、EDI、AGV、无人机送货等可以得到很好的促进，使其发展到了一个全新的阶段。

2012 年美国又提出了《工业互联网》计划，进一步推动了智能制造的发展。工业互联网的三大要素包括智能设备、智能系统、智能决策，通过智能设备采集海量大数据后，利用智能系统的大数据分析工具进行数据挖掘和可视化展现，形成“智能决策”，从而为生产管理提供实时判断参考，反过来指导生产，优化制造工艺，最终生产率的提高、成本的降低和节能减排所带来的效益将带动整个制造业的转型升级，物流仓储装备未来的制造也会受益于此，智慧制造发展路径如图 7-1 所示。

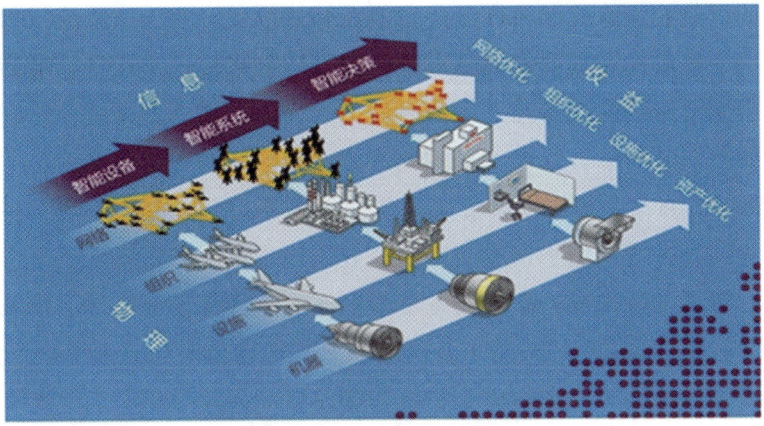

图 7-1　智慧制造发展路径

美国已经正式启动高端制造计划，在高端机器人、纳米技术、高端电池、能源材料、生物制造、新一代微电子研发等领域积极加强技术研发，以保持美国在高端制造领域的研发领先、技术领先和制造领先。伴随超高度自动化工厂、3D 打印技术等先进技术的应用，未来相关领域的技术都会为物流仓储装备的生产提供有力支撑。

7.1.2　重视关键领域的引领作用

1. 与信息技术高速融合发展，物流仓储系统构建逐步成熟

目前，各国政府非常重视信息技术的发展给本国带来的重大技术创新，以信息系统为基础和引导，推动其他种类系统的系统融合集成式发展，物流仓储设备也融入其中。以美国为例，由于美国政府财政政策的大力支持，目前美国信息技术高速发展，物流信息系统高度发达。例如，2012 年奥巴马政府投入了 2 亿多美元启动“大数据发展研究计划”，以推动大数据的提取、存储、分析、共享和可视化。2013 年，美国联邦财政预算中 IT 预算占 2.7%，达到 1 040 亿美元。美国政府部门信息化支出涉及的 IT 基础设施建设和升级，云计算和规范数据中心等任务也纳入了联邦IT项目计划。目前，在对条形码技术（Bar-Coding）、射频识别技术（RFID）、电子数据交换技术（Web EDI）以及仓库管理系统（WMS）和运输管理系统（TMS）的广泛运用下，美国已形成以“信息技术为核心，以运输技术、配送技术、装卸搬运技术、自动化仓储技术、库存控制技术、包装技术”等专业技术为支撑的现代化、信息化物流发展格局。

在发展物流信息化方面，日本近年来不断调整完善产业发展战略，有效推动了日本物流信息化的快速发展，传统的物流仓储装备产业已经发展成为自动化程度较高的智能物流仓储装备产业。日本在引进欧美一些国家物流技术的同时，也引进了不少先进的物流仓储设备，并且成功地把许多先进设备配置到配送中心中，由此带来日本物流装备需求量的迅速增加（日本物流系统装备总销售额变化情况），如图7-2所示。目前，日本物流企业中配置的先进仓储设备主要有：高层货架、移动式货架、多层回转货架、重力式货架、巷道堆垛起重机、各种叉车、以及各种集装设备等。由于日本的许多企业积极推行和广泛应用了先进的物流技术，并且配置了各种先进的仓储设备，很多作业流程基本上实现了机械化和自动化。例如日本大福集团已经采用了分层存取车式箱盒自动仓储系统、高速分拣机、指状多米诺式分拣机等先进物流仓储及分拣设备，大大提高了工作效率。

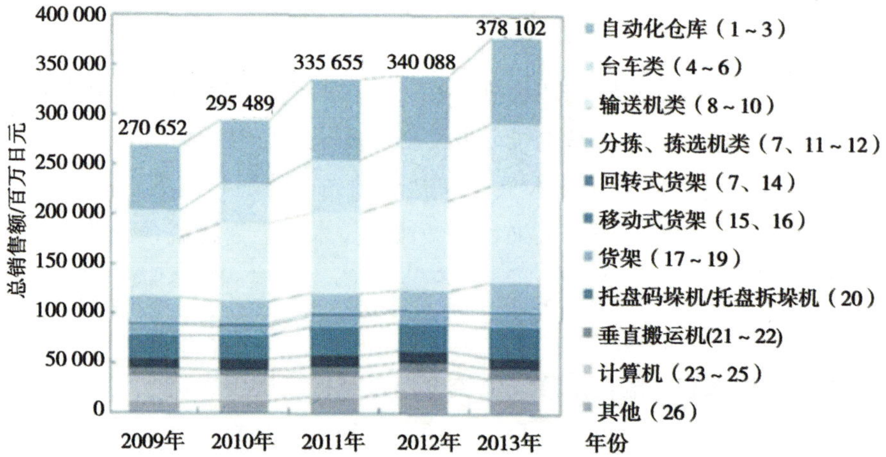

图7-2 日本物流系统装备总销售额变化情况

数据来源：2013年日本物流装备产销量统计

同时，为了发挥信息技术在物流仓储装备产业发展中的重要作用，欧洲各国政府也在积极采取措施支持物流技术与装备的创新与推广。从叉车、托盘、集装箱、高层货架仓库、自动化仓库，到计算机仓储管理系统以及条形码、无线射频技术、互联网、电子商务、智能仓储系统、ERP 等等，给物流效率持续不断地改进带来技术上的支持。

2. 从宏观政策引导入手，推动绿色物流仓储装备发展理念

在物流产业高度发达的经济社会环境下，各国政府不断通过宏观政策的引导来确立现代物流的绿色性，重点强调要优先发展清洁能源、先进交通工具、健康信息技术等，大大促进了“绿色物流”的发展。而物流仓储装备产业作为物流产业的重要组成部分，其发展也必定会受政策的引导而朝着“绿色仓储装备产业”的趋势发展。

目前，各国在发展绿色物流仓储装备产业上已经达成了共识。例如美国制定了《清洁能源安全法案》《清洁空气法》《清洁水法》《资源保护和恢复法》等政策，引导仓储装备产业向绿色化方向发展。日本 2013 年新修订的《综合物流施策大纲》也重点强调，要致力于进一步降低环境压力，进一步推动日本物流的效率化。日本企业在政策的引导下，通过引进世界先进的信息技术装备及其管理系统，实现托盘信息资源共享，并通过加快推进托盘循环共用系统，减少物流成本，降低能源损耗，进而使仓储装备系统朝着绿色化方向发展。

欧洲政府同样鼓励企业运用绿色物流的全新理念来经营物流活动，加大对绿色仓储装备产业新技术、新设备的研究和应用。例如欧洲研发的绿色物流仓储装备 —— 新一代智能化高密度存储系统，体现了欧洲推动物流仓储装备产业向绿色化发展的理念。该存储系统无需任何通道，可以提供最大密度的储存，通过强大的智能软件控制，提供缓存、排序拣选、温度调节、快速出货等功能。高密度的储存方式不仅可以降低占地面积而且可以减少对环境的影响；智能化控制系统直接选择最优路径出货，降低系统能耗，加快了发货速度。

7.1.3 政府鼓励物流仓储装备产业与其他产业融合发展

各国政府为了积极推广应用物流仓储新技术、新装备，加强物流仓储装备业与相关行业融合互动，加快物流仓储装备产业转型升级的步伐，提升物流仓储技术、仓储装备和服务水平，已经构建了良好的产业融合发展的外部环境。

物流仓储装备产业是为了保证制造业顺利生产的服务业，随着技术的不断创新，制造业和物流仓储装备产业间固有的边界逐渐模糊化，两者出现了融合的趋势。日本在信息技术和高新技术领域不断突破的外部环境下，通过与制造业的高度融合，先后引入自动化立体仓库、高密度自动存储货架、自动仓储系统等现代化仓储装备，目前已经基本实现了物流仓储装备作业自动化。例如，亚马逊日本公司首次引入“机器人”在库内进行全自动化作业，“机器人”由可移动式货架及升降平台车构成，通过读取植入地面的代码，自行移动并避免碰撞地搬运产品。这项自动化技术节省了发货负责人到货架下提货的时间和精力，提高了工作效率，大大满足了顾客对时效的需求。

欧洲物流仓储装备产业发展比较重视科技进步，尤其是与 IT 技术的发展及相关产业的合并联盟，促进了欧洲物流仓储装备产业的快速发展。以德国胜斐迩企业为例，该企业依托高度发达的通信网络设施和先进的信息技术逐步发展壮大，致力于为客户提供高质量的仓储设备及自动化仓储系统，包括所有类型的货架系统和仓储自动化系统，自主开发的 WMS 系统为仓库管理提供了透明可靠的操作流程。

美国目前已经实现了物流仓储装备产业与运输业的融合发展。运输企业在进行运输作业时，同时搭载叉车等物流仓储装备，以方便在目的地仓库的装卸搬运作业。这种融合模式为下游企业提供了运输、装卸搬运一体化服务，降低了对下游企业在物流仓储装备方面的配置要求。

7.1.4 注重基础技术领域进步，重点推动仓储装备产业原创技术发展

美国被称作现代物流仓储装备的发源地，在一定程度上是由于其先进的物流设备的运用，如四向托盘、高架叉车、射频技术、自动分拣机、自动引导搬运车(AGV)、集装箱等，极大地减轻了人们的劳动强度，提高了物流运作效率和服务质量，促进了物流仓储装备业的快速发展。同时，企业物流作业中叉车、货物升降机、传送带等机械的运用程度也很高。例如美国亚马逊公司掌握了智能拣货及入库技术、随机存储技术、精准预测和二维码精准定位等 10 大物流技术，同时使用无人机和机器人送货，准确率高达 99.99%。

从学术研究角度分析，很多国家对物流学术项目的资金支持力度很大，鼓励原创技术的研发。以美国为例，美国国家自然资金会（National Science Foundation，NSF）支持几乎所有领域的自然科学基础研究，且项目资助领域非常广泛，以确保美国在科学与工程领域的领导地位，提高国家的创新、经济竞争能力。过去 10 年，美国国家科学基金会共资助在研和完成的物流项目 438 项，2015 年总资助金额达到历史新高，如图 7-3 所示。

促进创新和环境的可持续发展，反映了美国更加关注物流研究的合作性、应用性和实用性，体现了其应用性学科的特性。

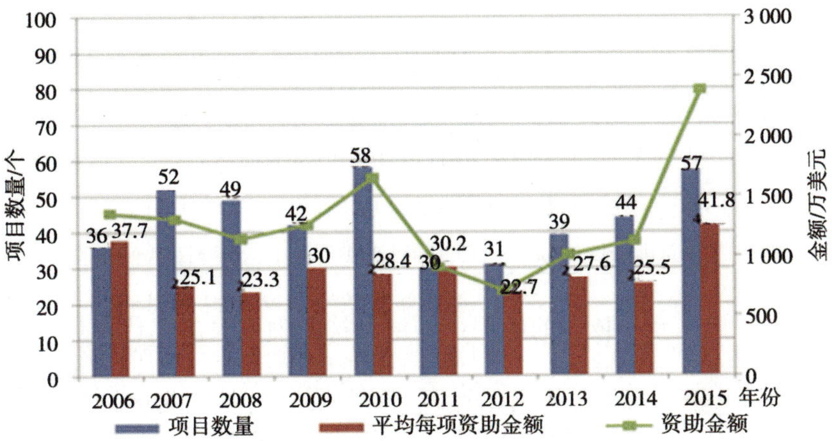

图 7-3 美国国家自然资金会物流项目资助情况

数据来源：2015—2016 年中国物流科技发展报告。

7.2 国内物流仓储装备技术产业发展现状分析

近年来，我国仓储业发展呈现出新的特点，从技术普及与应用看，各类仓配技术普及与创新应用取得较大进展，仓储机械化、信息化、自动化水平均有所提高，托盘、货架、输送分拣设备等设备的应用不断升级，智能仓储、仓储互联网化的应用与实现引领行业转型升级。

7.2.1 重视发展现代物流仓储装备产业已经形成广泛共识

物流业作为支撑国民经济的基础性、战略性产业，在政策层面一直受到广泛重视，而物流仓储装备业作为推动物流产业发展的重要力量，在政策中同样得到了国家的大力支持，国内物流产业发展政策如表 7-2 所示。各种相关政策首先在时间维度上保持了良好的一贯性，说明物流业已经被广泛认知、认可和重视，物流仓储装备业的推动作用显而易见。

表 7-2 国内物流产业发展政策

年份	政策名称
2004	关于促进我国现代物流业发展的意见
2007	关于加快发展服务业的若干意见
2008	关于加快我国流通领域现代物流发展的指导意见
2009	物流业调整和振兴规划（2009—2011 年）
2011	关于促进物流业健康发展政策措施的意见
2012	国内贸易发展“十二五”规划

（续）

年份	政策名称
2013	关于交通运输推进物流业健康发展指导意见
2013	全国物流园区发展规划（2013—2020 年）
2014	物流业发展中长期规划
2015	物流标准化中长期发展规划

政策更加侧重专项技术的应用，以信息技术为代表的现代物流技术应用始终是关注的焦点。近期物联网、云计算、大数据等新技术带来的影响已经引起广泛地关注，未来以信息技术为基础和引领，必定会实现物流装备技术应用的进一步突破。

同时从政府的管理视角来看，推动技术和装备创新越来越受到重视，特别是国内企业的自主技术创新，并通过政策引导形成国有技术研发中坚力量，借助对技术装备应用的激励，形成完整的技术装备创新产业链条。例如 2014 年颁布的《物流业发展中长期规划》中指出："加强物流核心技术和装备研发，推动关键技术装备产业化，鼓励物流企业采用先进适用技术和装备。加快食品冷链、医药、烟草、机械、汽车、干散货、危险化学品等专业物流装备的研发，提升物流装备的专业化水平。"

此外，政策也侧重强调了技术标准化，加快形成规范、统一、高效的技术应用体系，形成完善的产业发展外部环境，降低物流业的运行成本，推动仓储装备产业健康发展。例如 2014 年《物流业发展中长期规划》中指出："重点推进物流技术、信息、仓储等物流标准的制定及修订工作，推广托盘、集装箱、集装袋等标准化设施设备，建立全国托盘共用体系。"

7.2.2 智能制造成为推动产业发展的新要素

物流仓储装备产业作为制造业的核心组成部分，其发展受到了制造业转型升级巨大的推动作用。2015 年国务院印发了《中国制造 2025》，以促进制造业创新发展为主题，以加快新一代信息技术与制造业融合为主线，以推进智能制造为主攻方向，以满足经济社会发展对重大技术装备需求为目标，促进制造业向智能制造业转型升级。通过"制造 + 服务"提升制造业价值链控制力。当前，制造业与服务业的融合是我国制造业在国际市场上形成核心竞争力的关键，是实现全球价值链中的主要增值点。发展现代服务业，特别是现代物流产业，提升制造业的附加价值是未来制造业的重要发展趋势。

“工业 4.0”“智能制造”理念的传播，对于我国物流行业来说，无疑也是一个新的机遇，极大地推动了智能物流的发展和应用，应通过“互联网 +”和物联网，整合物流资源，发挥现有物流资源供应方的效率，同时注重物流资源自身的智能化，为更高层次的融合提供基础。我国物流装备市场对于智能化、自动化物流设备的需求日益增大，智能物流成为市场热点并逐渐演化为企业的核心竞争力。

目前中国物流仓储装备市场已经超越日本、美国及欧洲各国，成为世界上最具活力的市场。

7.2.3 基础技术领域不断创新提供良好技术支撑

物流仓储装备产业覆盖面较广，涉及大量的基础技术领域的集成应用，基础支撑技术不仅可以推动技术体系的发展，而且能够反映仓储装备产业的未来发展方向，所以在基础技术不断突破创新的背景下，物流仓储装备产业的发展也获得了极大的推动。

以相关的冷链领域为例，从技术体系的构成来看，在冷链存储阶段涉及大量的基础技术的集成应用，从近 20 年的专利申请情况来看，主要包括保温材料技术、传感器技术、制冷系统技术，如图 7-4 所示。从图中可以看出，3 种主要的冷链基础技术领域发展呈上升趋势，进而推动了冷链在存储阶段的集成技术发展前景较好，说明基础技术领域发挥了很好的支撑作用。

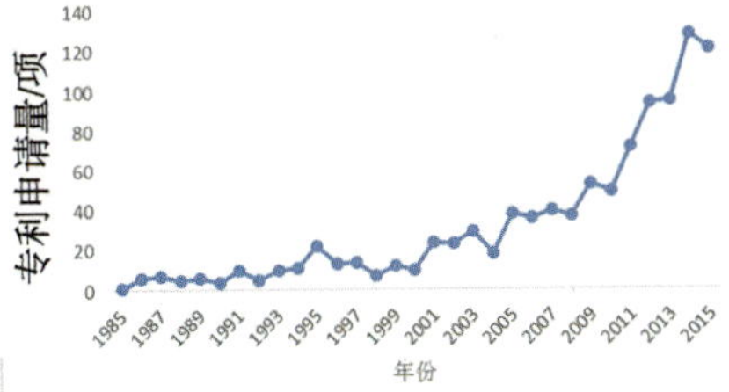

a）冷链技术专利申请量变化趋势图

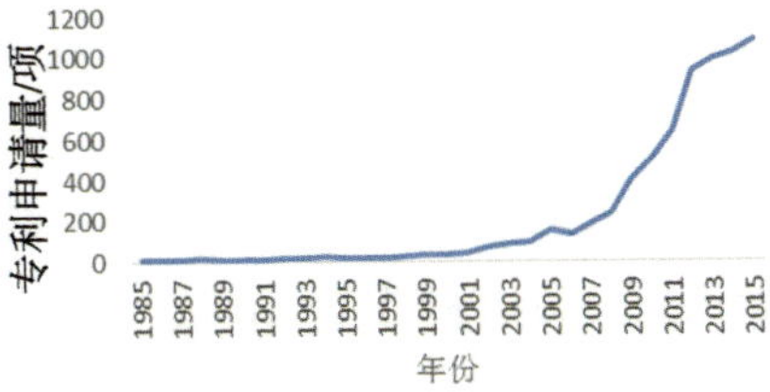

b）传感器技术专利

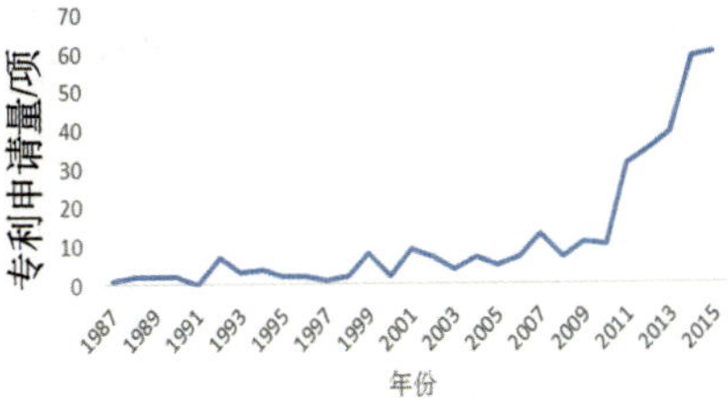

c）保温材料技术专利

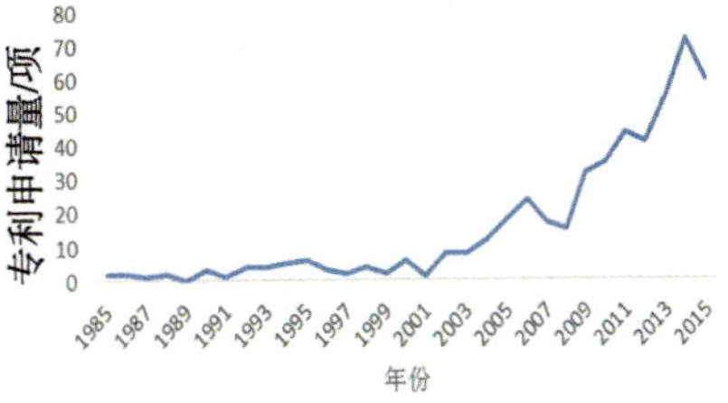

d）制冷系统技术专利

图 7-4　专利技术分析

在基础技术领域发展后的3—5年内，一般会出现集成领域的技术创新突破，然后是从技术创新到模式创新的过渡，整个技术应用周期大概需要10—30年。可见，如果基础支撑技术不断创新发展，将为物流产业的技术提供很强的支撑。很多企业都在此领域进行了有益的尝试：以目前物流领域的自动化技术应用为例，在物联网、云计算、大数据、人工智能等技术发展的基础之上，出现了大量的无人化作业装备和作业模式；以感知技术发展为基础，智能控制领域出现了较多的突破，仓储领域的盘点、信息采集等作业实现了创新。

7.2.4 物流仓储装备产业发展从侧重国外引入过渡到侧重自主研发

目前国内物流仓储装备企业均在尝试加快产业升级，提升自主研发和创新能力。通过调查10个大型物流仓储装备的上市公司，发现企业目前均致力于提升自主研发和创新能力，同时通过推进信息化建设，进而提升企业自身智能仓储装备的发展水平。

以安徽合力叉车为例，该企业非常重视科研，拥有国内最领先的研究资源，包括工业车辆重点实验室、机械工业叉车工程研究中心、工业车辆传动系统工程技术研究中心；与此同时，该企业充分利用外部的优势资源，例如加强与高校、科研院所以及国际相关研究机构开展技术合作。同时，该企业紧跟“中国制造2025”战略，推动智能物流装备产业向高端化方向发展，构建以智能制造和智能服务为特征的新物流产业体系。另外，企业还重视充分发挥现有核心技术优势，不断满足客户对仓储服务的多样化、高品质的需求。此外，从研发主体来看，目前企业已经成为该产业技术创新的主体。通过收集电动叉车产业相关领域的专利申请量可以发现，排名前10位的机构全部为企业如表7-3所示，而非高等院校或科研院所，说明目前企业是电动叉车技术的首推力量。

表7-3 叉车相关专利申请量排名前10位的机构

序号	专利申请机构	序号	专利申请机构
1	安徽合力股份有限公司	6	杭叉集团股份有限公司
2	宁波海迈克动力科技有限公司	7	山西天脊山电动车船有限公司
3	安徽威玛重型机械制造有限公司	8	浙江中力机械有限公司
4	绍兴金道齿轮箱有限公司	9	重庆丙丁机电有限公司
5	安徽德摩叉车有限公司	10	江苏达力叉车制造有限公司

物流仓储装备产业技术研发主体在不断强化，主要包括高等院校、研究机构、企业、海外机构等，更多研究型人员进入这个领域，为物流仓储装备产业的发展提供了强大的智力支撑，形成了富有成效的研究成果。从我国科研人员在物流仓储装备领域发表的论文来看，论文数量呈逐年上升的态势如图 7-5 所示，说明在物流仓储装备产业的发展上，我国的科研实力正在逐年增强，自主研发能力也在稳步提升，正在由“国外引入”向“自主研发”过渡。

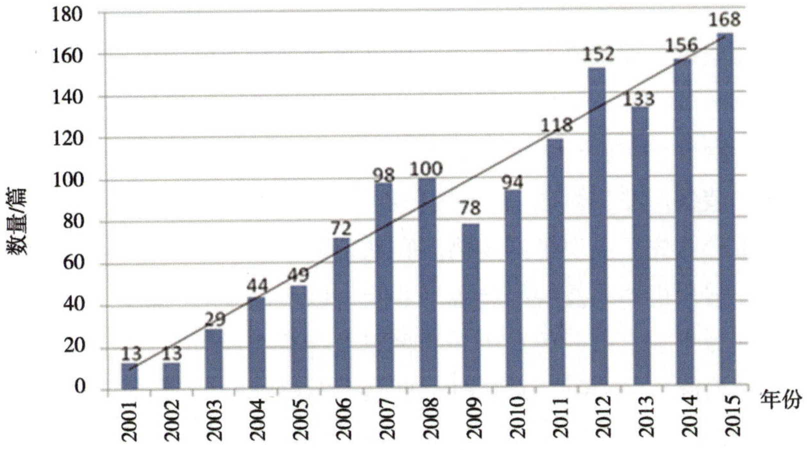

图 7-5　2001—2015 年我国物流仓储装备领域发表的论文数量

数据来源：中国知网。

7.2.5　物流仓储装备产业需求结构的改变促使产业结构调整升级

我国物流仓储装备产业的需求结构在不断变化，由之前中低端需求多的梯形结构，转变为现在高端需求多的三角形结构，未来十年可能会形成高端需求增加的椭圆形需求结构。在仓储装备产业高端需求逐渐增多的大环境下，物流仓储装备产业结构也在根据需求结构的变化而调整升级，由传统的仓储装备产业向智能仓储装备产业过渡，从而更好地满足逐渐增多的高层次物流仓储设备需求。例如随着电子商务物流的需求增加，企业迫切需要引入高速分拣设备来应对多品种、小批量、多批次的碎片化订单以及劳动力成本上升带来的巨大压力。由此，使用机器人进行库内高速分拣作业越来越受到电商企业的关注。

此外，在智能仓储系统快速发展的大背景下，市场需要更多、更先进的自动化、智能化的密集存储产品来更好地满足企业多样化、个性化需求。例如某企业最近全面升级了高密度自动存储系统，包括 AS/RS 自动仓库、Miniload 高密度箱式自动仓库、SCS 旋转货架等先进的自动化存储系统。AS/RS 系统主要用于中件及小件大批量存储，自动存储双循环 30 个托盘 /h；Miniload 系统用于小件料箱和硬纸箱的存储、补货，自动存取双循环 1400 箱 /h；旋转库货到人系统用于拆零商品的拣选，带有分离的货品自动存储和取回装置，自动排序、缓存，拣选效率为每个工作站每小时 500 ～ 600 个订单。

7.2.6 物流仓储装备产业显现规模效应

加快产业集聚，发展产业集群是区域经济发展战略的重要组成部分。目前，我国物流仓储装备产业集聚区发展迅速，区内普遍采取跨界融合创新发展的产业发展模式，着重推进实施重大项目工程。

物流仓储装备产业集聚区以仓储装备类产业为支撑，产业间集聚特征明显。南方仓储装备产业先后出现了湖州物流仓储装备产业集聚区、扬州邗江智能化装备产业基地、常州机器人及智能装备产业园，以及以昆船、新松、今天国际、音飞储存、德马泰克等上市公司为代表的物流装备系统集成商。以湖州物流仓储装备产业集聚区为例，该集聚区自成立以来在物流仓储装备方面重点发展立体货架、智能立体仓库、堆垛机、室内搬运车、自动分拣系统、升降设备以及计算机管理和监控系统等产业；物流装卸装备方面，加强自动搬运车、叉车等产品的技术研发，重点发展装卸装备、自动搬运装备等；智能化系统集成方面，重点发展智能立体仓库、自动分拣系统、物流机器人、物流自动化软件、包裹自助交接终端和管理系统等。以北京为例，北京属于总部经济，而且是科学技术创新及研发中心，物流仓储装备产业借此优势得以快速发展，集聚态势较为明显，目前北京已经出现了以北京起重运输机械设计研究院、北京机械工业自动化研究所、北京伍强科技有限公司、中国中元国际工程有限公司等为代表的物流仓储装备类企业。以北京起重运输机械设计研究院为例，该院拥有北京市唯一一家自动化物流装备工程技术研究中心，已经累计为国内外各行各业实施了五百余套自动化物流仓储设备系统，近百套连接生产的自动输送及码垛设备系统，涉及医药、化工、白酒、味精、乳品以及其他快消品等行业。由此看来，北京借助研发中心的优势，未来将会形成高端仓储装备的研发和系统集成产业集聚区。

7.2.7 仓储装备产业创新应用模式不断出现

目前与技术创新相融合，应用模式创新也在不断取得突破。例如近年来，商贸物流标准化快速发展促进了仓储装备产业整体效能提升，商务部等有关部门实施的商贸物流标准化专项行动计划，以托盘标准化及其循环共用为切入点，以点带面，全力推进，取得了较好成效。标准托盘的产量、保有量和市场占有率均明显提升，特别是周转箱等单元化物流器具的广泛使用、标准化托盘及开放式托盘循环共用的全面发展，将进一步降低仓储配送成本，提高作业效率，减少损失损耗，实现仓储整体效能的提升。

同时智能化及库存管理新理念驱动仓储业转型升级。“互联网 +”理念在仓储装备领域逐步深化，互联网平台、信息通信技术逐步融入传统仓储装备业，驱动仓储装备向信息化、自动化和智能化发展，实现与智能制造等相关产业的深度融合，进而推动仓储装备业整体转型升级。

7.3　产业未来发展风险分析

2014 年国务院正式通过《物流业发展中长期规划》，把物流业定位于支撑国民经济发展的基础性、战略性产业，是物流产业地位进一步提升的重要标志。仓储装备产业作为物流业发展的重要组成部分，同样受到了政策的重视，具有广阔的市场发展前景。在看到发展机遇的同时也要高度重视物流仓储装备产业发展面临的风险，应进行科学的风险预测分析，从而更加有利于物流仓储装备产业的发展和提升，同时有利于与其他产业的协同发展。

7.3.1　产业总量分析

首先，目前我国物流装备产业技术应用不足，未来智能物流仓储装备行业有巨大的需求空间。随着智能物流时代的到来，现代物流仓储装备产业的发展需要集成智能化技术，即通过 RFID、传感器、控制器、GPS 及移动通信技术等让配送货物自动化、信息化和网络化，同时需要物流系统能够模仿人的智能，具有思维、感知、学习、推理判断和自行解决物流中某些问题的能力，这样不仅可以节省巨大的运营费用，而且可以大幅度提高物流效率。特别是未来以配送中心为代表的物流结点，对该类技术的需求更加迫切，已经成为引领整个行业技术进步的引擎力量。2016 年通过对京津冀 63 家配送中心的调研发现，目前大型配送中心技术应用程度较高，如托盘、叉车的应用水平均达到了 100%，而新兴物流装备技术如 AGV、机器人的应用比例均不足 10%，具有广阔的市场发展前景。目前国内的配送中心数量已经接近 1 万家，如果按照每个配送中心 500 万元左右的技术升级费用来计算，未来将会有 500 亿元以上的市场规模。

表 7-4　63 家配送中心技术应用统计表

序号	技术内容	所占比例（%）	序号	技术内容	所占比例（%）
1	RFID 技术	23.81	9	自动分拣设备	46.03
2	条码技术	100.00	10	机器人	7.94
3	托盘	100.00	11	自动传输设备	79.37
4	叉车	100.00	12	自动化立体仓库	39.68
5	物流信息系统应用	100.00	13	自动化货柜	6.35
6	独立编码方法	100.00	14	自动手持终端技术	74.60
7	自动化技术	79.37	15	电子标签拣选技术	50.79
8	AGV	4.76			

其次，生产、流通领域新模式、新业态不断出现，对新型物流仓储设备有巨大的升级需要。例如根据艾瑞咨询发布的《2016 年中国生鲜电商行业研究报告》，我国拥有 1 500 亿元的冷链市场规模，特别是随着中国生鲜电子商务的发展，冷链物流成为制约其发展的关键因素，配送加仓储成本一般会占运营成本的 20%~25%。这种新业态的出现，使得传统的仓储设备已经无法满足冷链的保鲜要求，生鲜企业对仓储设备有了更高的要求，特别是环保绿色的经济型物流技术更是受到企业的关注，以绿色仓储、包装等为代表的技术应用对物流作业提出了更高的要求，成为目前物流领域技术关注的焦点，未来也会诞生上千亿元的市场需求规模。

再次，随着智能仓储业的发展，基于物联网的物流仓储装备需求有望进一步突破。瑞士 BOSSARD（柏中）公司提出了基于物联网的 VMI 技术，研发了智慧补货盒子产品如图 7-6 所示，所有物料盒都有传感器测量物料数量数据，并用网线相连，通过网线物流盒的库存状况随时更新库存数据汇聚到计算机，并一天两次将数据上传到供应商即柏中的服务器中，由柏中帮生产企业管理库存，实现了制造、流通的融合。

针对上述智能物流仓储系统的应用，国内也有部分企业已经进行了尝试，未来将有较大的需求市场。随着新零售越来越受到人们的普遍关注，某电商企业利用互联网引入“慧眼系统”，可以实时看到每个商品每天在各个仓库的库存数量和周转状况，消除了传统铺货模式对库存认识不清的弊端；对于品牌商，通过“慧眼系统”可以实时准确掌握每个产品从进仓到出库到门店收货的整个流向，提升进销存效率。这种利用互联网监控库存情况和智能补货系统，在小批量、多批次的订单需求下，将会被越来越多的企业需求。

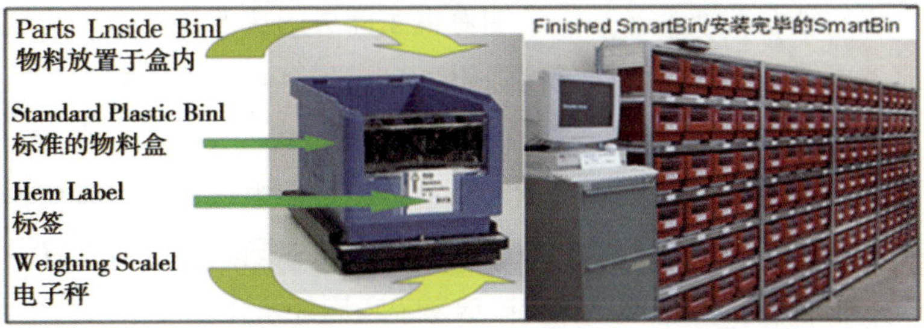

图 7-6　智慧补货盒子

另外，在物流信息化快速发展的背景下，对于一些技术的需求在总量增加的基础上，会出现形式的变化。例如对条码技术记录信息的增加使条码识别设备进入一个新的发展周期，目前条码技术已经由一维条码技术发展过渡到二维条码技术，未来三维条码技术有望进入一个新的发展周期。一维条码技术主要是记录字符和数字，所携带的信息量有限；二维条码能够记录汉字和图片信息，具有信息密度高、信息容量大等优点，同时信息安全性比一维条码有了提高；三维码具有比二维码较好的安全性，信息容量能够显示视频、音频图像等，而且具有识别便易性等优点，如图 7-7 所示。目前，我国零售、物流、产品溯源、仓储市场、电子商务和工业制造等条码技术下游应用领域的发展和应用层次的深化是驱动条码识别设备产业发展的重要因素。近年来，在国务院“互联网 +”战略下，“O2O”、物联网等领域得到了极大的发展，进一步推动了条码识别设备产业的发展，预计未来我国零售、物流、仓储领域对条码识读设备的需求将继续保持平稳增长。据预测至 2018 年，全球的条码识读设备的销售总额将增长至 20.21 亿美元，对于新型条码技术的需求将会不断增加。

图 7-7　条码技术发展周期

最后，随着社区物流需求的不断增加，社区开始出现集约高效的城市服务综合体来为居民提供多元化、多层次的综合服务，如快递收发服务、生鲜配送服务、上门维修服务、回收家电服务等日常生活类便民服务。城市服务综合体通过在社区建立微仓库，采用较先进的物流设备为社区居民提供物流服务，这种“物流设施商业化、商业设施物流化”的发展趋势，可以实现小时代、微物流系统与跨区域大物流系统相结合的双循环系统。随着电子商务的快速发展，未来城市服务综合体需要应用更智能化、自动化的物流设备来满足客户需求，如智能拣选设备、密集存储设备等，市场空间较大。

综合目前的发展趋势，可以预见未来物流装备需求总量会不断增加，在总量增加的前提下，需求结构会发生动态改变。过去的中国具有低成本竞争优势，而随着企业用工成本不断攀升，经济发展放缓，我国经济“高成本时代”逐渐来临，这些都给企业带来了前所未有的巨大压力，这种背景正是传统物流向现代物流发展的强大动力，对现代物流装备的需求也会大幅提升。因此总体上，在未来相当一段时间国内的物流装备产业将处于稳定增加的阶段。

7.3.2 产业结构分析

目前我国整体物流产业结构集中度相对较高，急需通过供给侧改革来推进产业结构调整，减少无效和低端供给，扩大有效和中高端供给。以物流装备产业为例，目前市场上一方面低端的、通用型的产品或服务竞争激烈，企业不容易获得利润；另一方面，国内企业基本无法提供能够满足高端需求的产品或服务，无法满足客户的个性化需求；同时企业规模较小，无法形成规模化竞争优势。目前国内物流工程技术类上市公司不足 20 家，最高营业收入虽然超过 60 亿元，但是与国外相比还无法形成竞争优势，特别是在原创性产品研发需要较大投入的情况下。以货架为例，我国包括上海精星仓储设备工程有限公司、南京音飞储存设备（集团）股份有限公司等一批具有代表性的企业，在该领域进行了大量的技术研发和应用探索，取得了较好的成绩。但是目前国内能满足大型工程技术要求的高新技术企业数量有限，而从 2012 年开始，上千万的仓储货架类工程项目就不断出现，对货架技术的要求不断提升，对产业的发展提出了新的要求，特别是基于货架的仓储一体化解决方案已经成为行业需求的焦点；而我国货架产业还没有完全实现规模化运营，从事相关产业的生产、商贸企业超过上万家，产品同质化较为严重，低端化竞争加剧，行业利润率整体偏低，市场集中度需要进一步提升。以托盘产品为例，目前国内托盘生产企业已经超过 1 万家，95% 为民营小微企业，其产品的同质化较为严重，产品的差异化不足，无法满足客户的个性化需求，同时先进的信息技术装备及其管理系统基本没有在托盘业应用，整个托盘产业的循环共用系统发展缓慢，市场竞争激烈。现存的托盘产业结构急需调整，高端的产业结构将成为物流装备行业未来发展的新趋势，以满足不同客户定制化需求，特别是与现代信息技术融合，利用物联网技术等实现智能化作业，例如通过与现代识别技术结合，实现对存储设备、包装容器的智能化管理，满足可视化监控、追踪需求。

从目前的整体发展情况来看，物流装备产业也存在从低端的制造业产业向高端的智能化产业转化的过程。在低端市场需求不断萎缩的情况下，未来将会有一部分企业需要进行转型升级，提供一体化、差异化、智能化的产品解决方案来迎合变化的市场需要，进而形成新的产业结构体系。

7.3.3 产业布局分析

产业布局是影响产业发展的一项重要因素，产业布局需要系统地考虑各方面关系，从产业链构建角度出发，形成可推动产业发展的良性生态体系，目前产业布局重点包括产业发展方向、产业人才、区域布局等。目前我国的产业布局总体发展趋势向好，但是还存在较大的完善空间。

产业布局首先是需要把握好产业的发展方向，布局新的产业内容，形成新的增长点。从专利角度看，我国物流仓储装备产业正向信息化方向发展。近五年物流仓储技术专利申请量呈现出爆发式增长如图 7-8 所示，专利的申请不仅集中在物流设备、设施类的硬件技术研发领域，而且各种专业类的冷链、危险品等物流技术装备也受到了更多重视。在产业布局过程中要紧密跟踪新的技术趋势，不能出现局部区域、局部领域的重复布局，形成产能过剩，积聚产业发展风险。

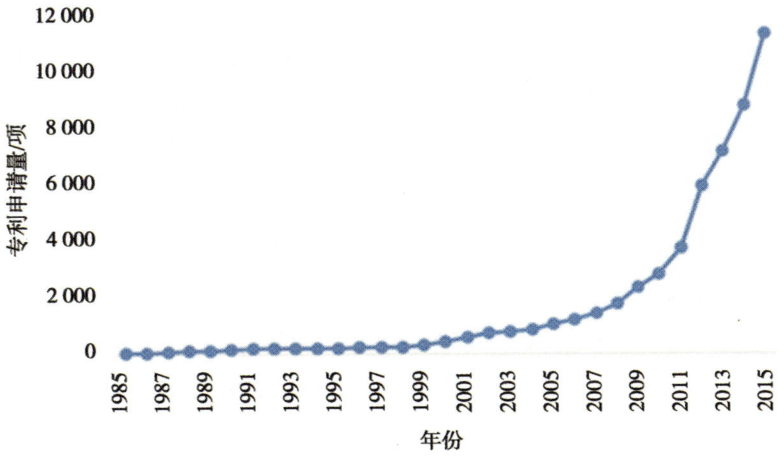

图 7-8 现代物流仓储装备专利申请量趋势

数据来源：中国专利网。

决定产业发展的关键因素是人才，我国物流产业人才构成比例以高职、中专为主，技能型人才、高层次创新型科技人才及高级专业人才供给不足，整体创新水平低，在专业化、社会化方面自主创新能力需要进一步增强。从研究人员的科研成果和目前的论文分布上看，管理技术非常多，而真正的工程技术、设备类论文还需要继续提升。同时，从图 7-9 中可以看出，很多工程技术类论文以知识普及为主，对企业技术进步的支撑作用需要进一步提升。

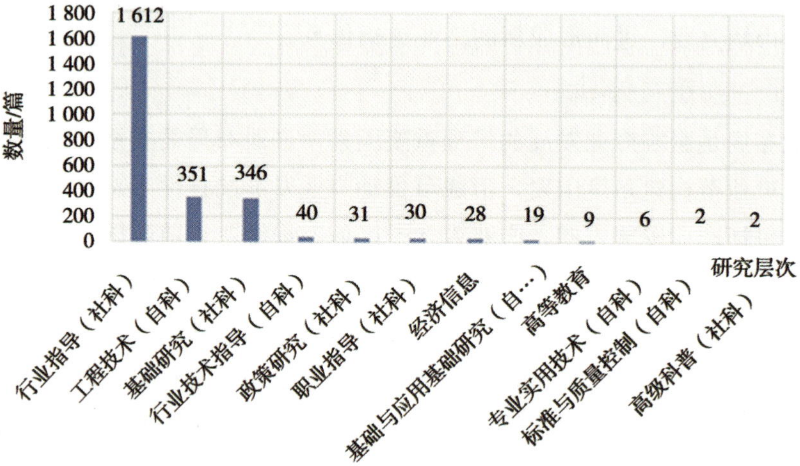

图 7-9 物流技术类研究论文分析

此外，从目前企业对各类物流人才的需求比例布局来看，高级人才占总需求的 5.92%，中级人才占 24.10%，初级人才和一般操作人员占 69.98%。这说明目前我国政府与企业对物流人才培养不够重视，物流教育与广大物流企业和企业物流部门的实际需要还存在较大差距，物流人才培养无论从数量、质量和结构上都明显不能适应当前社会发展的需要。物流产业人才需求分析如图 7-10。

产业的区域布局也是一项关键内容。不同区域由于地理、历史、人文、经济等方面的原因，拥有不同的发展禀赋，需要结合区域发展战略和特征合理地选择发展路径，制定发展规划。未来物流装备产业将会出现典型的高技术、智慧化特征，因此要发展相关产业需要构建良好的产业生态体系，提供价值链、供应链的高度整合。以北京为例，未来将发展成为世界领先的科技之都，在产业链上将成为重要的研发创新基地，是新技术、新产品、新模式的策源地，而其生产加工功能将进一步疏解，形成跨区域的具有带动性的产业发展驱动模式。而拥有较强产业发展基础的地区也会合理地制定政策，形成产业聚集基地。以湖州市物流装备产业发展为例，该市把智能制造作为高端装备产业发展的主攻方向，以发展重点领域为依托，紧盯高端市场需求，突破高端技术，研制高端产品，大力发展智能基础制造与成套装备，实施新一轮智能化技术改造升级，推动传统制造向自动化、信息化和智能化的智造升级，抢占中高端市场。具体措施包括发展智能产品与装备，鼓励发展智能制造新模式，开展智能制造试点示范，培育高端装备现代产业集群等。截至 2015 年 9 月，湖州物流仓储装备产业集聚区物流仓储装备产业发展已经初见成效。共引进东风日产风神物流、朗奥自动化等装备制造企业 20 余家，总投资超 120 亿元，现代物流装备产业产值占比超过 50%。同时，湖州现代物流装备高新技术产业园区已经发展成为浙江省唯一的省级现代物流装备高新技术产业园区，是近年来唯一的国家级特色产业基地。此外，园区以物流装备的智能化、自动化、成台（套）化为发展方向，努力打造现代物流装备产业技术创新基地、现代物流装备电子与软件的智能产业基地、现代物流装备高端制造产业基地。

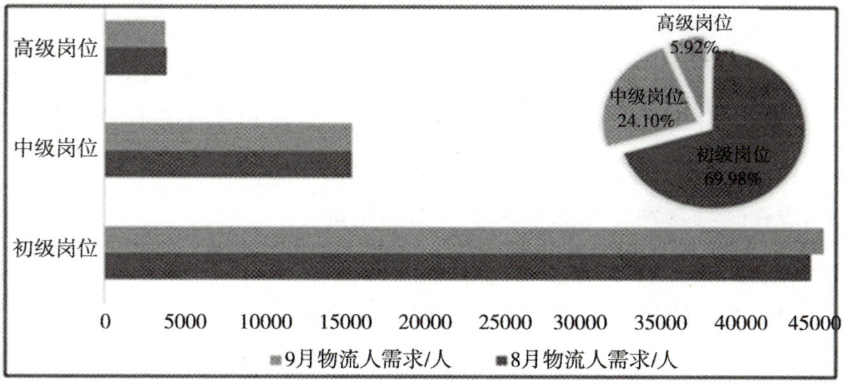

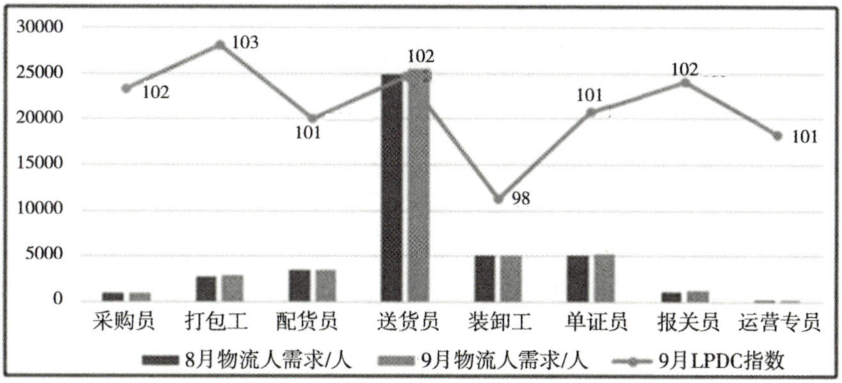

图 7-10 物流产业人才需求分析

在产业区域布局中要尊重市场发展规律，客观评价需求市场空间布局、智力资源分布等方面的影响因素，做好供给侧改革；如果产业发展区与需求市场匹配度不高，高端智力资源无法长期得到保障，将会增大后期发展的难度。早期很多地区依托原有技术力量形成了较好的区域优势积聚，但是随着产业发展，区域人才吸引力下降，产业发展生态环境恶化，出现了发展后劲不足的问题。同时有些区域产业政策变化快，例如北京地区近年来开展京津冀协同发展、城市副中心建设，对产业发展提出了新的要求，对很多区域内企业就产生了较大的影响，使得相关产业发展面临新的挑战，不确定性增加，这就要求企业积极应对，合理科学地调整发展战略。

7.3.4 产业协同风险分析

2014 年国务院提出的《物流业发展中长期规划（2014—2020 年）》明确指出，“物流业是融合仓储、运输、信息等产业的复合型服务业，是支撑国民经济发展的基础性、战略性产业。”物流仓储装备产业作为推动物流业发展的重要力量，离不开工业、制造业、外贸出口业等产业的大力支持，同时快速增长的物流仓储装备需求也离不开上述产业的带动作用。因此，分析我国物流仓储装备产业面临的协同风险有助于更好地做到产业间的互相融合。

1. 物流仓储装备产业与其他产业之间的融合

目前我国物流装备产业发展态势良好，市场需求的提升、国家政策的支持是物流装备产业不可或缺的关键动力；同时物流装备产业的更新换代也使各大市场需求量逐年增加。以电子商务和食品冷冻行业为例，面对电子商务发展的物流瓶颈，主要的电子商务企业都自行投入了大量的资金，进行物流仓储中心的建设，进而带动了自动分拣系统、货架、叉车等物流设备的需求；而食品冷冻冷藏行业自身的迅速扩张同样带动了冷藏车、货架等物流设备企业的发展，使市场需求量在近两年迅速增长。

但是在物流产业的发展过程中，产业间协同发展效应并不明显，生产、流通环节需要更多的融合，形成合力，凸显规模效应。在近期的现代服务业发展相关规划中就明确地提出：研究物联网环境下融合生产、流通、消费等多社会资源系统的物流生态技术和模式，实现社会巨系统下各要素的高效组合；研发多维度、多场景融合的服务描述、情景感知、适配定制的方法、技术和标准。研究基于神经计算、深度学习、语义计算的多学科跨界服务协同及共享技术。集成基于多重语义分析和叠加验证的跨平台服务信用管理机制与方法研究成果，完善服务跨界系统的综合能力，并在物流领域进行示范应用，形成具有中国特色的物流技术体系。基于上述理念，产业间的协同需要进一步加大，形成新的发展战略和理念。以托盘产业为例，托盘循环共用模式是循环经济和共享经济在物流领域的应用，是绿色物流的重要表现形式，也是商务部流通业发展司近年来推行商贸物流发展标准化的重要举措。托盘循环共用可以促进制造商和经销商、供应商和零售商合作，提高装卸搬运效率，降低运营成本。目前带板运输并未步入规模化发展阶段，产业之间缺少沟通、缺乏合作的现象依然大量存在，产业协同发展依然面临挑战。

此外，我国仓配一体化发展持续升温，物流仓储业和配送业的融合发展成为主要趋势。适应工商企业日益增长的物流外包及供应链物流一体化服务的需求，特别是电子商务的快速发展，我国仓配一体化还有巨大的发展空间。仓配一体化的发展将会呈现如下趋势：从企业主体看，不仅越来越多的仓储企业将配送作为仓储的延伸服务、增值服务，通过仓配一体化增强其核心竞争力，专线运输、零担运输、快递运输等企业也会利用其车辆及其网络优势，转型开展以仓配一体化为主要内容的合同式物流；从服务区域看，除连锁零售门店较大的统一配送需求外，各类百货店、品牌店的“商圈配送”、O2O 的统一配送、零担货物集货与末端配送、各类批发市场的统一配送等，都将是仓配一体化的重点领域。

2. 物流仓储装备产业与基础产业的融合

基础产业的技术发展可以进一步促进物流仓储装备产业的高速发展。在市场的需求和技术驱动下，物流装备向着智能化、自动化、个性化、集成化方向发展，所以物流装备产业的发展需要计算机信息技术产业、物联网产业、大数据产业等产业的协同与支持，特别是在“互联网 +”的背景下，高端的物流仓储装备更需要很多技术的集成。

以冷链产业为例，冷藏箱、冷藏车的液氮喷淋和 CO_2 汽化等节能环保技术以及恒定控温技术，具有制冷量大、降低温度、控温精准、经济可靠和对环境友好等优点。监控运输过程采用的温湿度传感器、RFID、GPS 等技术，能迅速准确地记录、分析和回传冷藏车厢体内的温度。但是，冷链仓储装备产业的发展与互联网技术等基础产业的融合作用并不明显，未来需要进一步协调融合，冷链仓储装备产业才能向着智能化、集成化方向发展。

7.4 推动国内物流仓储装备产业发展的政策建议分析

7.4.1 优化物流仓储装备产业发展的外部环境

首先要建立完善的法律法规体系。在完善的物流仓储装备业法律法规方面，需要对物流仓储装备业现存的政策及法律法规进行调研分析并逐步完善，对不适用的法律法规及时清除，真正建立健全适应经济社会全球化大环境的、推动我国现代物流仓储装备业发展的法律法规体系，真正实现我国现代物流仓储装备业在和谐法律氛围下有序发展。其次要加大财政与税收优惠力度。当前，经济全球化趋势深入发展，物流仓储装备业发展面临的机遇与挑战并存，政府密集出台补贴政策有助于物流仓储装备企业的快速、良性发展，帮助物流仓储装备企业实现产业的转型升级，对我国物流仓储装备行业的智能化、自动化建设起到良好的促进作用。例如，调整财政支出结构、加大财政投入力度，减轻税费负担，丰富财政支持物流仓储装备业发展的手段，加大土地等政策支持力度，有利于促进物流仓储装备业降本增效，助力强实体、稳增长。

7.4.2 创新标准化物流技术装备

物流业标准化是为了规范物流专业设备使用，提高物流作业服务水平，同时还能规范企业行为，从而提高物流效率，降低物流成本。创新标准化物流技术装备首先要注重物流标准与其他产业标准以及国际物流标准的衔接，淘汰落后于经济技术发展水平的标准，应尽可能采用国际标准。其次，对托盘、集装箱、各种物流搬运和装卸设施、物流中心、条形码等通用性较强的物流设施和装备的标准进行全面梳理，并进行适当的修订和完善，以使各种相关的技术标准协调一致，提高物流产业中货物和相关信息的流转效率。

目前包括国家标准化管理委员会、商务部等在内的部门牵头做了大量的工作，形成包括基础性标准、公用类标准、专业类标准以及标准化指导文件等在内的标准管理体系。根据 2016 版《物流标准目录手册》统计，目前我国已颁布的现行物流国家标准、行业标准和地方标准目录共计 921 项，对物流装备、物流技术、物流服务及管理、物流信息等进行了分类，形成了较好的基础。但是由于物流产业涵盖面广、涉及领域多。发展变化快，因此还需要继续加大相关领域的工作。汪洋副总理将加快物流标准化建设列为首要工作。目前在仓储货架等方面都进行了较多的探索，但是随着物流作业集成化、一体化趋势加快，原有的标准体系还需要进一步提升改进，从而适应新的工作要求。商务部近年来以托盘标准化为基础，推广托盘、集装箱、集装袋等标准化设施设备，开展商贸物流标准化试点探索和企业示范，在物流活动中实行货物的生产、包装、装卸、运输的全过程标准化管理，实现商贸物流系统互联互通，建立标准托盘循环共用体系，逐步形成相互配套、有机结合、互为支撑的商贸物流标准体系。推广装卸搬运、分拣包装、加工配送等专用物流装备标准化，加强物流核心技术和装备研发，推动关键技术装备标准化、产业化，鼓励物流企业采用标准化物流装备。

7.4.3 仓储装备研发应用要遵循科学原则

未来物流技术的发展有其固有的特征，要以需求为导向，大力发展现代物流装备产业，突出高效、精准、绿色、快速、智能的特点，实现科学发展。商务部通过编写《仓储配送与包装绿色化发展指引》，来引导仓储装备产业向绿色化方向发展，促进低碳、高效、可持续发展。《指引》发布之后，仓库屋顶光伏发电、标准托盘和周转箱的循环共用、电商绿色包装的技术创新和管理创新、城市物流共同配送、新能源叉车和配送车辆、智能穿梭车与密集型货架系统、仓库 LED 节能照明系统改造、库架一体化冷库节能技术集成等绿色节能技术将广泛推广应用，共同推进绿色物流化发展。未来仓储装备产业的发展，要制定标准和细化方案措施，提出具体的绿色仓储解决方案和实施措施；同时在进行仓储装备的技术研发时，科研人员要首先注意遵循“高效、低耗、环保”原则，进一步强化政策措施和技术的引导作用。

7.5 推动产业发展重点措施分析

7.5.1 开展重大科研专项，推动自主知识产权技术快速发展

李克强总理在 2016 年全国科技创新大会上提出，“一个国家自主创新能力越强、掌握的核心关键技术越多，未来的发展后劲和空间就越大。”国家科研重大专项的标志之一就是拥有自主知识产权，加强知识产权运用是其中的应有之义，也是重大专项对于经济社会发展作用的集中体现。国务院早在 2006 年就印发了《国家中长期科学和技术发展规划纲要（2006—2020 年）》，提出在 16 个领域中实施重大专项，并实施知识产权战略，充分利用知识产权制度提高我国科技创新水平，并取得了显著的应用效果，对相关的产业发展起到了巨大的推动作用。目前物流仓储设备产业的发展也处于关键时期，需要给予更多的关注，可以采用重大科研专项的模式，以突破智慧仓储装备关键技术为突破口，特别是核心知识产权的获取，从而转变我国被动追赶的现状。在完成重大科研专项过程中，要鼓励企业积极引入新的技术，为新技术应用提供良好的外部支撑环境。要引导企业在引进技术时，注意技术的先进性和适用性，在消化吸收的过程中逐步培育出一支善于创新的人才队伍，不断加强自己的研究开发能力。

7.5.2 开展产学研合作，创新产业合作体系和运作模式

目前在物流装备产业中，企业已经逐步成为创新的探路者和领头羊，但在基础技术领域还存在很多的短板，人员配置还存在较大的不足，需要从更高的视角对社会资源进行重构，优化资源配置模式，形成以企业为核心的创新体系，因此需要加大产学研合作，创新产业合作体系和运作模式。

在政策引导上要给予支持，发挥政府的引导作用，让企业明确选择自主创新应当注意采取合作创新形式，特别是企业与高等院校和科研院所的合作创新。让企业明确一些较大规模的创新活动往往是一个单位难以独立实施的，多个单位进行合作创新可以充分发挥各自的优势，实现资源互补，从而缩短创新周期，降低创新风险，提高创新的可能性。在合作的形式上要顺势而为，不拘泥于单纯地建立联合工程中心或者委托横向项目，要紧密结合，形成深层次的利益共同体。在现有政策框架内，构建责权利统一的合作体，充分发挥创新要素的主观能动性，在现行现代企业管理制度下，形成新的分配机制。

同时产学研合作要突出物流装备产业的人才培养，形成产业发展的可持续推动力。新形式下，未来物流领域的人才培养必定要注重不断深化产教融合、校企合作，形成教研相长、协同育人新模式，从而打牢相关产业科技创新的科学和人才基础，进而推动建立现代物流研究的新型机制。

在人才培养上，高等院校要着眼于加快以市场为导向的物流学科专业调整和人才培养，面向需求，改革供给结构，改善培养条件，培养创新创业人才。同时，在物流有效人才培养上要建立一套现代物流人才的创新培养模式，既要建立国际化、综合化的教学课程体系，又要面向物流装备的大市场培养多层次的专业人才；同时要打造高素质的物流师资力量，鼓励教师深入理论与实践的学习。在“互联网 +”时代，物流产业人才培养应该被重新定义，随着移动互联网对物流行业的不断渗透，无论是院校、科研单位还是“物流 + 互联网”的创新型企业，都必须懂得顺势而为，才能跟上时代发展的需求。物流人才的培养也要注重这些技术的应用，探索新的人才培养机制。

在合作过程中，承担重大科研专项的企业、高校、科研单位要更加重视知识产权的运用，打造一个物流产业与物流教育产业之间共融发展的生态圈，从而实现我国物流教育产业与各级院校的共融共生。

7.5.3 开展重点项目示范，发挥核心项目引领能力

物流业是支撑国民经济发展的基础性、战略性产业，开展重点项目示范有利

于发挥核心项目的引领能力，加快现代物流业的整体发展，同时对促进产业结构调整、转变经济发展方式、提高国民经济竞争力具有重要意义。根据《商贸物流发展“十三五”规划》，物流装备业机遇体现在电商物流工程、绿色物流工程、商贸物流标准化工程、智慧物流工程、冷链物流发展工程等5项重点发展的工程中。同时2015年国家发改委发布了《关于加快实施现代物流重大工程的通知》，重点开展10大领域项目，建设要求多措并举推动现代物流发展，狠抓已出台规划政策的落实，大力开展试点示范，着力解决制约物流业发展的体制机制障碍，积极营造良好发展环境，物流业发展取得明显成效。

同时政府要大力支持企业研发创新，将物流技术改造升级纳入技改专项资金支持范围。制订“互联网+”物流行动计划，推动物流业与互联网融合发展，鼓励互联网平台创新创业。推动智慧仓储、智能配送等智能物流发展。鼓励物流企业应用物联网、云计算、大数据、移动互联等先进技术，研究推广物流云服务。

为了获得更好的效果，在重点领域、重点企业、重点区域要敢于适度超前的开展重大项目布局，例如京津冀一体化过程中，巨大的世界级城市的保障体系建设需要物流产业提供强有力的支撑，物流装备工程技术面临新的发展机遇。如果根据形势发展，布局一批具有代表性的重点项目将有利于该工程的实现，推动国家重大战略的实施。

2016年，国家发改委明确开展“京津冀农产品流通体系创新行动方案”，重点强调的主要任务中明确提出“加强农产品批发市场仓储、物流等公共服务设施建设，增强加工、冷链、配送等综合服务能力，鼓励利用互联网、物联网等先进信息技术，拓展线上交易和线下物流终端配送增值服务，培育一批专业化农产品交易物流服务企业。”该政策是开展重点项目示范，发挥核心项目引领能力的又一国家级要求。

7.5.4 重点扶植产业链集群发展，实现规模化的联动发展

在经济全球一体化的时代，国家与国家、地区与地区之间的竞争更多地体现在产业链集群的发展上。为扶植产业链集群的发展，需要首先建立和完善产业链集群内部、集群之间以及群链外部的诚信体系，建立社会信用等级评价标准，以促进产业链集群信任网络的形成，降低物流产业链集群内企业间合作的成本与风险。其次要加快建立统一开放、公平竞争、规范有序的市场环境，增强服务，只有进一步优化集群发展的市场环境，才能逐步改善目前我国集群效应不强的现状。

同时，注意硬环境打造与软实力提升相并重。完善集聚区产业配套，提升企

业综合服务能力；注重科技创新，加快建设创新服务平台；注重人才培育，完善人才服务体系；加强产业提升，培育高端企业，加快形成产业链集群发展。以北京中关村园区的科技创新产业集群为示范，加快在全国范围内形成各具特色的产业集群。按照目前的情况，可以分别在目前条件较好的长三角、珠三角、京津冀等地区，以现有的资源为基础构建优势产业集群；在东北等机器人研发、生产优势地区布局特色产业集群，形成差异化的产业链发展局面。以京津冀地区的优势产业集群为例，该区域有领先的技术研发能力，特别是在关键技术产品和系统集成领域，具备强大的基础科研能力，可以考虑组建京津冀甚至更大区域范围内物流仓储装备产业联盟，将政府机构、仓储装备企业和高校以及仓储装备的需求方联系起来，实行“信息交流、技术交流、资料交流”，促进全国范围内物流仓储装备产业的创新与发展。充分发挥北京的科技中心、河北的产业中心、天津制造中心的作用，形成技术研发—规模应用的一体化产业链。

总之，在供给侧结构性改革战略下，物流需要一个新模式、新体系。一方面，优化结构，完善物流业信息化布局，完成技术装备创新，推动政产学研一体的发展机制，发挥核心项目的引领能力，促进物流产业与其他产业间融合发展；另一方面，要建立生态化体系和良好的诚信体系，规范市场，做到有序竞争，从而进一步激发物流需求，改善与强化物流的供给，成为物流业发展的新动力。